名师名校名校长

凝聚名师共识
回应名师关怀
打造名师品牌
培育名师群体

聂明远书

素养导向下的语文大单元教学实践案例

廖春梅 主编

中国文联出版社

图书在版编目（CIP）数据

素养导向下的语文大单元教学实践案例 / 廖春梅主
编. -- 北京：中国文联出版社, 2025. 4. -- ISBN 978-
7-5190-5849-4

Ⅰ. G633.302

中国国家版本馆CIP数据核字第20250BS235号

主　　编　廖春梅
责任编辑　刘　旭
责任校对　秀点校对
装帧设计　刘贝贝

出版发行　中国文联出版社有限公司
社　　址　北京市朝阳区农展馆南里10号　　邮编　100125
电　　话　010-85923025（发行部）　　010-85923091（总编室）
经　　销　全国新华书店等
印　　刷　三河市龙大印装有限公司

开　　本　710毫米×1000毫米　　1/16
印　　张　16.5
字　　数　284千字
版　　次　2025年4月第1版第1次印刷
定　　价　58.00元

编委会

主　编：廖春梅

副主编：徐国秀

编　委：何秀英　范国强　洪　洁

　　　　杨　珊　汤金应　王晨晖

前　言

　　大单元教学虽然在各地轰轰烈烈地开展着，但有些教师还是认为大单元教学很难，备课耗时、精力不够，找各种借口应付了事。如何更系统、更有效地开展大单元教学，真正地让一线教师有案可依、手到擒来，是本书需要解决的问题。

　　深圳市宝安区廖春梅名师工作室自2019年成立以来，基于大单元教学现状，致力于突破当前大单元教学的困境，钻研素养导向下的大单元教学。工作室成员们通过专题讲座、课题研讨、校际交流、参观学习、自主研修等多种形式，研究基于任务群学习，聚焦单篇到单元，再到专题，研讨并制订详细、合理的授课计划。团队反复实践、修改，精心编写，开发出"基于核心素养下的大单元教学"系列教学设计，旨在为初中语文一线教师提供一套核心素养导向下的、实践性强的大单元教学范例。

　　本书内容丰富，体例清晰，包括大单元任务设计说明、教学流程图和学段任务设计等内容。大单元任务设计详细分析了课文内容、课程标准以及学情特点，为教师备课提供了有力的指导。而单元任务设计，则包含单元驱动性问题、任务安排、学习资源、学习过程、任务评价和作业设计等内容，为教师提供了全面的教学指导。

　　本书坚持以学生为中心的教学理念，注重培养学生的核心素养和综合能力，通过精心设计的教学案例，帮助学生提高语文素养，培养其批判性思维和创造性思维能力。同时，书中还注重任务的评价和反馈，帮助教师更好地了解学生的学习情况，及时调整教学策略。

　　总的来说，本书不仅是一本教学案例集，更是一部教育实践的指南，为初中语文教师提供了宝贵的教学经验和方法。希望这些案例能激发教师的教学创新，给学生的语文学习带来更多的启发和帮助。

　　"一群人一起做有意义的事"，而帮助一线教师解决大单元教学的困境就是一件非常有意义的事情。希望认真进行大单元教学的教师，读完这本书能少走弯路。在大单元教学研究的这条路上，我们一定会越走越宽。因时间仓促、水平有限，书中难免有不当之处，恳请指正。

廖春梅

2024年3月15日

目 录

第十二章　徜徉文艺海

——九年级下册第四单元整体教学设计

第一章　在对抗与融合中成长，成就美好人生

——七年级上册第四单元整体教学设计

文汇学校初中部　汤金应　王晨晖

一、大单元教学设计

（一）课文解读

本单元主题为"对抗与融合"，从人物美好品质的内涵、意义以及如何通过锻造美好品质实现人生价值三个角度选取了四篇文章，分别为《纪念白求恩》《植树的牧羊人》《走一步，再走一步》《诫子书》。其中，《纪念白求恩》《植树的牧羊人》着重礼赞人物美好品行，《走一步，再走一步》从对个体经验的总结上升到对人生的思考与感悟，《诫子书》则以修身养德为主题，是对后代的谆谆教诲。

在内容与精神上，四篇文章是有内在逻辑的，均强调人成长过程中的对抗与融合。其中，对抗的主题可以分解为个体与自我的对抗以及人体与外界环境的对抗。《走一步，再走一步》中强调个体与自我的对抗，具体为个体可以与自我的先天弱点与心理障碍对抗，实现对险境的突破。《植树的牧羊人》两者兼有，个体可以在与内在的孤独感对抗的过程中，恬淡自守，实现对个人追求的体认；个体也可与外界环境，即自然的荒芜对抗，实现伟大的创造。融合的主题可以有多重指向：一是指向儒家的入世观，即修身—齐家—治国—平天下，以个体的力量参与到家国事务乃至人类正义事业中，《诫子书》中强调修身养德以待时而动，实现济世报国的高远志向，《纪念白求恩》中白求恩在医

疗技术上精益求精是为了救死扶伤与为世界人民反法西斯战争取胜而忘我奋斗；二是指向个体在自然中的位置，人并非自然的主宰，而是在与自然的融合过程中把握规律，进而有成效地改造自然，这里以《植树的牧羊人》为代表。

在写作技法上，四篇文章各有侧重，《纪念白求恩》亮点在于叙议结合、剪裁精当以及运用对比手法凸显人物精神；《植树的牧羊人》亮点在于对人物细致入微的直接描写和侧面描写；《走一步，再走一步》亮点在于将人物出彩的心理描写连缀成线，与时间顺序同频共振的清晰的写作思路；《诫子书》亮点在于正反对比，言简义丰，情义恳切地阐发中国人的成长成才哲学。

灵活多样的写作技法与深厚广博的人文精神，交织融汇为本单元的底色，为学生完成本单元核心任务——"成为更好的自己"文章写作，拓宽了对"美好人生"这一主题思考的题材广度和人文深度。

（二）课程标准的要求

《义务教育语文课程标准（2022年版）》中提出：核心素养是学生通过课程学习逐步形成的正确价值观、必备品格和关键能力，是课程育人价值的集中体现。义务教育语文课程培养的核心素养，是学生在积极的语文实践活动中积累、建构并在真实的语言运用情境中表现出来的，是文化自信和语言运用、思维能力、审美创造的综合体现。

通过大单元任务设计，以学生为主体，落实核心素养：一是探究教材文本中人物"美好人生"的形成过程；二是通过小组合作，以阅读名人传记、观看人物专访视频、纪录片等形式广泛收集资料，根据教材写作教学点，学会自主撰写颁奖词，灵活运用写作手法刻画身边人，书写不同领域的优秀人物的成长故事；三是以小组为单位，设计成长故事展览册，开展丰富多彩的故事讲解活动，在活动中积累更多元的素材，在交流中学习其他小组选材组材的方法；四是独立完成文章写作——"成为更好的自己"，在写作前通过榜样的引领对美好人生的形成有自己的思考，在写作过程中思考如何在与自我弱点和外界环境的对抗中，锻造自身美好的性格品质，如何将个人的梦想积极地融入时代大潮中，成为一名高尚纯粹、有利于家国和人类伟大事业的人，拥抱属于自己的有价值的美丽人生。

（三）学情分析

对抗与融合对于成长中的中学生是不可回避的人生课题，立志—博学—奋斗—成才的成长历程中回避不了与自我和外界的对抗，人生价值的实现离不开融入发展的大潮。本单元文章对于人文精神的领悟学习，对于引导学生形成正确的价值观、培育良好的思想品德、锤炼坚强的意志品质都具有积极正面的示范引领作用。

学生在自主探究及小组合作过程中灵活组织素材，运用多样化的写作手法，将榜样的精神力量以文字、语言、作品等多样化的形式展现出来，并通过榜样的精神力量鼓舞更多人将美好品格内化于心，外化于行，从而成为更好的自己。

（四）学习目标

1.语言目标

（1）学会默读，圈画关键语句，划分段落层次，厘清作者思路，把握文意。

（2）通过细读文本，掌握多样化的写作手法：一是正面描写与侧面描写相结合来刻画人物的写作手法；二是运用对比手法与心理描写来表现人物的写作手法；三是通过叙述与议论相结合来彰显人物的精神品质的写作手法。

2.思维目标

（1）学会运用流程图、矩阵图、表格、思维导图等形式来厘清文章思路，提升严谨思维的能力。

（2）通过比较阅读多篇文章，找出人物写法上的共性与个性，提升比较分析的能力。

（3）通过梳理不同人物美丽人生的成长轨迹，剖析人物的成长心路历程和伟大精神，感知人物的光辉形象，提升鉴赏审美的能力。

3.价值目标

从本单元特定人物的身上汲取人生经验，认识到成长必然面临与自身及外界的对抗，通过对抗不断完善蜕变，在对抗中磨砺沉淀美好品质，成就美好人生。

学习人物的宝贵精神品质，立足中华文化的成长成才思想根基，博观约取中外人文精神之精华，树立正确的价值观，拥有属于自己的人生灯塔，在时代洪流中找到自己的精神坐标，成为更好的自己。

二、大单元任务流程

大单元任务流程，见表1-1。

表1-1 大单元任务流程

课段	内容	任务	具体展开
第一课段（2课时）	初读文本明思路，重点词句寻精神。	第一课时：默读记叙性文本《植树的牧羊人》《走一步，再走一步》，厘清思路。	1. 默读《植树的牧羊人》，圈画结构层面的重点语句和标志故事情节发展的语句，完成文章结构图，厘清思路。 2. 默读《走一步，再走一步》，圈画标志时间变化、空间转变和心理变化的语句，厘清写作顺序，梳理故事情节，尝试多角度复述课文。
		第二课时：默读说理性文本《纪念白求恩》并翻译《诫子书》，厘清思路。	1. 默读《纪念白求恩》，圈画文章每段的关键语句，厘清文章思路，回答问题：毛泽东笔下的白求恩是一个怎样的人？ 2. 阅读《诫子书》，圈画关键句和有疑问的语句，划分文章层次，结合课下注释，厘清文章思路。
第二课段（3课时）	细读文本明写法，描形聚神立人物。	第一课时：《纪念白求恩》对比手法。	1. 批注阅读《纪念白求恩》，感受对比手法刻画人物精神的妙处。 2. 通过群文阅读、观看纪录片或参观白求恩纪念馆等途径，收集资料，感知人物精神，写一段赞颂白求恩的颁奖词（200字左右）。
		第二课时：《植树的牧羊人》直接描写与间接描写相结合的写作手法。	1. 批注阅读《植树的牧羊人》，感受直接描写和间接描写表现人物品质的妙处。 2. 运用直接描写与间接描写相结合的写作手法，制作班级人物卡片（200字左右），交流猜读。
		第三课时：《走一步，再走一步》心理描写连缀成线的写作手法。	1. 批注阅读《走一步，再走一步》，感受心理描写表现人物的妙处。 2. 观看成长型电影经典片段，揣摩并补写电影中人物面临抉择时的心路历程（300字左右，事件完整，心理变化清晰）。
第三课段（2课时）	活用手法深挖精神，对抗融合成就自我。	第一课时：分享电影人物心路历程习作，厘清思路，巧用手法，以"成为更好的自己"为题，完成习作。	1. 电影人物心路历程习作分享，积累素材与思路。 2. 回顾梳理前两个课段所学内容，选取自我成长过程中的相关经历或事件，以"成为更好的自己"为题撰写一篇文章（800字左右）。
		第二课时：交流互评，完善小组成果。	1. 交流互评，修改二稿。 2. 将本单元所有书面作业整理为《对抗与融合——人物展览册》。

三、大单元任务设计

（一）单元核心任务

通过对本单元文章的学习，我们发现美好的人生旅程以立志为始，以博学为舟，以奋斗为桨，最终以众多看似微小的个人力量，形成历史长河中千帆竞渡的广阔图景，给予我们这些后来者强烈的精神鼓舞。

成长是中学生必经的人生课题，在成长成才的历程中，我们必然要与自我的弱点、与外界的不利因素进行一次又一次的激烈对抗，而人生价值的实现，也需要我们积极主动把握认知规律，融入发展的大潮。

相信通过学习，你对实现自我的美好人生，有了更加深切的体悟与思考，请以"成为更好的自己"为题，根据图1-1写一篇800字左右的记叙文。

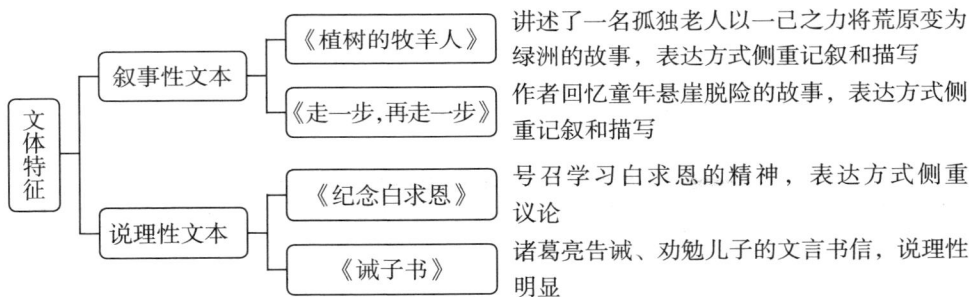

```
                            ┌─《植树的牧羊人》── 讲述了一名孤独老人以一己之力将荒原变为
            ┌─ 叙事性文本 ─┤                    绿洲的故事，表达方式侧重记叙和描写
            │               └─《走一步，再走一步》── 作者回忆童年悬崖脱险的故事，表达方式侧
文体特征 ──┤                                        重记叙和描写
            │               ┌─《纪念白求恩》── 号召学习白求恩的精神，表达方式侧重
            └─ 说理性文本 ─┤                    议论
                            └─《诫子书》── 诸葛亮告诫、劝勉儿子的文言书信，说理性
                                            明显
```

图1-1　文体特征

（二）单元任务设计

第一课段：初读文本明思路，重点词句寻精神

【课时安排】

2课时。

【学习资源】

1. 统编版语文七年级上册第四单元课文《纪念白求恩》《植树的牧羊人》《走一步，再走一步》《诫子书》。

2. 思维导图设计软件。

3. 古文字典等工具书。

【课段任务】

第一课时：默读记叙性文本《植树的牧羊人》《走一步，再走一步》，厘清思路。

第二课时：默读说理性文本《纪念白求恩》并翻译《诫子书》，厘清思路。

【学习过程】

· 第一课时 ·

1.《植树的牧羊人》整体感知

（1）默读《植树的牧羊人》，圈画结构层面的重点语句和标志故事情节发展的语句，完成文章结构图，厘清思路。

阅读提示：

① 结构层面的重点语句指的是总起句、总括句、过渡句、点题句、前后呼应的句子等。

② 标志故事情节发展的语句，具体到本文，指的是交代"我"与牧羊人见面时的语句以及表现牧羊人和荒原情况变化的语句，见表1-2。

表1-2 不完整的《植树的牧羊人》分析表

段落	时间	牧羊人情况	高原情况
第1段	总起议论：		
第2—（　　）段	1913年，初见牧羊人。		
第（　　）—17段	第一次世界大战后，（　　）牧羊人。		
第18段	（　　）年开始屡见牧羊人。		
第19—20段	1945年6月，（　　）牧羊人。		
第21段	（　　）：伟大。		

（2）思考探究后给出参考答案，见表1-3。

表1-3　完整的《植树的牧羊人》分析表

段落	时间	牧羊人情况	高原情况
第1段	总起议论：慷慨无私，难得的好人。		
第2—（12）段	1913年，初见牧羊人。	一个人住在石房子里；牧羊，种树；生活一丝不苟。	毫无生气；一片废墟；狂风呼啸；干旱缺水。
第（13）—17段	第一次世界大战后，（再见）牧羊人。	身体更矫健了；减少羊的数量，开始养蜂；一直在种树。	树木成林；挺拔的白桦树富有生机；有了溪水。
第18段	（1920）年开始屡见牧羊人。	一直种树。	没有提及。
第19—20段	1945年6月，（最后一次见）牧羊人。	他已经87岁了，和一万多人共同生活在美丽家园。	微风飘着香气；泉水源源不断；到处洋溢着青春活力，人们幸福地生活着。
第21段	（总结议论）：伟大。		

（3）文章写作思路小结。

参考答案：本文的写作思路是"议论—叙述—议论"，文章的主体为叙述，按照时间发展顺序，重点叙述了"我"与牧羊人三次见面的情形。

这三次见面很具代表性，分别对应故事的开端、发展与结局，时间跨度很长，荒原环境变化极大，同时将牧羊人置于恶劣的生存环境、孤独的生存状态和战争的生命危险之中，足见牧羊人一如既往、心无旁骛、坚持不懈的伟大精神。以此精神，最终实现了个人精神状态由孤独到恬淡自守的蜕变，以个体的力量创造了荒原变绿洲的伟大奇迹。

2.《走一步，再走一步》整体感知

（1）默读《走一步，再走一步》，圈画标志时间变化、空间转变和心理变化的语句，厘清写作顺序，梳理故事情节，填写完成流程图，如图1-2所示，尝试多角度复述课文。

时间变化	空间转变	情节发展	心理变化

| 一个酷热的七月天 | 费城 | 开端： | 犹豫 |

| | | 发展： | |

| 夜幕降临 | | 发展： | |

| | | 高潮： | |

| | | 结局： | |

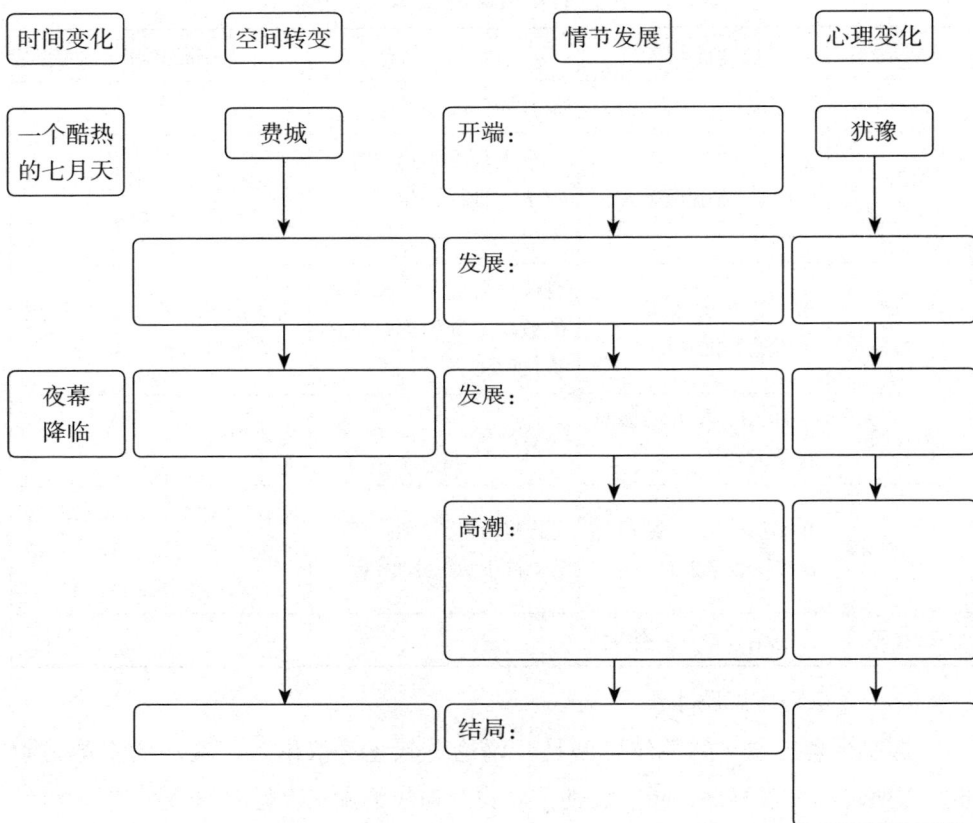

图1-2　不完整的《走一步，再走一步》流程图

阅读提示：

① 标志时间变化的语句，如一个酷热的七月天，几分钟后……

② 标志空间转变的语句，如最后来到一块空地上，"我"紧贴在一块岩石上……

（2）思考探究后，完成流程图，如图1-3所示。

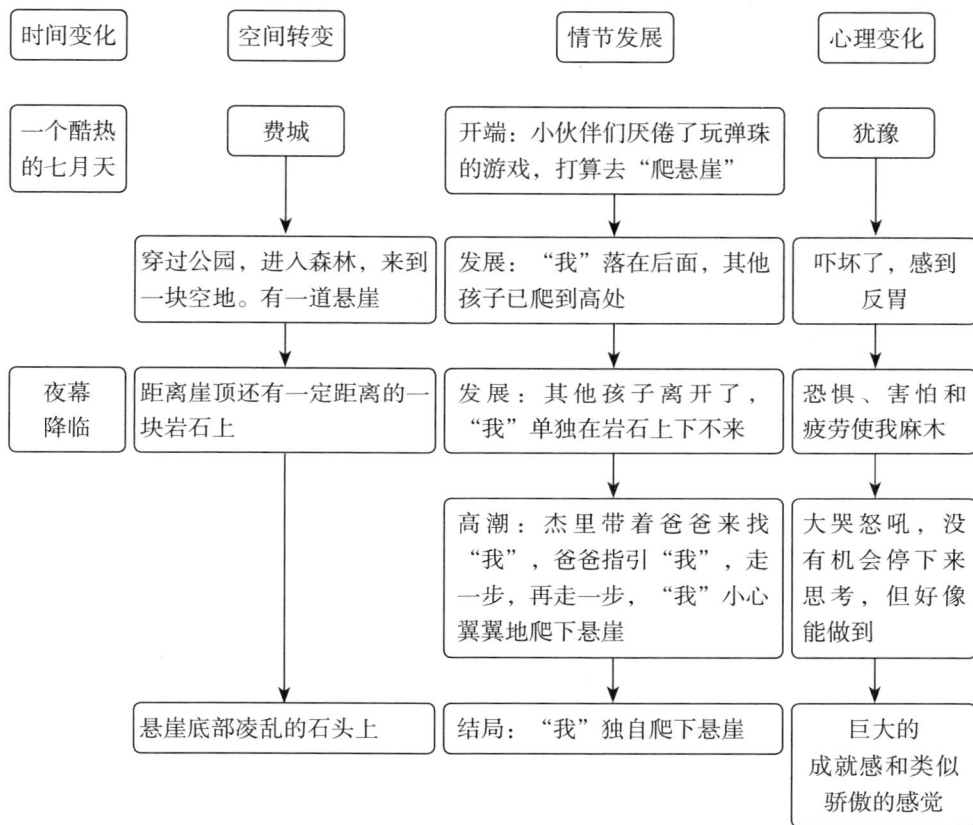

时间变化	空间转变	情节发展	心理变化
一个酷热的七月天	费城	开端：小伙伴们厌倦了玩弹珠的游戏，打算去"爬悬崖"	犹豫
	穿过公园，进入森林，来到一块空地。有一道悬崖	发展："我"落在后面，其他孩子已爬到高处	吓坏了，感到反胃
夜幕降临	距离崖顶还有一定距离的一块岩石上	发展：其他孩子离开了，"我"单独在岩石上下不来	恐惧、害怕和疲劳使我麻木
		高潮：杰里带着爸爸来找"我"，爸爸指引"我"，走一步，再走一步，"我"小心翼翼地爬下悬崖	大哭怒吼，没有机会停下来思考，但好像能做到
	悬崖底部凌乱的石头上	结局："我"独自爬下悬崖	巨大的成就感和类似骄傲的感觉

图1-3 完整的《走一步，再走一步》流程图

（3）文章写作思路小结。

参考答案：文章将人物出彩的心理描写连缀成线，与时空顺序同频共振，由个体经历到共性经验，一事一议，从而告诉我们面对困难时，不要畏难却步，要勇敢跨出第一步，拆解困难，积小胜为大胜。

（4）熟悉写作思路，多角度复述故事，见表1-4。

表1-4　复述角度选择支架

角度	故事内容	
按照时空顺序		
按照"我"的内心感受		
以父亲口吻		
以杰里口吻		
想象其他伙伴口吻		

参考答案： 抓住文章情节发展主线后，学生通过不同角度叙述故事，可以明确不同的叙述角度突出和表现的重点内容与情感指向会有所不同。鼓励学生多元化解读文本，多角度挖掘文本内涵。

首先，基于原文作者"一事一议"的实际，选择按照"我"的内心感受复述文章，可以更直观感知一个体弱多病的孩子在挑战自我的过程中的无助与害怕，更能深切地感受到分解困难、战胜困难后的喜悦与成就感，体会以小见大，自然获得人生成长的宝贵经验的过程。

其次，以父亲的口吻复述事件，可以加深对父亲形象的理解，他目睹孩子遇险，没有生气和责备，而是沉着冷静，耐心教导，一步一步帮助孩子脱险，是一位很有教育智慧的父亲。

最后，以杰里或其他伙伴的口吻复述事件，可以引发学生在交友议题上的思考，贴合学生实际，更能帮助学生树立正确的交友观等。

叙述视角的转换，使学生借由不同叙事角度，完整了解故事情节、多角度把握人物形象、深度挖掘作者的创作意图。

· 第二课时 ·

1.《纪念白求恩》整体感知

（1）默读《纪念白求恩》，圈画文章每段的关键语句，厘清文章思路，完成表1-5，回答问题：作者笔下的白求恩是一个怎样的人？

阅读提示：

阅读时，请注意圈画文章每段的关键语句，特别是表现人物品质的语句。

表1-5　不完整的《纪念白求恩》思路记录表

段落	第一段	第二段	第三段	第四段
中心句				
作者情感				
文章思路				

（2）阅读探究后给出参考答案，见表1-6。

表1-6　完整的《纪念白求恩》思路记录表

段落	第一段	第二段	第三段	第四段
中心句	一个外国人，毫无利己的动机，把中国人民的解放事业当作他自己的事业，这是什么精神？这是国际主义的精神，这是共产主义的精神，每一个中国共产党员都要学习这种精神。	白求恩同志毫不利己专门利人的精神，表现在他对工作极端的负责任，对同志对人民极端的热忱。	白求恩同志是个医生，他以医疗为职业，对技术精益求精。	我们大家要学习他毫无自私自利之心的精神。
作者情感	赞扬白求恩同志的国际主义精神和共产主义精神。	赞扬白求恩同志毫不利己专门利人的精神。	表现了白求恩同志对技术精益求精的精神。	作者号召大家学习白求恩同志的精神。
文章思路	分—总			

（3）文章写作思路小结。

参考答案：本文的写作思路是按照"分—总"的顺序，先叙述再议论，最后赞颂。先是赞颂白求恩献身国际反法西斯事业、积极参与中国抗战救援的国际主义精神，再是对比论证其毫不利己专门利人、对技术精益求精的精神，最后表达痛惜之情，号召大家学习白求恩同志毫无自私自利之心的精神，逻辑严谨，思路清晰。

2.《诚子书》整体感知

（1）阅读《诚子书》，圈画关键句和有疑问的语句，划分文章层次，结合课下注释，厘清文章思路。

阅读提示：

① 阅读，借助课下注释和文言词典梳理文章。

② 尝试用自己的语言，向诸葛瞻介绍这封信的内容。

③ 读懂文意，划分层次，厘清思路，完成表1–7。

表1–7　不完整的《诫子书》思路记录表

层次	第一层次	第二层次	第三层次
中心句			
作者观点			
文章思路			

（2）探究学习后给出参考答案，见表1–8。

表1–8　完整的《诫子书》思路记录表

层次	第一层次	第二层次	第三层次
中心句	夫君子之行，静以修身，俭以养德。非淡泊无以明志，非宁静无以致远。	夫学须静也，才须学也，非学无以广才，非志无以成学。淫慢则不能励精，险躁则不能治性。	年与时驰，意与日去，遂成枯落，多不接世，悲守穷庐，将复何及。
作者观点	提出修身养性的途径："静""俭"。	从正反两方面阐述要坚持"静""俭"的原因。	提出要求：珍惜时间和努力实践。
文章思路	提出观点—阐发观点—正反论证		

（3）小结文章的写作思路。

参考答案： 本文是短小的文言书信，作者首先提出观点"静以修身"（是什么），紧接着阐发观点"非淡泊无以明志，非宁静无以致远"（为什么、怎么做），从正反两方面来论证观点，指出"静"是可以摒除杂念、明晰志向、专心治学达成成才目的的，梳理"静"与"志""学""才"的关系。文章言辞恳切，条分缕析教育后代。

【学习评价】

课文阅读层级Solo评价，见表1–9。

表1-9　课文阅读层级Solo评价表

结构层级	具体表现
前结构	未能概括文本内容，未能提炼人物精神。
单点结构	能在默读时，圈画关键语句，划分段落层次，厘清作者思路，把握文意。
多点结构	1. 能通过细读文本，掌握多样化的写作手法：正面描写和侧面描写相结合，对比和叙议结合。 2. 通过梳理不同人物美丽人生的成长轨迹，剖析人物的成长心路历程和伟大精神，感知人物的光辉形象，提升鉴赏审美的能力。
关联结构	1. 能通过比较阅读多篇文章，找出人物写法上的共性与个性，提升比较分析的能力。 2. 学会运用流程图、矩阵图、表格、思维导图等形式厘清文章思路，提升严谨思维的能力。 3. 从本单元特定人物的身上汲取人生经验，学习人物的宝贵精神品质，树立正确的价值观。

【作业设计】

1. 背诵《诫子书》全文，选择一句作为自己的座右铭。

2. 总结归纳不同文章的写作思路，自选形式，尝试梳理"体味美好人生，成就更好自己"校园征文的段落层次，厘清创作的思路。

第二课段：细读文本明写法，描形聚神立人物

【课时安排】

3课时。

【学习资源】

1. 统编版语文七年级上册第四单元课文《纪念白求恩》《植树的牧羊人》《走一步，再走一步》《诫子书》。

2.《纪念白求恩》拓展资料：朱德《纪念白求恩同志》、宋庆龄《我们时代的英雄》、聂荣臻《"要拿我当一挺机关枪使用"——怀念白求恩同志》，白求恩相关电影、纪念馆。

3.《植树的牧羊人》拓展资料。

（1）杨善洲植树22年，樊锦诗守护敦煌，戍边战士、钱学森等坚守岗位、实现人生价值的人物文章。

（2）愚公精神：古文《愚公移山》、"六老汉"三代人治沙事迹。

（3）扶贫纪录片《无穷之路》。

4.《走一步，再走一步》拓展资料。

（1）《悬崖上的一课》。

（2）成长型电影：《阿甘正传》《风雨哈佛路》《奇迹男孩》《当幸福来敲门》。

5.《诫子书》拓展资料：《中国通史》纪录片诸葛亮片段，诸葛瞻文献资料。

【课段任务】

第一课时：《纪念白求恩》对比手法。

第二课时：《植树的牧羊人》直接描写与间接描写相结合的写作手法。

第三课时：《走一步，再走一步》心理描写连缀成线的写作手法。

【学习过程】

· 第一课时 ·

（1）批注细读《纪念白求恩》，根据下列表格要求，圈画第2、3自然段中的相应语句，并完成表1–10。

表1–10 不完整的"对比手法显精神"记录表

对比	对工作的态度	对同志、对人民的态度	对工作的要求	人物精神	作者情感
白求恩					
不少的人					

（2）探究学习后给出参考答案，见表1–11。

表1–11 完整的"对比手法显精神"记录表

对比	对工作的态度	对同志对人民的态度	对工作的要求	人物精神	作者情感
白求恩	极端的负责任。	极端的热忱。	对技术精益求精。	毫不利己；专门利人。	热情赞扬；号召全党学习。
不少的人	不负责任；拈轻怕重。	漠不关心；麻木不仁。	见异思迁；鄙薄技术。		

（3）阅读小贴士。

小 贴 士

① 对比手法的定义：文学创作中常用的一种表现手法，是把对立的意思或事物，或者把同一事物的不同方面放在一起比较，让读者在比较中分清好坏、辨别是非。

② 对比手法的作用：把两种对应的事物对照比较，使形象更鲜明，读者感受会更强烈，一正一反，褒贬分明。

③ 在朗读中感受对比：用"_____"圈画文中对比白求恩和"不少的人"不同行为和态度的语句，分工朗读，一半诵读白求恩的行为，一半诵读"不少的人"的行为。

例如：

白求恩同志毫不利己专门利人的精神，表现在他对工作的极端负责任，对同志对人民的极端的热忱。

不少的人对工作不负责任，拈轻怕重，把重担子推给人家，自己挑轻的。

参考答案： 本文中，"不少的人"在对工作的态度、对同志和人民的态度、对工作的要求上，都与白求恩同志形成鲜明的对比，反面衬托白求恩，在对比表现之下，白求恩同志毫不利己专门利人的崇高精神品质就显而易见，而"不少的人"存在的问题，其背后代表的党内某些不良风气也被一针见血地指出，更有助于实现本文颂扬白求恩精神，教育全党、号召全党学习白求恩崇高伟大精神的目的。

（4）撰写颁奖词。

① 素材准备。

A.《纪念白求恩》原文。

B. 群文阅读：朱德《纪念白求恩同志》、宋庆龄《我们时代的英雄》、聂荣臻《"要拿我当一挺机关枪使用"——怀念白求恩同志》。

C. 白求恩同志纪录片《［国家记忆］时代楷模——白求恩》。

② 结合上述资料和自己的感受，感知人物精神，给国际友人白求恩写一段颁奖词（200字左右），组内交流。

③借助颁奖词评价量表，小组互评。

参考答案：颁奖词写法指导，事迹概括+人物评价+情感饱满。

A. 白求恩牺牲：加拿大援华医生白求恩大夫因抢救八路军伤员感染败血症而不幸牺牲，用生命践行了全心全意为人民服务的共产党员的价值理想追求。

B. 白求恩精神价值：本单元的主题是"对抗与融合"，白求恩与残酷的战争、物资的紧缺、个人精力做着强烈的抵抗，在医疗技术上严格要求自己，将个人职业与命运融入了人道主义伟大事业中，在职业的追求中展现人性的坚韧与光辉，挽救了许多战士的生命，为中国人民和世界人民的反法西斯战争做出贡献。白求恩精神之不朽与历久弥新，就在于时至今日我们依然呼唤最纯净的人性，渴盼最高尚的榜样，追求成为有益于人民、有益于人类的人。

· 第二课时 ·

（1）批注阅读《植树的牧羊人》，感受文章通过直接描写和间接描写表现人物品质的妙处，并模仿范例，按要求完成表1-12。

表1-12 《植树的牧羊人》记录表

方法：直接描写/间接描写	事件	表达效果	人物形象	你领悟到的情感哲理
直接描写（动作描写）	挑橡子。	细致地描写了牧羊人挑选橡子的动作。	认真细致，一丝不苟。	对抗：自然的荒芜，挑选橡子工作的烦琐，无人陪伴的孤独感。融合：老人心无旁骛，恬淡自守，尊重自然，迎难而上，顺势而为。结果：老人以坚韧的毅力，不辍耕耘，创造出了荒漠变绿洲的奇迹。
间接描写	橡子长成了大树。	通过数字对比，具体说明树苗成活的不易。	侧面衬托出牧羊人种树艰辛，表现其不畏困难、坚持不懈的精神。	

（2）直接描写与间接描写。

① 定义：直接描写是不借助任何媒介对人、事、物、环境等进行的描绘摹写。写人方面可以对人物的语言、动作、心理、表情、肖像、细节进行描写刻画。侧面描写是指在文学创作中，作者通过对周围人物或环境的描绘来表现所要描写的对象，以使其鲜明突出，即间接地对描写对象进行刻画描绘。

② 效果：正面描写与侧面描写相结合，能全面具体地对人物形象进行多角度的刻画。

（3）运用直接描写与间接描写相结合的方法，制作班级人物卡片，不出现具体人物信息（200字左右），全班根据人物卡片，猜测所描写人物，并使用评价量表对人物卡片进行评价。

· 第三课时 ·

1. 批注阅读

批注阅读《走一步，再走一步》，感受心理描写表现人物的妙处。

要求：根据第一课段的人物心理活动流程图，寻找相应的句子，对句子赏析批注后进行分享。

范例1：

原文：我犹豫了。我渴望像他们一样勇敢和活跃，但是在过去的八年岁月中，我绝大部分时间都是一个病弱的孩子，并将妈妈的警告牢记在心——我不像其他孩子那样强壮，而且不能冒险。

旁批：用内心独白的形式，表达了自己犹豫的心理。犹豫是两种心理的交锋，一方面，渴望冒险，渴望成长为勇敢和活跃的男子汉，也想挑战爬悬崖；另一方面，交代自己身体状况不佳，自我认知为"病弱"，自我否定，在选择面前张皇失措，为下文被困悬崖埋下伏笔。

范例2：

原文：夜幕开始降临。……暮色中，第一颗星星出现在天空中，悬崖下面的地面开始变得模糊。

旁批：用环境描写的形式。

范例3：

原文：我趴在岩石上，神情恍惚，害怕和疲劳已经让我麻木。

旁批：用细节描写（神态描写）的形式。

2. 心理描写

定义：心理描写就是对人物内心的思想活动进行描写。描写人物的思想活动，能反映人物的性格，展示人物的内心世界。所以，心理描写也是刻画人物思想性格的重要手段之一。

作用：本文心理描写真实、生动、细腻，符合病弱少年"冒险—遇险—脱险"时跌宕起伏的心路历程，连缀成线，成为文章故事发展线索之一。

本文的心理描写方法：

（1）内心独白：直接描写人物在特定环境与事件中的真实想法。

（2）环境烘托：运用环境变化烘托心理状态。

（3）细节描写：借助全面、细致入微的动作、语言、神态描写，凸显人物恐惧的心理状态。

3. 学以致用

观看成长型电影经典片段（《阿甘正传》《风雨哈佛路》《奇迹男孩》《当幸福来敲门》），揣摩并补写电影中人物面临抉择时进退两难的心路历程。（300字左右，事件完整，心理变化清晰，综合运用内心独白、环境描写及细节描写增加心理描写的准确性和深度）

【学习评价】

具体学习评价见表1-13和表1-14。

表1-13　颁奖词评价量表

序号	写作要素	自评	组员评	教师评	综合
1	语言精练，事迹清晰				
2	评价中肯，准确深刻				
3	情感饱满，号召力强				
评价说明：作品中有效使用该要素和综合表达质量，分别记"☆☆☆""☆☆""☆"					

表1-14　人物卡片评价量表

序号	写作要素	0分	10分	20分
1	语言流畅自然。	病句较多。	语言流畅，表达准确。	语言生动活泼，运用修辞手法。
2	运用了直接描写与间接描写相结合的手法，人物特征明显。	无描写性语句。	直接描写手法单一，无间接描写。	直接描写多样，且与人物特征联系紧密，间接描写服务于人物形象塑造。
3	人物精神突出。	描写内容与人物精神无关。	描写内容与人物精神有关，但不够典型。	描写内容凸显人物精神，叙议结合。
4	猜中的人数。	1人猜中即可加1分。		
5	总分			

【作业设计】

1. 写一段赞颂白求恩的颁奖词。（200字左右）

2. 运用直接描写与间接描写相结合的写作手法，制作班级人物卡片。（200字左右）

3. 观看成长型电影经典片段，揣摩并补写电影中人物面临抉择时的心路历程。（300字左右，事件完整，心理变化清晰）

第三课段：活用手法深挖精神，对抗融合成就自我

【课时安排】

2课时。

【学习资源】

1. 统编版语文七年级上册第四单元课文《纪念白求恩》《植树的牧羊人》《走一步，再走一步》《诫子书》。

2. 各小组的观影心理描写习作。

3. 文稿纸。

4. PPT课件。

【课段任务】

第一课时：分享电影人物心路历程习作，厘清思路，巧用手法，以"成为更好的自己"为题，完成习作。

第二课时：交流互评，完善小组成果。

【学习过程】

· 第一课时 ·

1. 小组分享，积累素材

小组派代表分享电影主人公阿甘、利斯（Liz）等人在困难中挑战与融合的心路历程，基于是否综合运用内心独白、环境描写以及细节描写等手法，对习作进行点评与补充延伸。

2. 创设情境，了解思路

PPT呈现一张纸上迷宫游戏的图片，提问：如果你来玩这个游戏，你认为如何才能快速找到出口？

学生自由发言后给出参考答案：综观全局—按图索骥—顺利出口。

PPT分享：

思路，是个比喻的说法，把一番话、一篇文章比作思想要走的一条路。思想从什么地方出发，怎样一步一步往前走，最后达到这条路的终点，都要踏踏实实摸清楚，这就是注意思路的开展。

——叶圣陶

3. 重温课文，厘清思路

（1）《植树的牧羊人》思路：1913年偶遇牧羊人—亲见牧羊人种树的情景—再见牧羊人一直种树—最后一次相见，高原大为改观。

（2）《走一步，再走一步》思路：别出花样，去爬悬崖—中途遇险，进退两难—父亲指点，摆脱困境。

（3）回望自我成长过程中的相关经历或事件，选取最能表达"成为更好的自己"的一件或多件事，完成表1-15，厘清思路。

表1-15　体味美好人生，成为更好的自己之厘清思路

分类	内容	
我选取的事件		
我整理的思路		
我体会的美好		

4. 重温方法，巧妙使用

（1）课文回顾。

①《纪念白求恩》：对比手法刻画人物。

②《植树的牧羊人》：直接描写和间接描写刻画人物。

③《走一步，再走一步》：心理描写表现人物。

（2）结合自我选取事件，根据下列问题提示来打磨方法。

① 我将把整个事件，设定在_____的环境下展开。

② 我将在文中将_____和_____进行对比，以此突出人物的_____精神，从而来表达_____情感。

③ 我将在文中_____采用直接描写的方法，在_____采用间接描写的方法，以此来表现人物的_____品质。

④ 我将在文中_____，采用心理描写的方法来表现人物特定环境下的心理。

5. 感悟精神，提升立意

本单元四篇文章均强调人成长过程中的对抗与融合，如图1-4所示。

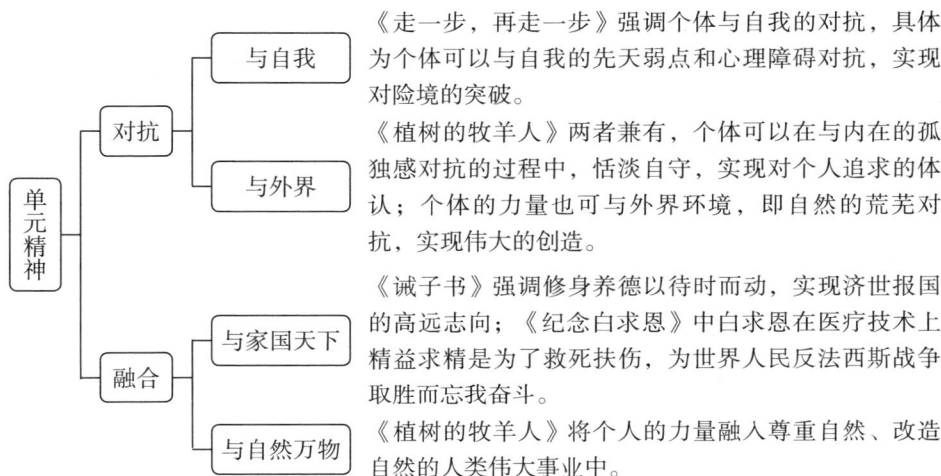

《走一步，再走一步》强调个体与自我的对抗，具体为个体可以与自我的先天弱点和心理障碍对抗，实现对险境的突破。

《植树的牧羊人》两者兼有，个体可以在与内在的孤独感对抗的过程中，恬淡自守，实现对个人追求的体认；个体的力量也可与外界环境，即自然的荒芜对抗，实现伟大的创造。

《诫子书》强调修身养德以待时而动，实现济世报国的高远志向；《纪念白求恩》中白求恩在医疗技术上精益求精是为了救死扶伤，为世界人民反法西斯战争取胜而忘我奋斗。

《植树的牧羊人》将个人的力量融入尊重自然、改造自然的人类伟大事业中。

单元精神——对抗——与自我／与外界

单元精神——融合——与家国天下／与自然万物

图1-4　单元精神

6. 准备充分，动笔写作

在成长成才的历程中，我们必然要与自我的弱点、与外界的不利因素进行一次又一次的激烈对抗，而人生价值的实现，也需要我们积极主动把握认知规律，融入发展的大潮。

相信通过本单元的学习，你对实现自我的美好人生，有了更加深切的体悟与思考，请以"成为更好的自己"为题，写一篇800字左右的记叙文。

· 第二课时 ·

1. 小组互评

根据"体味美好人生，成为更好的自己之作文量表"（表1-16），小组内交流互评，对征文进行评定和修改。

2. 成果展示

以小组为单位，将本单元所有书面作业整理为《对抗与融合——人物展览册》。

【学习评价】

学习评价内容，见表1-16。

表1-16　体味美好人生，成为更好的自己之作文量表

评价等级	一级	二级	三级
思路清晰	结构很清晰； 中心很突出； 层次很分明； 顺序很合理。	结构较清晰； 中心较突出； 层次较分明； 顺序较合理。	结构显混乱； 中心不突出； 层次不分明； 顺序不合理。
事件典型	人物事件很突出，有典型性。	人物事件一般，有一定代表性。	没有突出的人物事件，形象不鲜明。
手法巧妙	1. 能把事件放置到典型环境中。 2. 能运用对比手法突出人物形象。 3. 能巧妙运用直接描写和间接描写来刻画人物。 4. 能巧妙运用心理描写来表现人物。	1. 有环境但不典型。 2. 能运用对比手法但不能凸显人物。 3. 能运用直接描写和间接描写中的一种刻画人物。 4. 能运用心理描写但未突出人物形象。	1. 没有典型环境。 2. 没有运用对比手法。 3. 没有运用任何描写手法。
成就美好	文中有抒情，或在议论中能表现人物的成长美好，立意深刻。	文中有抒情，或在议论中较能表现人物的成长美好，立意较深刻。	文中没有抒情，或未在议论中表现人物的成长美好，立意不够深刻。

【作业设计】

小组合作完成《对抗与融合——人物展览册》。

参考文献

[1] 王京跃. 白求恩精神的现代意义——写在毛泽东《纪念白求恩》一文发表70周年之际 [J].马克思主义研究，2009（12）：102-106.

[2] 马志英. 毁灭与创造：《植树的牧羊人》对人类二重性的揭示 [J].中学语文教学，2020（1）：41-43.

[3] 孔媛，孟娇，杨安琪.《植树的牧羊人》文本主旨及教学重点解析 [J].语文建设，2018（30）：47-49.

[4] 肖培东. 圈点勾画读"奇迹"——我教《植树的牧羊人》 [J].语文建设，2018（1）：34-38.

［5］肖培东.明确目标，导学有序——《走一步，再走一步》教学思考［J］.语文建设，2019（1）：31–34.

［6］余映潮.一课三学：《走一步，再走一步》的作文技法——"读美文、学作文"系列之四［J］.中学生阅读（初中版），2007（11）：52–54.

［7］卜敏现.从诸葛亮《诫子书》看其修身立志思想［J］.兰台世界，2014（23）：156–157.

［8］李正昌.从文化视域解读诸葛亮《诫子书》［J］.语文建设，2018（26）：42–44.

［9］伍红林.论指向深度学习的深度教学变革［J］.教育科学研究，2019（1）：55–60.

第二章　换位思考，善待生命

——七年级上册第五单元整体设计

宝安中学（集团）外国语学校　余清峡　何思瑜

一、大单元教学设计

（一）课文解读

本单元由《猫》《动物笑谈》《狼》三篇以"动物"为对象、以"人与动物"为人文主题的文章组成。这一单元的作者包含古今中外，有中国古代作家蒲松龄、有中国现当代作家郑振铎，还有外国作家康拉德·劳伦兹，他们笔下的文章有的描绘了人和动物之间的矛盾、有的表现了人与动物相处的乐趣、有的展示了对动物命运的关注。这些文章向我们表明：无论何时何地，人们都在关注人和自然界的相处之道。阅读这些文章能让我们很好地感知自然，在阅读中我们也在不断思考，形成亲近自然、善待生命的意识，这也是本单元的人文主题所要传达的内容。

除此之外，本单元的语文素养主题是继续学习默读，在默读中学会做摘录，边读边思考，能在把握文章大意的基础上学会概括文章的中心。这几篇文章虽然同在一个大的人文主题下，但各自的重点并不相同，这就需要同学们能把握住作者写文的中心，这种能力的培养也为后续写作任务的完成起到关键作用。

（二）课程标准的要求

（1）课程标准要求养成默读习惯，本单元的语文素养主题是继续学习默读，在默读中学会做摘录，边读边思考。

（2）语文课程应在真实的语言运用情境中，培养语言文字运用能力，发展思维能力，提升思维品质。本单元将带领学生欣赏关于动物的文学作品，激发生命情感体验，获得人与动物关系的辩证思考。

（3）语文课程标准要求学生参加文学体验活动，归纳概括自己的发现，条理清晰地呈现问题解决的过程，并汇集学习成果。本单元将转换视角，引导学生思考人与动物的关系，从动物视角出发汇编"我与人类"故事册。

（三）学情分析

七年级的学生比较喜欢阅读故事性强的文章，本单元的三篇课文对于现阶段的学生而言是比较容易激起兴趣的，尤其是康拉德·劳伦兹的《动物笑谈》，语言轻松幽默，几个令人发笑的故事片段让人读起来觉得有趣又有味道；郑振铎的《猫》也是由三只不一样的猫串联起文章，它们与主人家的联系也成了吸引学生兴趣的所在；而蒲松龄的《狼》作为一篇故事性较强的文言文，也不会打消学生阅读的积极性。所以本单元的选文是非常符合七年级学生的阅读兴趣的。

现阶段的学生能比较快速地把握文章讲了什么（能概括情节），但对于"为什么作者要这样写"的探究能力（概括中心的能力）尚缺，文章背后所呈现出的作者的价值观仍然是需要我们带着学生一起去探究的。

（四）学习目标

1. 学生将知道（K）

（1）刻画形象的方法。

（2）推进故事发展的方法。

（3）怎样突出中心表达观点。

2. 学生将理解（U）

（1）通过学习，理解形象、情节在描绘故事中的重要作用。

（2）通过演读，学会换位思考动物的处境。

3. 学生将能做（D）

（1）进行换位思考，关注身边的动物。

（2）能感悟人与动物的关系，并通过刻画形象、描绘故事来表达自己的观点。

（3）阅读有关"人与动物"人文主题的书籍，加深对人与自然关系的思考。

二、大单元任务流程

大单元任务流程，如图2-1所示。

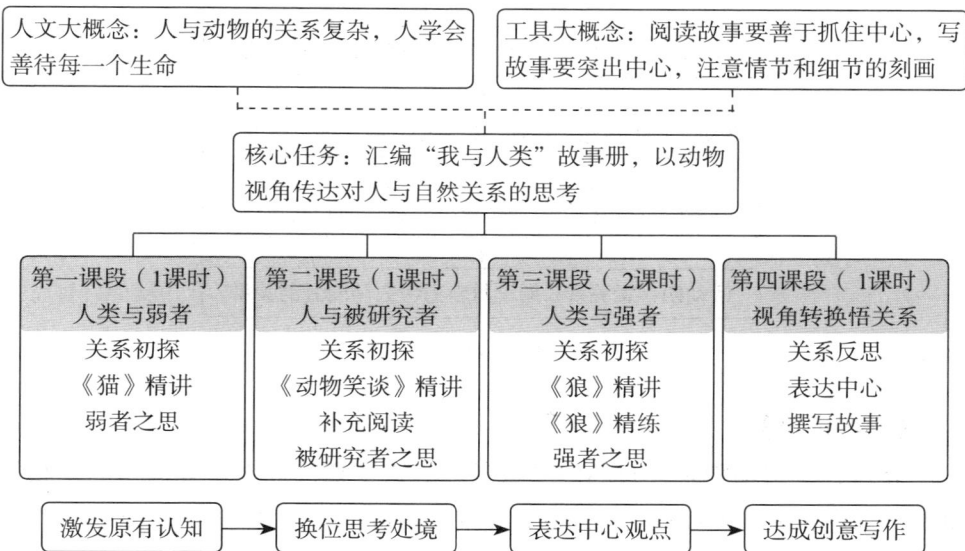

图2-1　大单元任务流程

三、大单元任务设计

（一）单元核心任务

汇编"我与人类"故事册，以动物视角传达对人与自然关系的思考。

（二）单元任务设计

第一课段：人类与弱者

【课时安排】

1课时。

【学习资源】

1. 核心资源：课文《猫》。

2. 辅助资源：群文《猫》（老舍）、《猫》（夏丏尊）、《猫》（靳以）、《父亲的玳瑁》（王鲁彦）、《我是猫》（夏目漱石）。

【课段任务】

课段任务流程，如图2-2所示。

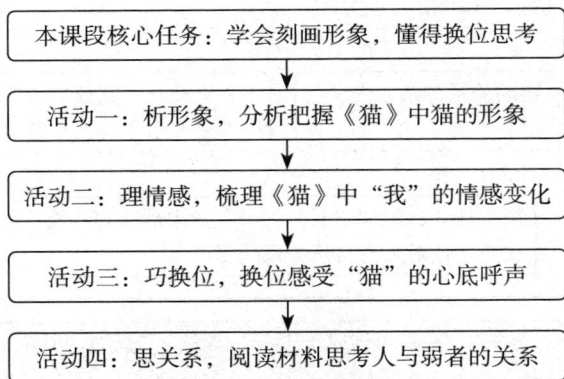

图2-2　课段任务流程

【学习过程】

导入：人与动物是大自然的"成员"，人类始终面对着如何与动物相处共存的问题，大家根据自己与动物相处的经历或阅读经验想一想：我们和自然界中的动物是一种怎样的关系？（预设：和谐的、紧张的、不友好的……）是的，我们与动物们的关系复杂，有相互欣赏也有矛盾冲突。今天，我们一起走进第五单元的课文《猫》，看看这篇文章中的人和动物吧！

活动一：析形象，分析把握《猫》中猫的形象

（1）快速默读课文，找出文中出现的猫的形象，完成思考探究—表格，见表2-1。

表2-1　不完整的思考探究—表格

不同的猫	第一只猫	第二只猫	第三只猫
来历	从隔壁要来的。		
外形	花白的毛，"如带着泥土的白雪球似的"。		
性情			
在家中地位			
结局			

（2）小组讨论不同猫的地位和结局及其原因，见表2-2。

（小组讨论中要有记录员）

表2-2　完整的思考探究—表格

不同的猫	第一只猫	第二只猫	第三只猫
外形	花白的毛，"如带着泥土的白雪球似的。"	浑身黄色	毛色花白，不好看"……毛被烧脱了好几块……"
性情	很活泼。"在廊前太阳光里滚来滚去""三妹……红树……绳子……扑过来抢，又扑过去抢。"	更有趣，更活泼。会爬树，捉老鼠。"它在园中乱跑……晒太阳。"	不活泼，忧郁，懒惰。"它不活泼""……仍不改它的忧郁性……"
隐藏的情感	喜爱	喜爱	厌恶

（3）聚焦"猫"的形象，感受不同描绘背后作者隐藏的情感。

参考答案：对比表格讲解这些外形和性情的不同更具体地体现在毛发颜色、质感以及猫的相关动作上，这是我们把握猫的形象的关键，也是觉察作者情感态度的关键。

小结：动物的形象可以从毛发颜色、质感、具体活动中体现出的性情塑造，能间接地反映出作者的情感态度。

活动二：理情感，梳理《猫》中"我"的情感变化

过渡：这篇文章中的主角不只是猫，也有人，大家找一找文中出现了哪些人物？（预设："我"，"我"的妹妹、母亲、张妈）这些人物对待猫的态度也不同，尤其是"我"的情感在文中出现了比较明显的变化，大家能否梳理出"我"的情感变化呢？

（1）默读并画出一些表现"我"情感变化的词、句，梳理"我"情感变化的折线图（图2-3）。

示例：一缕酸辛、怅然、十分地难过、难过得多，永无改正我的过失的机会了！

情感波动程度

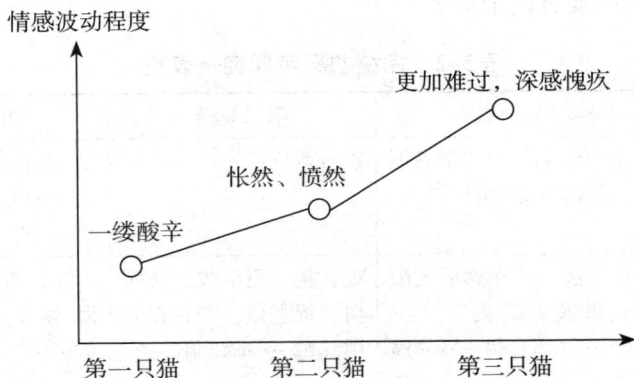

图2-3 "我"的情感变化折线图

（2）对折线图进行分析，思考感情变化背后"我"与猫关系的变化。

示例：第一只猫是家里的小侣，它死后，"我"能说出"再向别处要一只来给你"，说明在"我"的眼中，猫是物化的，"我"与它之间是一种从属关系，是近乎无关紧要的关系。

预设：第二只猫也是从属关系，文中提到"夺去我们所爱的东西的人"，猫依然是物化的，是从属关系；第三只猫在"我"眼中是弱小的生命，是不能说话的动物，在这里"我"与第三只猫的关系已经不再是简单的从属关系，而是一种欺凌与被欺凌的、强者和弱者的关系。所以"我"在悔过时才具有很多的歉疚。

参考答案：每一次猫的亡失对于"我"而言都有不一样的意味，在"我"的眼中，猫与"我"的关系也在发生着变化。

活动三：巧换位，换位感受"猫"的心底呼声

过渡：到此为止，我们都是站在人的视角去看动物们，那么在动物的眼中，我们的一举一动又对它们意味着什么呢?

（1）聚焦第三只猫，小组分角色演读课文第17—29段。

角色划分："我"、妻子、妹妹、张妈、第三只猫、旁白。

注意：第三只猫没有语言，在听他人对话时，注意对猫内心感受的捕捉。

（2）如果你是第三只猫，你会说些什么？（小组讨论）

① 小组讨论第三只猫如果会说话，它可能会说什么？

② 采访演读中的"第三只猫"，询问他的心理活动。

（3）小组记录"猫"的心底呼声，并汇报。

参考答案：在文章中，猫的命运由人影响着，而猫并不会辩解，人之于猫，是强者之于弱者的关系。

活动四：思关系，阅读材料思考人与弱者的关系

（1）回顾文章内容，把握文章中心。

提问：作者想要借"猫"来表达什么呢？

补充背景：《猫》是郑振铎从事文学创作的早期作品，适逢五四青年要求自由平等、个性解放，即使对不会说话的猫也应如此。在他这一时期的作品中，表现出作者的新思想、新观念，表达出同情弱小无辜，谴责专制霸道，弘扬公道、民主、博爱的思想。

参考答案：作者想要表达善待生命、关爱弱小的思想；凡事不能单凭印象妄下断语，要弄清事实，平等地对待生命，对人对事不该存有偏见。

（2）阅读扩展材料，思考人与弱者的关系。

引导：在刚刚的演读过程中，大家有没有发现还有谁的声音也几乎没有发出来？（预设：张妈）是的，在人与猫的关系中，人是强者，但有时候也绝不仅仅如此，人与人的关系中依然有人强有人弱，同样是生命，人在与弱者相处时，又应该如何呢？我们一起看看扩展的阅读材料，思考这个问题。阅读材料，边读边批注：

① 这些作者笔下的猫有什么特点？

② 作者对猫有什么感情？

③ 作者是真的爱猫吗？

④ 文中的猫在人的生活中充当什么角色？

⑤ 我们应该如何对待身边的小动物？

【学习评价】

学习评价表，见表2-3。

表2–3　学习评价表

评价维度	☆☆☆☆☆	☆☆☆	☆☆
默读能力	在4分钟内完成课文默读，并快速找出文中关键信息，完成探究表格并及时参与课堂汇报反馈。	在5分钟左右完成课文默读，并快速找出文中关键信息，完成探究表格并紧跟课堂汇报反馈。	在5分钟左右完成课文默读，并快速找出文中关键信息，紧跟课堂汇报反馈。
演读与合作能力	在小组分工合作中全神贯注，认真完成小组分工任务，并能在演读过程中有自己的思考和表达。	在小组分工合作中完成小组分工任务，在演读过程中有一定的思考。	不太参与小组合作，在他人演读过程中有自己的思考。
思考探究能力	有很强的换位思考能力，能快速捕捉到作为动物时的视角转换，能很好地自行归纳文章中心。	有换位思考能力，能捕捉到作为动物时的视角转换，能自行归纳文章中心。	有换位思考能力，能体会到人和动物的视角不同，能在思考下认同文章中心。
自我评价			
小组评价			

【作业设计】

写下你作为第_____只猫，在"我"家生活过程中的心理活动，以"我是一只……的猫"作为开头，完成片段写作（200字及以上）。

第二课段：人与被研究者

【课时安排】

1课时。

【学习资源】

1. 核心资源：课文《动物笑谈》。

2. 辅助资源：《所罗门王的指环》。

【课段任务】

课段任务流程，如图2–4所示。

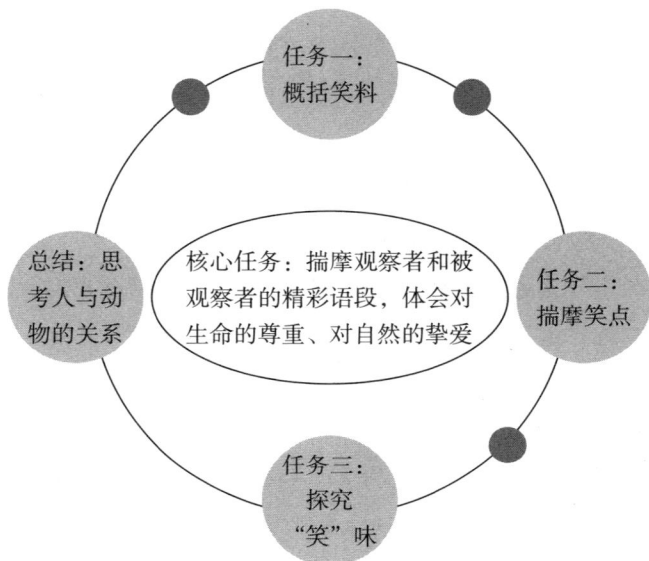

图2-4　课段任务流程

【学习过程】

1. 导入课题

从来没有哪个国王，能像所罗门这样，他可以和蝴蝶说话，就像两人闲聊家常。

——（英）约瑟夫·鲁德亚德·吉卜林

所罗门王有指环，能实现与动物的和谐对话，大家认为康拉德·劳伦兹有这样的"指环"吗？（……）让我们一起走进《动物笑谈》，去寻找答案。

2. 熟悉导读

本单元继续学习默读。边读边思考，勾画重要语句或段落，并学做摘录，还要在把握段落大意、厘清思路的基础上，学会概括文章的中心思想。

3. 任务一：概括笑料

笑谈的对象有哪些？从哪一句话读出来？（第一句话——主角：观察者；配角：动物）

请同学们一气呵成默读课文，边默读边用波浪线勾画展示表明时间变化、地点转换的语句，然后口头概括主角和配角的"趣事"。

4. 任务二：揣摩笑点

（1）默读课文，用"（　　　）"摘录文中逗笑细节，圈出重点词，运用多彩笔在空白处批注，细细揣摩字里行间蕴含的情感和旨趣。（自主合作交流）（个人读、小组读）

示例：它们的小眼睛焦急地向四周探索，却不会朝上方看，没有多久，就像被弃的小鸭子一般，发出细细的尖叫，哭起来了。

赏析："焦急"是神态描写，"探索""尖叫"是动作描写，准确生动地写出小水鸭们找不到"我"扮演的鸭妈妈时的焦急、害怕；"哭起来"是拟人修辞手法，生动写出作者对这些小动物的怜爱、呵护之情。（关注描写和修辞）

（2）聚焦这位观察者的"疯举"。

（3）一个有着一大把胡子的大男人，屈着膝，弯着腰，低着头在草地上爬着，一边不时回头偷看，一边大声地学着鸭子的叫声。（学生赏析和朗读）

谈一谈作者为什么要学母水鸭的叫声？

为了探求真理，也只好忍受这种考验了。（第8小节）其过程：观察—疑问—实验—猜想—结论—实验—证实！（看似可笑的行为，其实是科学研究的环节，更是作者沉醉科学研究的表现）

他就是那样：专注研究，高度敬业！（板书）

小结：指环密码——认真严谨的科学精神。

拓展：康拉德·劳伦兹，1903年出生于奥地利维也纳。1933年，获得动物学博士。1941年，他被征召到德国军队，成为医师。1944年到1948年间，他成为苏联战犯，1948年被释放，1949年《所罗门王的指环》出版，他虽经历坎坷，但在被停期间一直没有放弃科学研究。做了战俘之后，他只做了两件事，一件是写书，另一件是养了一只乌鸦。所以他被释放时，也只带了两样东西，一样是他写的书稿，另一样是他当战俘时养的乌鸦。

他就是那样：执着不懈地关爱着动物、尊重敬畏着生命！（板书）

小结：指环密码——高尚的人文情怀。

科学研究不全是为了实用，追求真理本身就充满乐趣。（教材阅读提示）

5. 任务三：探究"笑"味

通过交流"笑点"，我们破译了康拉德·劳伦兹亲近动物的指环密码，那么在这些"笑谈"背后，又体悟到了什么处世之道？（小组合作探究）

"笑"的背后是作者把动物视为平等朋友的尊重和热爱；"笑"的背后是一种提醒，提醒我们树立善待生命、亲近自然、与动物友好相处的正确生存态度；"笑"的背后是为了"探求真理"，表现出专注的科学态度和忘我的科研精神；"笑"的背后告诉我们与动物和谐相处的方式，用童趣的眼光去看待动物，去发现不一样的美……

是啊，"笑"的背后，其实就是尊重与敬畏，就是痴心与爱心！

6. 归纳总结

这节课，我们通过践行默读、勾画、摘录和批注的阅读方法，抓住文本结合单元导读、阅读提示、课文旁批，合作探究了劳伦兹这位伟大的科学家的"指环"密码，希望他对科学的执着、对动物的爱心，能深深感染你，课后走进《所罗门王的指环》整本书阅读，去享受属于我们的"动物笑谈"吧！

【学习评价】

学习评价表，见表2-4。

表2-4　学习评价表

评价维度	☆☆☆☆☆	☆☆☆	☆☆
默读技巧	学生在默读时能够保持专注，不受外界干扰。默读速度快，能够充分理解文本	学生在默读时较专注。默读速度适中，能够在理解的基础上进行阅读。	学生默读速度较慢，对文章部分内容理解有困难。
重要语句或段落的勾画	学生能够快速识别并勾画文章中的关键语句和段落。勾画的内容涵盖了文章的主要观点和论据。	学生能够识别并勾画文章中的关键语句和段落。勾画的内容较好覆盖文章的主要观点和论据。	学生未能很好识别并勾画文章中的关键语句和段落。勾画的内容和文章的主要观点与论据有偏差。
思路的厘清	学生在阅读过程中能够快速厘清文章的思路，理解文章结构。学生能够通过逻辑关系，将不同段落的内容串联起来，形成完整的文章框架。	学生在阅读过程中能够较好厘清文章的思路，较好理解文章结构。能够厘清逻辑关系，文章架构较完整。	学生在阅读过程中未厘清文章的思路。
自我评价			
小组评价			

【作业设计】

选择《动物笑谈》中的一个角色进行角色扮演，并以第一人称设计人物动作、情态、揣摩人物心理。（200字左右）

第三课段：人类与强者

【课时安排】

2课时。

【学习资源】

1. 核心资源：课文《狼》。

2. 辅助资源：群文《狼王梦（节选）》（沈石溪）、《母狼的智慧》（毕淑敏）。

【课段任务】

课段任务流程，如图2-5所示。

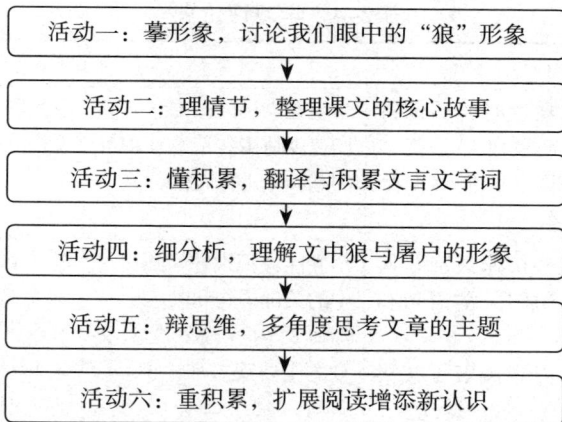

活动一：摹形象，讨论我们眼中的"狼"形象

活动二：理情节，整理课文的核心故事

活动三：懂积累，翻译与积累文言文字词

活动四：细分析，理解文中狼与屠户的形象

活动五：辩思维，多角度思考文章的主题

活动六：重积累，扩展阅读增添新认识

图2-5 课段任务流程

【学习过程】

· 第一课时 ·

导入：《猫》和《动物笑谈》中的小动物们大多在现实生活中相对于人类而言都是弱小的存在，通过作者的文字，我们看到了人类在与动物相处过程中的反思和欣赏，大家也能通过相关的群文阅读感受到这些小动物的可爱，但今天我们要学习的文章所涉及的动物大家也并不陌生——狼。

活动一：摹形象，讨论我们眼中的"狼"形象

（1）出示狼的图片，分组接龙说有关"狼"的成语。

示例：狼狈为奸、狼心狗肺、狼子野心、狼狈不堪、狼吞虎咽、鬼哭狼嚎……

设计意图：通过在课堂开始设置的开放问题引起学生的兴趣，在积累成语的同时调动大家对"狼"本身形象的感知，为接下来多元主题的探讨做铺垫。

（2）说说成语中"狼"的形象。

示例：成语中的狼大多是凶残、狡猾的形象。

过渡：这样一个狡猾、凶残的动物往往站在食物链较高的一端，当人们见到这种动物时也不免会有恐惧，和狼对比，人似乎才是自然界的弱者。今天，我们一起走进蒲松龄笔下的这篇《狼》，看看这篇文章向我们讲述了一个怎样的人狼共处之故事。

活动二：理情节，整理课文的核心故事

（1）根据课下注释自读课文，老师正音后齐读课文。

①注意读音：

缀（zhuì）窘（jiǒng）倚（yǐ）瞑（míng）尻（kāo）黠（xiá）苫（shàn）少（shǎo）薪（xīn）暇（xiá）隧（suì）

②注意断句：

后狼止/而/前狼又至。骨/已尽矣，而/两狼/之并驱/如故。

少时，一狼/径去，其一/犬坐/于前。久之，目/似瞑，意/暇甚。

方欲行，转视/积薪后，一狼/洞其中，意/将隧入/以攻其后/也。

屠/自后/断其股，亦/毙之。

禽兽/之变诈/几何哉？止增/笑耳。

（2）根据老师出示的图片在小组内复述故事。（注意同学间的相互补充）

（注意：图片可以在网页搜索关键词"《狼》文言文插图"）

（3）在复述情节的基础上补全故事的重要环节。

屠户：遇狼—（惧）狼—（御）狼—（杀）狼。

小结：开端：遇狼—发展：惧狼、御狼—高潮和结局：杀狼。

活动三：懂积累，翻译与积累文言文字词

（1）同桌合作，借助课下注释及工具书尝试翻译全文，找出有疑问的地方。

提示：有疑问的可以是翻译不畅、前后文理解不了或不确定词义的地方。

（2）全班交流疑问，教师答疑，学生做笔记积累文言文知识。

提示：

缀行甚远——紧跟着（屠户）走了很远。（注意"缀"为"连续、紧跟"的意思，省略的对象"屠户"要补充上）

投以骨——把骨头扔给狼。（注意原句应为"以骨投之"的语序，"以"可以译为"把、用"）

并驱如故——像原来一样一起追赶。（注意"并"要翻译成"一起"）

其一犬坐于前——其中一只狼像狗似的蹲坐在前面。（注意"犬坐"一词意为像狗似的蹲坐）

一狼洞其中——一只狼在柴堆中打洞。（注意"洞"要活用成"打洞"）

意暇甚——神情很悠闲。（注意"意"在此表示"神情、态度"）

屠自后断其股——屠户从后面砍断了狼的大腿。（注意"股"译为"大腿"）

止露尻尾——只露出屁股和尾巴。（注意"尻"译为"屁股"）

盖以诱敌——原来是用来诱惑敌方的。（注意"盖"译为"原来是"）

禽兽之变诈几何哉？——禽兽的诡诈手段又能有多少啊？（注意"几何"即"多少，意思是能有多少"）

（3）演读增强对重要词句的印象。

设计意图：对上述重要的语句进行表演，更好理解一些不熟悉的字词及一词多义、活用的文言知识。

（4）文言文知识归纳总结。

古今异义：去、薪、股、盖、几何、耳。

一词多义：止、意、敌、前、以。

· 第二课时 ·

活动四：细分析，理解文中狼与屠户的形象

总结文中狼与屠户的形象。

提示：请以"_____的形象是_____，可以从_____看出"的思路回答。

示例：狼的形象是贪婪的，可以从它们"缀行甚远、并驱如故"看出。

参考答案：狼的形象在文中是贪婪、狡诈、阴险、凶恶的；屠户的形象是机智、勇敢、镇定、警惕性高、敢于斗争的。

文章是如何来刻画形象的？

提示：可以从细节入手分析。

示例：屠户和狼相遇后有一连串的应对方式，从"投骨""奔""持刀"等一系列动作可以看出屠户的勇敢、镇定、敢于斗争。

参考答案：狼的形象通过动作、神态来表现；屠户的形象通过动作、心理活动来刻画。

小型辩论：人聪明还是狼聪明？

提示：狼聪明可以从两狼合作达成目的来说，屠户聪明可以从随机应变、警惕性高来说。

参考答案：人和狼都有策略，都是很聪明的，但从最后的结局可以看出，聪明的狼仍然丧命于屠户的手下，终究难逃一死。

活动五：辩思维，多角度思考文章的主题

齐读"狼亦黠矣，而顷刻两毙，禽兽之变诈几何哉？止增笑耳"思考议论的作用。

参考答案：最后一段是议论，是作者对这则故事的看法。这一段透露出作者对狼贪婪狡诈但最后仍落得两毙结局的嘲笑，也包含对屠户的勇敢、机智、敢于斗争的肯定和赞扬。狼这类自然界的强者，纵使机智狡猾，但在人的面前也终究难逃被杀死的命运。这也是文章的主题。

介绍蒲松龄和他的作品《聊斋志异》。

过渡：作者为什么会有这样的议论感发？我们来看作者人物小传。

PPT分享：

蒲松龄（1640—1715），字留仙，号柳泉居士，淄川人，清朝文学家。他自幼勤学、聪敏，但一生考场不利，自学成才，在家乡设馆教书。其短篇小说集《聊斋志异》中"聊斋"是蒲松龄的书房名，"志异"是记载奇闻逸事的意思。据说，蒲松龄在创作《聊斋志异》时，文思枯竭，难以下笔，于是他便变卖家产，在路口摆下席子，煮绿豆汤、茶水供路人歇息、解渴。他不收分文，只求路人讲一则故事。之后，他把路人口述的故事，整理成篇，写成小说。在这部作品中，作者通过谈狐说鬼，讽刺当时社会的黑暗、官场的腐败、科举制度的腐朽。故事曲折离奇，人物形象鲜明生动，具有很高的艺术成就和现实意

义，很多篇目已改编成电影、电视，为大家所熟悉。

参考答案： 出示PPT（删掉最后一段后的文章），小组再次讨论文章主旨。

提示： 鼓励学生多角度地展开思考，进一步思考人和动物的关系。

小结： 狼也是为了自我生存而使诈，在人的面前，狼看似是强者但仍然不敌人的屠刀（引导学生树立尊重生命、善待动物的意识）。

活动六：重积累，扩展阅读增添新认识

过渡： 我们常看到的是动物对我们人类有威胁的一面，却很少真正设身处地去思考它们的生存环境，下面有两篇关于"狼"的阅读材料，大家可以在阅读完毕后思考：你对动物与人之间的相处有了什么新的见解？

阅读材料：《狼王梦（节选）》（沈石溪）、《母狼的智慧》（毕淑敏）。

阅读训练： 对比阅读《聊斋志异·牧竖》，完成练习。

两牧竖①入山至狼穴，穴有小狼二。谋分捉之，各登一树，相去数十步。少顷，大狼至，入穴失子，意甚仓皇。竖于树上扭小狼蹄耳，故令嗥；大狼闻声仰视，怒奔树下，号且爬抓。其一竖又在彼树致小狼鸣急。狼辍声四顾，始望见之；乃舍此趋彼，跑②号如前状。前树又鸣，又转奔之。口无停声，足无停趾，数十往复，奔渐迟，声渐弱；既而奄奄③僵卧，久之不动。竖下视之，气已绝矣！

（注释：①牧竖：牧童，竖，童仆；②跑：兽类用足扒土，同"刨"；③奄奄：气息微弱的样子。）

（1）下列每组句子中，加点字的意思完全相同的一项是（　　　）

A. 两狼之并驱如故　　　故令嗥

B. 目似瞑，意暇甚　　　意甚仓皇

C. 狼不敢前　　　跑号如前状

D. 相去数十步　　　一狼径去

参考答案： B

（2）用现代汉语翻译句子。

① 禽兽之变诈几何哉？止增笑耳。

_____

_____ 。

②竖下视之，气已绝矣！

_____

_____ 。

　　参考答案：①禽兽的欺骗手段能有多少呢？只不过增加笑料罢了。②牧童从树上下来一看，大狼已经断气了。

　　（3）思考：同样是人与狼的较量，屠户与牧竖对狼的做法，你更赞同哪一种？为什么？

　　参考答案：牧竖杀狼是一种残忍，是人性之恶的体现。

　　【学习评价】

　　学习评价表，见表2–5。

表2–5　学习评价表

评价维度	☆☆☆☆☆	☆☆☆	☆☆
文言文积累落实	能在课下注释和工具书的帮助下无障碍翻译全文，并能主动自觉归纳文言文知识，对比阅读字词及翻译满分。	能在课下注释和工具书的帮助下基本翻译全文，会提出疑问，并能紧跟老师思路归纳文言文知识，对比阅读字词及翻译满分。	能在课下注释和工具书的帮助下尝试翻译全文，在老师的讲解和归纳下积累文言文知识，对比阅读字词和翻译基本正确。
文本分析能力	能按要求找全对形象刻画的细节处，并懂得归纳形象和手法。	能按要求找到大部分对形象刻画的细节处，在提示下懂得归纳形象和手法。	能在提示下按要求找到对形象刻画的细节处，在提示下学会归纳形象手法。
思考探究能力	能快速捕捉辩论中人和狼的区别，清晰流畅、有理有据地表明观点。在阅读课外材料中能对人与动物的关系产生进一步思考。	能捕捉辩论中人和狼的区别，有理有据地表明观点。在阅读课外材料中能对人与动物的关系产生进一步思考。	能捕捉辩论中人和狼的区别，暂不能明确表明观点。在阅读课外材料中能对人与动物的关系产生进一步思考。
自我评价			
小组评价			

　　【作业设计】

　　以"狼"的视角改写文言文《狼》，注意添加"狼"的心理活动。

第四课段：视角转换悟关系

【课时安排】

1课时。

【学习资源】

核心资源：课文《猫》《动物笑谈》《狼》。

【课段任务】

课段任务流程，如图2-6所示。

图2-6　课段任务流程

【学习过程】

1. 以文中动物视角，完成动物独白

（1）第三只猫被打后，"它很悲楚地叫了一声'咪呜！'便逃到屋瓦上了"。此时它的心情是怎样的？请展开想象，从猫的角度，以猫的口吻，用第一人称描写猫的心情。

（2）作者劳伦兹为了唤回迷路的大鹦鹉"可可"，在众目睽睽之下，模仿大鹦鹉的鸣声，发出杀猪般的号叫。请展开想象，用第一人称描写大鹦鹉此时此刻的心情。

（3）展开想象，结合原文的动作、神态、心理、环境等细节描写，用第一人称描写狼当时的心理。

2. 以文中人物的视角，完成人物日志

人物日志写作支架：

（1）明确以第一人称进行写作，并切合人物身份。

示例：今天，我差点被两匹狼要了性命。

（2）日志需要有具体的事件。

示例：在与两匹狡猾的狼的搏斗中，我先……做，然后……做。

（3）在事件中反思人与自然的关系。

示例：对于像狼这样的恶势力，我们绝不能心存幻想，要用聪明智慧与之斗争到底。

3. 展示分享

小组展示最佳人物日志。

【学习评价】

根据表2-6，进行小组互评。

表2-6 小组互评表

评价项目	人称	事件	反思	等级
1	人称是否正确。	有事件。	有关于人与自然关系的反思。	A1
2	人称表述是否符合人物身份。	事件具体清晰。	反思与事件衔接流畅、自然。	A2
3	人称表述是否符合人物身份并流畅自然。	事件清晰生动。	反思与事件衔接流畅、自然、深刻。	A3

【作业设计】

将课堂上完成的"动物独白"和"人物日志"融合编辑成为一份手抄报，并确定手抄报主题，配上符合内容要求的插图（A4大小）。

第三章　我做校园代言人

——七年级下册第五单元整体教学设计

宝安中学（集团）初中部　殷方凯

一、大单元教学设计

（一）课文解读

统编版语文七年级下册第五单元选编了两篇状物散文、两首抒情外国诗和五首古代诗歌，本单元的人文主题是"哲理之思"，语文要素为学习托物言志手法。故在此前提下，进行单元重组，保留《紫藤萝瀑布》和《一棵小桃树》，新增一篇散文《梧桐树》（丰子恺），删去两首外国诗和《登幽州台歌》及《游山西村》，新增两首古诗《赠从弟》和《卜算子·咏梅》。单元重组后，体裁丰富、情感绵深，可运用比较阅读的方法，体会不同文章不同层次运用生动语言写景状物、寄寓情思、抒发感悟的托物言志手法。

从人文主题看，《紫藤萝瀑布》《一棵小桃树》《梧桐树》为状物散文，通过紫藤萝的外在情态与内在精神并举，抒发作者对生命的感悟；借助回忆小桃树的生长过程和自己的人生经历抒写自己的理想与情志；通过描写梧桐树不同时节的光景、状态，抒发自己的情感变化。《古代诗歌五首》用隽永而富有哲理的诗句表达了作者对自然、生命、世界的感悟。

每篇文章或诗歌表达的情感志趣或思考截然不同，但是作者都是借用托物言志的手法，先对"景"或"物"抓住典型特征进行描摹，将景或物于描摹中浸染自己的情感倾向，之后或间接或直接抒发自己的情感志趣或思考。

从语文要素即托物言志的写作手法来看单元文章，《紫藤萝瀑布》为状物散文，为第一阶段：描摹状物，触发情思。《一棵小桃树》和《梧桐树》为第二阶段：物我合一，情志相融。《古代诗歌五首》为第三阶段：联想想象，情志隐去。三个阶段环环相扣，教读、自读文本分别指向同一个教学点的不同层次。对事物的特征或特性进行观察、体验、比较；准确地描摹出所咏之物；分析作者咏物和言志的方法；理解"景"和"物"与"怀"之间的关联点；在掌握托物言志三种层次手法的过程中完成对该教学点的习得与实践。

（二）课程标准的要求

（1）《义务教育语文课程标准（2022年版）》第四学段（7—9年级）的课程目标，在"阅读与鉴赏"中要求引导学生"体味和推敲重要词句在语言环境中的意义和作用。对课文的内容和表达有自己的心得"；在"表达与交流"中，"能抓住事物的特征"，"表达自己对自然、社会、人生的感受、体验和思考，力求有创意"。

（2）课程内容"发展型学习任务群"中"文学阅读与创意表达"要求，第四学段（7—9年级）旨在引导学生"阅读表现人与自然的优秀文学作品，包括古诗文名篇，体会作者通过语言和形象构建的艺术世界，借鉴其中的写作手法，表达自己对自然的观察和思考，抒发自己的情感"。

（3）在"学业质量描述"第四学段（7—9年级）中要求学生能"在阅读过程中把握主要内容，并通过朗诵、概括、讲解等方式，表达对作品的理解"，"能从多角度揣摩、品味经典作品中的重要词句和富有表现力的语言"，"分析作品表现手法的作用"，并"能根据需要，运用积累的语言进行口头或书面表达"。还要求学生"用流程图、文字等形式呈现活动设计方案；能围绕学习活动开展调查，用文字、图表、图画、照片等形式呈现学习成果；能利用图书馆等多种渠道获取资料，整理相关学习的内容，完善自己的认识，撰写活动总结"。

（三）学情分析

1. 认知基础与水平

七年级的学生已经接触过托物言志的文章，但是学生对托物言志未有准确的认识和理解。知道这类文章的特点基本是借助"景"或"物"，认识和理解抒发的情怀、赞美的品质、蕴含的哲理才是最终目的。

2. 学习困难点及关键点

在托物言志的文章中，"景"或"物"为何能表达情感、品质和哲理，学生尚不能真正理解到位。"景"或"物"与要抒发的情怀、赞美的品质、蕴含的哲理之间的关联以及如何关联，将是学生理解的重点和难点。

3. 学习深度及思维分析

学生在此前所学的文章中基本能从文本中体悟到物与人的相似性，但仅仅停留在形象思维的感知上，无法从关键语句中抓住景物的特征，并从情感主旨上深入分析托物言志类文章。故教师须以辩证法、综合法、演绎法的方式提升学生的系统思维、逻辑思维和辩证思维。

（四）学习目标

1. 学生将知道（K）

（1）细节描写的写作手法。

（2）陈述诗歌情感，理解诗人寄托的思想（情志）。

（3）描述作品集的汇编要素。

2. 学生将理解（U）

（1）通过实物观察，综合考察经验，定义并应用事物细节描写。

（2）通过诵读诗歌，揣摩诗歌中的情感；通过知人论世，分析诗歌中物与情志的关联点，总结思想。

3. 学生将能做（D）

（1）通过实物观察，综合考察经验，定义并应用事物细节描写。

（2）根据文本示例，通过仿写总结归纳细节描写手法。

（3）将所学作品汇编知识应用于实际操作，制定合理步骤完成作品集编订。

（4）按照一定的评价量表，理性且深刻地对作品本质的价值做出判断。

二、大单元任务流程

（1）大单元任务流程，如图3-1所示。

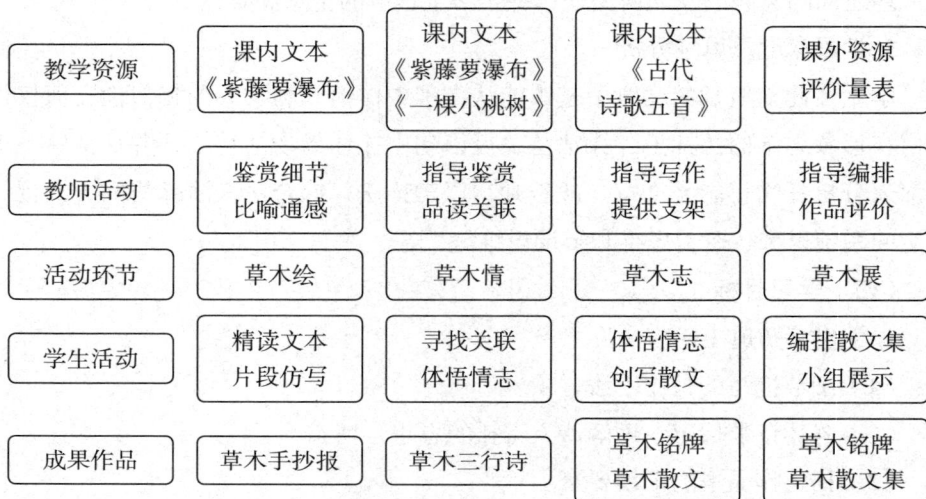

教学资源	课内文本《紫藤萝瀑布》	课内文本《紫藤萝瀑布》《一棵小桃树》	课内文本《古代诗歌五首》	课外资源评价量表
教师活动	鉴赏细节比喻通感	指导鉴赏品读关联	指导写作提供支架	指导编排作品评价
活动环节	草木绘	草木情	草木志	草木展
学生活动	精读文本片段仿写	寻找关联体悟情志	体悟情志创写散文	编排散文集小组展示
成果作品	草木手抄报	草木三行诗	草木铭牌草木散文	草木铭牌草木散文集

图3-1　大单元任务流程

（2）单元大概念，如图3-2所示。

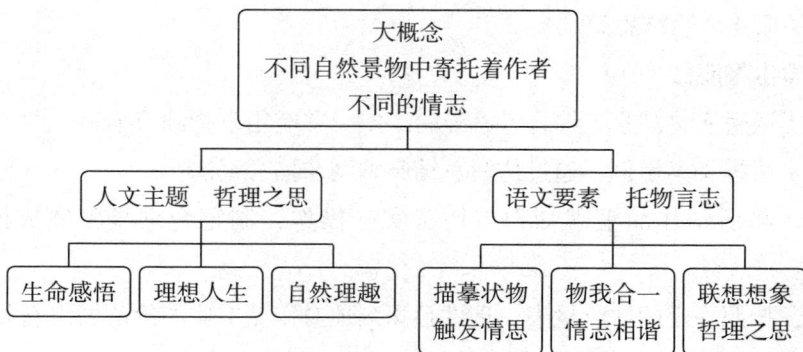

大概念
不同自然景物中寄托着作者
不同的情志

人文主题　哲理之思　　　　语文要素　托物言志

生命感悟　理想人生　自然理趣　　描摹状物触发情思　物我合一情志相谐　联想想象哲理之思

图3-2　单元大概念

核心大概念是"不同自然景物中寄托着作者不同的情志"；大主题是"一草一木总关情"；大任务是"做校园的代言人"；大情境是"为校园的草木代言"。

三、大单元任务设计

（一）单元核心任务

校园是我们学习的乐园，我们的校园里有美丽的树木、花草，它们见证着我们的学习，也陪伴着我们成长。那些无言的草木却有着无尽的故事，请你担当校园草木的代言人，为这些无言的草木代言。

（二）单元任务设计

第一课段：草木绘·画笔解物象

【课时安排】

1课时。

【学习资源】

1. 核心资源：课文《紫藤萝瀑布》。

2. 辅助资源：群文丰子恺《梧桐树》、陈创《野菊花》、林清玄《桃花心木》。

【课段任务】

运用多种描写手段，根据所选择的植物进行片段描写。

【学习过程】

活动一：研读课文

仔细研读文中描写紫藤萝的片段，思考作者是从何角度描写的？写出了紫藤萝瀑布的什么特点？

示例：文中_____段中的_____，描写的是紫藤萝瀑布的颜色，写出了紫藤萝瀑布的深浅合宜。

文中_____段中的_____，描写的是紫藤萝瀑布的_____，写出了紫藤萝瀑布的_____。

活动二：完成阅读卡片

结合文中描写紫藤萝瀑布的片段，分析文中是如何描写紫藤萝的？完成阅读卡片。

描写角度：_____。

文中词句：_____。

写作总结：_____。

活动三：片段仿写

根据总结的写法，选择两到三种写作手法，就你选择的植物完成片段仿写，要求：不少于200字。

选择植物：_____。

选择写法：_____。

【学习评价】

植物片段描写评价量表，见表3-1。

表3-1　植物片段描写评价量表

评价细则	自评（涂色）	他评（涂色）	师评（涂色）
1. 能按一定顺序描述清楚植物的样子、颜色、气味等方面。	☆☆☆☆☆	☆☆☆☆☆	☆☆☆☆☆
2. 能从不同角度观察，并写出植物的发展变化。	☆☆☆☆☆	☆☆☆☆☆	☆☆☆☆☆
3. 用词准确生动、语句通顺优美，并恰当使用修辞。	☆☆☆☆☆	☆☆☆☆☆	☆☆☆☆☆
4. 能挖掘植物的文化内涵如花语、功效、诗词等。	☆☆☆☆☆	☆☆☆☆☆	☆☆☆☆☆
5. 能调动多种感官进行观察，发挥想象。	☆☆☆☆☆	☆☆☆☆☆	☆☆☆☆☆
6. 能写出自己观察时的感受和启发。	☆☆☆☆☆	☆☆☆☆☆	☆☆☆☆☆
总评：优秀（　　）良好（　　）一般（　　）			
寄语：			

【作业设计】

结合本课所学的细节描写，选取一个你所观察的植物，独立创作一篇片段描写，要求：不少于200字。

第二课段：草木情·心语抒己怀

【课时安排】

2课时。

【学习资源】

核心资源：课文《紫藤萝瀑布》《一棵小桃树》。

【课段任务】

梳理景物与"我"的联系，找到"情"与"志"的关联点。

【学习过程】

活动一：由"我"到"物"

快速浏览课文，思考景物是如何与"我"联系起来的，见表3-2和表3-3。

表3-2 《紫藤萝瀑布》中景物与"我"联系分析表

"我"的行踪	"我"的心理和情感
"我"不由得停下了脚步	被吸引
驻足，但"我"没有摘	沉浸其中
不觉加快脚步	豁达、开悟

表3-3 《一棵小桃树》中景物与"我"联系分析表

小桃树的生长过程	特点	我
埋在角落里。	长得太不是地方。	生活在小山村，孤陋寡闻。
长得慢。	样子猥琐。	从山里来、渺小。
竟然还在长着。	弯弯的身子、已有院墙高。	渐渐地大了、脾性一天天地坏了、心境似乎垂垂暮老。
如今，开了花。	长得弱小，骨朵儿不见繁。	
开得太白、太淡。	忧伤。	

活动二：完成图表

快速浏览课文，找出"紫藤萝"和"小桃树"的成长经历，抓取关键词，完成图3-3。

图3-3 "紫藤萝"和"小桃树"的成长经历

活动三：总结概括

"紫藤萝"和"小桃树"的成长经历中，暗含着作者的情感和成长变化，请总结概括，并说出这种变化，如图3-4所示。

图3-4 "紫藤萝"和"小桃树"的成长变化

活动四：找关联点

仿照示例，填写表3-4，找出植物与"情志"之间的关联点。

表3-4 植物与"情志"之间的关联点

物	关联点	情志
梅花	严寒中盛开	坚韧
莲花	出淤泥而不染	洁身自好的君子
梧桐	挺直	正直不屈
小草	一抹绿色、不被重视	默默无闻地奉献

【学习评价】

学习评价量表，见表3-5。

表3-5 学习评价量表

标准	评价（涂色）
言志哲理含蓄隽永、深刻。 能准确且恰当地找到物与情志的关联点。 能与所托之物建立巧妙的联系。	☆ ☆ ☆ ☆ ☆
言志哲理深刻但不含蓄，较为直白。 能找到物与情志的关联点。 能与所托之物建立联系。	☆ ☆ ☆ ☆ ☆
言志哲理较为直白，与所托之物建立牵强的联系。 关联点不够准确。	☆ ☆ ☆ ☆ ☆

【作业设计】

完成作业学习单，为"紫藤萝"与"小桃树"写一首诗。

第三课段：草木志·巧笔言心志

【课时安排】

2课时。

【学习资源】

核心资源：《赠从弟》《望岳》《登飞来峰》《卜算子·咏梅》《己亥杂诗（其五）》。

【课段任务】

为诗集创写卷首语；鉴赏哲理警句，创写三行哲理诗。

【学习过程】

活动一：编排诗集·创写卷首语

情境：假使你是诗集的主编，你为何要将这五首诗歌放在一起编排？请说出你的理由，将内容填写在表3-6中。

表3-6 编排诗集表

诗歌标题	地点	共同点
《赠从弟》	山谷	游历诗
《望岳》	齐鲁泰山山下	
《登飞来峰》	飞来峰	
《卜算子·咏梅》	罢黜归乡途中	
《己亥杂诗（其五）》	归乡途中	

知识链接："卷首语"，顾名思义，就是一本书或杂志中由编者放在正文前面的文章，主要用来阐述正文的主要内容和旨意，即导读。

在漫漫历史长河里，诗人们会在某个时间里，仿佛受到一种神秘的召唤，走向属于他们的无尽远方。他们或是登高，或是_____，或是_____，或是_____。

在山谷中，刘桢在寒风中遇松柏，觉松柏之本性。

遥望_____，年轻的杜甫_____。

登临_____，王安石_____。

游历_____，陆游_____。

行旅途中，龚自珍_____。

活动二：鉴赏诗篇·诗句解密

情境创设：假使我们穿越时空，随诗人一起登高、一起游历，你们一起看到了什么？请填写表3-7。

表3-7　我与诗人赏景表

诗歌	景物	特点	情感
《赠从弟》	松	挺直独立、不畏严寒	坚贞独立
《望岳》	泰山	高大雄伟	敢于攀登
《登飞来峰》	飞来峰	高大	进取
《卜算子·咏梅》	梅花	零落成泥碾作尘	坚贞不渝
《己亥杂诗（其五）》	落红	片片凋落、不是无情物	奉献

对七年级下册第五单元五首古诗进行个性化鉴赏。要求：选取鉴赏诗歌的角度，如韵律、平仄、音调等揣摩诗歌的情感，见表3-8。

表3-8　完整的个性化鉴赏表

诗歌细节		蕴含情感
重音	悠悠：重读、悠长。	1.惆怅、孤寂、悲凉。
	独、怆然、涕下：重读、低沉。	2.孤寂悲凉。
	不畏、最高层：重读、坚定。	3.坚决、无畏。
语气	会当、一览：高昂、上扬。	积极进取、自信昂扬。
押韵	《己亥杂诗（其五）》押韵a韵：明亮宏大。	1.悠闲。 2.豪放洒脱。

活动三：哲理警句·扩写诗歌

诗人在游历中，不仅饱览美景，更收获了人生感悟，请找出这些富含人生哲理的诗句，并说出它们包含了怎样的"物语"，见表3-9。

表3-9　不完整的富含人生哲理的诗句记录表

诗歌	景物	哲理诗句	物语
《赠从弟》	松	冰霜正惨凄，终岁常端正。 岂不罹凝寒？松柏有本性。	端正、坚韧。
《望岳》	泰山	会当凌绝顶，一览众山小。	敢于攀登、一往无前。
《登飞来峰》	飞来峰	不畏浮云遮望眼，自缘身在最高层。	压倒一切的勇气。
《卜算子·咏梅》	梅花	零落成泥碾作尘，只有香如故。	不懈的抗争精神和对理想坚贞不渝的品格。
《己亥杂诗（其五）》	落红	落红不是无情物，化作春泥更护花。	奉献。

刘桢在《赠从弟》中选择的"景"与"物"是＿＿＿＿＿＿＿＿＿＿＿＿＿

＿＿＿＿＿＿＿＿＿＿＿＿＿＿＿＿＿＿＿＿＿＿＿＿＿＿＿＿＿＿＿。

这一句诗中包含了深刻的人生哲理：＿＿＿＿＿＿＿＿＿＿＿＿＿＿＿

＿＿＿＿＿＿＿＿＿＿＿＿＿＿＿＿＿＿＿＿＿＿＿＿＿＿＿＿＿＿＿。

通过它们表达的物语是＿＿＿＿＿＿＿＿＿＿＿＿＿＿＿＿＿＿＿＿＿

＿＿＿＿＿＿＿＿＿＿＿＿＿＿＿＿＿＿＿＿＿＿＿＿＿＿＿＿＿＿＿。

其中物与志之间的关联是＿＿＿＿＿＿＿＿＿＿＿＿＿＿＿＿＿＿＿＿

＿＿＿＿＿＿＿＿＿＿＿＿＿＿＿＿＿＿＿＿＿＿＿＿＿＿＿＿＿＿＿。

活动四：创写新诗·三行诗会

运用托物言志的手法，选取自然中的景物，抓住其外在特点、内在品质，赋予其一定的哲理。仿照范例，写三行哲理诗。

景物：＿＿＿＿＿＿＿＿＿＿＿＿＿＿＿＿＿＿＿＿＿＿＿＿＿＿＿＿＿

＿＿＿＿＿＿＿＿＿＿＿＿＿＿＿＿＿＿＿＿＿＿＿＿＿＿＿＿＿＿＿。

三行诗：＿＿＿＿＿＿＿＿＿＿＿＿＿＿＿＿＿＿＿＿＿＿＿＿＿＿＿＿

＿＿＿＿＿＿＿＿＿＿＿＿＿＿＿＿＿＿＿＿＿＿＿＿＿＿＿＿＿＿＿。

活动五：课堂作业单

课堂作业单，如图3-5所示。

卷首语

在漫漫历史长河里，诗人们会在某个时间里，仿佛受到一种神秘的召唤，走向属于他们的无尽远方。他们或是登高，或是_____，或是_____，或是_____。

在山谷中，刘桢在寒风中遇松柏，觉松柏之本性。

遥望_____，年轻的杜甫_____。

登临_____，王安石_____。

_____。

游历_____，陆游_____。

行旅途中，龚自珍_____。

鉴赏诗篇·诗句解密

赠从弟

刘桢

亭亭山上松，瑟瑟谷中风。
风声一何盛，松枝一何劲！
冰霜正惨凄，终岁常端正。
岂不罹凝寒？松柏有本性。

诗歌细节		蕴含情感
重音	·	
韵律	标注韵脚	
语气		
语调		
语速		

鉴赏诗篇·诗句解密

卜算子·咏梅

陆游

驿外断桥边，寂寞开无主。
已是黄昏独自愁，更着风和雨。
无意苦争春，一任群芳妒。
零落成泥碾作尘，只有香如故。

诗歌细节		蕴含情感
重音	·	
韵律	标注韵脚	
语气		
语调		
语速		

鉴赏诗篇·诗句解密

己亥杂诗（其五）

龚自珍

浩荡离愁白日斜，
吟鞭东指即天涯。
落红不是无情物，
化作春泥更护花。

诗歌细节		蕴含情感
重音	·	
韵律	标注韵脚	
语气		
语调		
语速		

鉴赏诗篇·诗句解密

望岳

杜甫

岱宗夫如何？齐鲁青未了。

造化钟神秀，阴阳割昏晓。

荡胸生曾云，决眦入归鸟。

会当凌绝顶，一览众山小。

诗歌细节		蕴含情感
重音	·	
韵律	标注韵脚	
语气		
语调		
语速		

鉴赏诗篇·诗句解密

登飞来峰

王安石

飞来山上千寻塔，

闻说鸡鸣见日升。

不畏浮云遮望眼，

自缘身在最高层。

诗歌细节		蕴含情感
重音	·	
韵律	标注韵脚	
语气		
语调		
语速		

哲理警句·扩写诗歌

赠从弟

刘桢

亭亭山上松，瑟瑟谷中风。

风声一何盛，松枝一何劲！

冰霜正惨凄，终岁常端正。

岂不罹凝寒？松柏有本性。

刘桢在《赠从弟》中选择的"景物"是

_____，

这一句诗中包含了深刻的人生哲理：

_____，

其中物与志之间的关联是

_____

通过它们表达的物语是

_____。

哲理警句·扩写诗歌

望岳

杜甫

岱宗夫如何？齐鲁青未了。

造化钟神秀，阴阳割昏晓。

荡胸生曾云，决眦入归鸟。

会当凌绝顶，一览众山小。

杜甫在《望岳》中选择的"景物"是

_____，

这一句诗中包含了深刻的人生哲理：

_____，

其中物与志之间的关联是

_____

通过它们表达的物语是

_____。

哲理警句·扩写诗歌
登飞来峰
王安石
飞来山上千寻塔，
闻说鸡鸣见日升。
不畏浮云遮望眼，
自缘身在最高层。

王安石在《登飞来峰》中选择的"景物"是
_____，
这一句诗中包含了深刻的人生哲理：
_____，
其中物与志之间的关联是
_____，
通过它们表达的物语是
_____。

哲理警句·扩写诗歌
卜算子·咏梅
陆游
驿外断桥边，寂寞开无主。
已是黄昏独自愁，更着风和雨。
无意苦争春，一任群芳妒。
零落成泥碾作尘，只有香如故。

陆游在《卜算子·咏梅》中选择的"景物"
是_____，
这一句诗中包含了深刻的人生哲理：
_____，
其中物与志之间的关联是
_____，
通过它们表达的物语是
_____。

哲理警句·扩写诗歌
己亥杂诗（其五）
龚自珍
浩荡离愁白日斜，
吟鞭东指即天涯。
落红不是无情物，
化作春泥更护花。

龚自珍在《己亥杂诗（其五）》中选择
的"景物"是_____，
这一句诗中包含了深刻的人生哲理：
_____，
其中物与志之间的关联是
_____，
通过它们表达的物语是
_____。

创写新诗·三行诗会

景物	诗句	三行诗
路	山重水复疑无路，柳暗花明又一村。	
山峰	不畏浮云遮望眼，自缘身在最高层。	
落红	落红不是无情物，化作春泥更护花。	
流水	问君能有几多愁？恰似一江春水向东流。	

图3-5 课堂作业单

【学习评价】

三行哲理诗评价量表，见表3-10。

表3-10　三行哲理诗评价量表

等级	标准	评价（涂色）
诗仙	1. 能准确且新颖地使用比喻或拟人写出物的特征； 2. 言志哲理含蓄隽永、深刻，并能与所托之物建立巧妙的联系； 3. 语言新奇、生动，能够直击人心，带来丰富的审美感受。	☆ ☆ ☆ ☆ ☆
诗王	1. 能准确使用比喻或拟人写出物的特征，但不够新颖独特； 2. 言志哲理深刻但不含蓄，较为直白，能与所托之物建立联系； 3. 语言通顺，能够引发读者一定的思考。	☆ ☆ ☆ ☆ ☆
诗手	1. 使用了比喻或拟人手法，但描写物的特征不够准确； 2. 言志哲理较为直白，与所托之物建立牵强的联系； 3. 语言通顺。	☆ ☆ ☆ ☆ ☆

【作业设计】

1. 完成卷首语创作。

2. 完成课堂学习单。

第四课段：草木展

【课时安排】

1课时。

【学习资源】

作品编辑知识；授牌仪式视频。

【课段任务】

辑录草木散文集；举行草木铭牌授牌仪式。

【学习过程】

活动一：辑录草木散文集

（1）制作散文集封面，撰写卷首语。

（2）以小组为单位进行散文辑录。

（3）举办草木散文集展览。

活动二：草木铭牌授受

（1）以公众号的形式公布三行诗，组织学生进行三行诗投票。

（2）将得票数前五名的学生的诗歌制作成草木铭牌，进行草木铭牌授牌仪式。

【学习评价】

植物作品集评价量表和草木铭牌评价量表，见表3-11和表3-12。

表3-11 植物作品集评价量表

	评价细则	自评（涂色）	他评（涂色）	师评（涂色）
封面设计	1. 整体美观大方，有作品集名称及作者。	☆☆☆☆☆	☆☆☆☆☆	☆☆☆☆☆
主题内容	2. 能细致观察某一植物，用文字逼真传神描绘。	☆☆☆☆☆	☆☆☆☆☆	☆☆☆☆☆
	3. 能由植物到人到事，事中有我，物我交融。	☆☆☆☆☆	☆☆☆☆☆	☆☆☆☆☆
	4. 运用课文中学习到的化静为动、通感的手法。	☆☆☆☆☆	☆☆☆☆☆	☆☆☆☆☆
	5. 写景叙事有起伏，写出情感波折。	☆☆☆☆☆	☆☆☆☆☆	☆☆☆☆☆
	6. 运用托物言志的手法，抒发独特情感。	☆☆☆☆☆	☆☆☆☆☆	☆☆☆☆☆
总评：优秀（　　） 良好（　　） 一般（　　）				
寄语：				

表3-12 草木铭牌评价量表

	评价细则	自评（涂色）	他评（涂色）	师评（涂色）
草木铭牌竞选	1. 整体排版简约、美观、有档次。	☆☆☆☆☆	☆☆☆☆☆	☆☆☆☆☆
	2. 内容清晰明确，用语规范精准。	☆☆☆☆☆	☆☆☆☆☆	☆☆☆☆☆
竞标PPT	3. 图文并茂，多元展示。	☆☆☆☆☆	☆☆☆☆☆	☆☆☆☆☆
	4. 内容翔实，重点突出。	☆☆☆☆☆	☆☆☆☆☆	☆☆☆☆☆
竞标讲稿	5. 自信大方，表情自然，声音洪亮。	☆☆☆☆☆	☆☆☆☆☆	☆☆☆☆☆
	6. 表述流畅，具有较强的感染力。	☆☆☆☆☆	☆☆☆☆☆	☆☆☆☆☆
总评：优秀（　　） 良好（　　） 一般（　　）				
寄语：				

【作业设计】

1. 完成草木散文作品集展出。

2. 完成草木铭牌授牌仪式。

第四章　当人类的幻想变成现实

——七年级下册第六单元整体教学设计

宝安中学（集团）初中部　刘一祯

一、大单元教学设计

（一）课文解读

大概念驱动的大单元任务设计首先要重构统整性的单元目标。本单元出自部编版语文七年级下册第六单元，自然单元主题是"探险与科幻"，属于科技类单元整体教学，旨在激发学生探索未知世界的兴趣，重点学习"浏览"的阅读方法，以读促写掌握"简明"的说明性语言特征。本单元课文属于反映科技的说明、记叙类作品，在课标中要求"课程突出内容的时代性，充分吸收语言、文学研究新成果，关注数字时代语言生活的新发展，体现学习资源的新变化""阅读科技作品，还应注意领会作品中所体现的科学精神和科学思想方法"。

语文课程的基本特点是人文性和工具性相统一，大单元的核心知识也可相应分为人文性大概念和工具性大概念。首先要从人类的本能中提炼出"好奇心"这一关键概念，人性和心理是支撑语言文学等广泛艺术形式的基础，也是精准定位大概念的秘诀，如图4-1所示。

刘徽提出了概念地图的绘制，梳理复杂的大概念内涵，还可引入其他的设计工具帮助开展大单元教学。譬如着重于提炼关键词的词云图，如图4-2所示，譬如重视层级架构的相关知识与概念群。

词云图能梳理出居于上位的大概念如何串联起全部教学关键的核心知识。

```
┌─────────┐
│  大概念  │
└─────────┘
```

当人类的幻想变成现实——好奇心是推动人类进步的原动力

相关概念及知识群

人文性大概念	工具性大概念
1. 创新思维源于好奇心、想象力、幻想联想及梦想	1. 生活中的语言要根据所使用的场景、对象、用途而改变风格
2. 每个人天生都充满好奇及创意。创造是人类的本能之一，而好奇心是推动人类进步的原动力	2. 文本呈现论点，而不只是事实和意见。因此，在科幻作品或说明性作品中，科学语言与文学语言有机结合
3. 好奇分为向外和向内两种。向外如探险文学的本质是人类向外界的开拓，而科幻文学则是对未知世界的大胆想象。向内如弗洛伊德和拉康等对人类精神世界内心奥秘的探寻	a）科学语言是一种科学、中立、客观的表述符号系统，由术语、符号、概念、文本等共同构成具体学科的知识结构，是科学理论的表述载体。科学表述的语言追求精准、凝练、简明扼要
4. 科技发展的第一推动力是好奇心。科技赋能，传统与创新相结合，用科技美学展示中国文化和世界多元文化，弘扬中华精神谱系之创新精神，用科创赋活中华文化生命力	b）文学语言是认知与意象的统一，是审美主体与客体事物的统一，具有超越性、隐喻性和幻想性，能够表达审美意义。文学性的语言追求精美、瑰丽、复杂和深层意蕴，往往蕴含着强烈的人文情怀

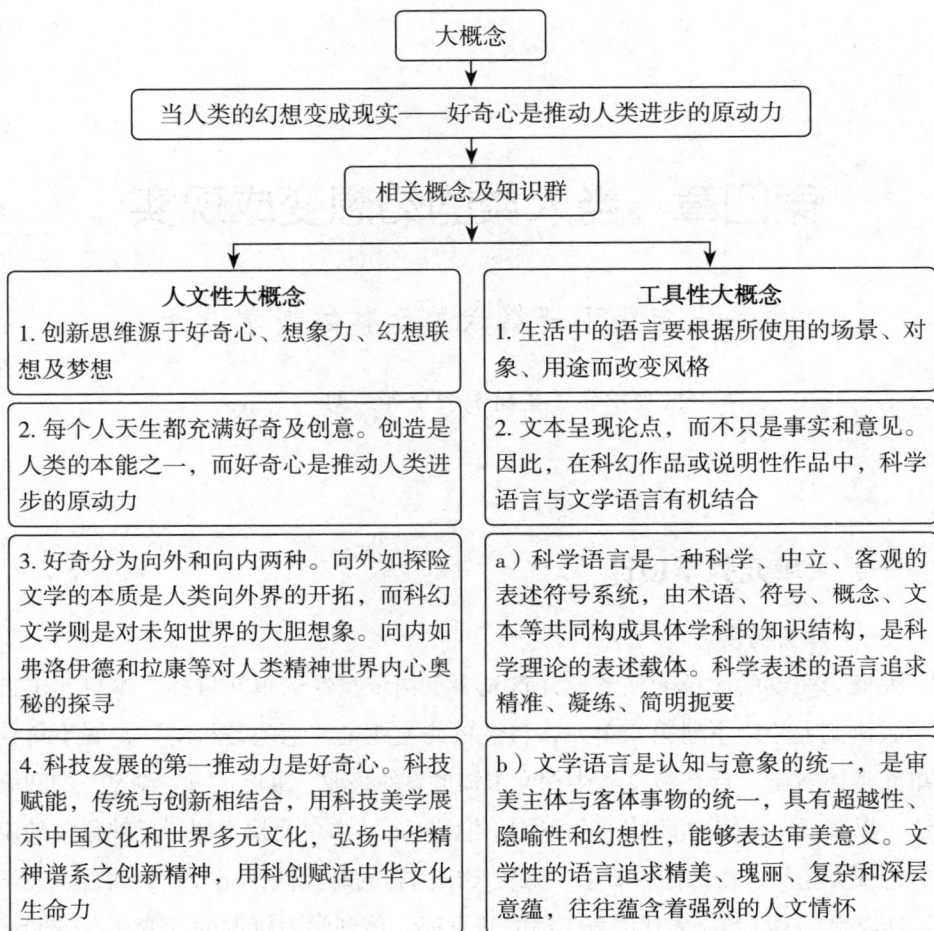

图4-1　层级框架：相关概念及知识群

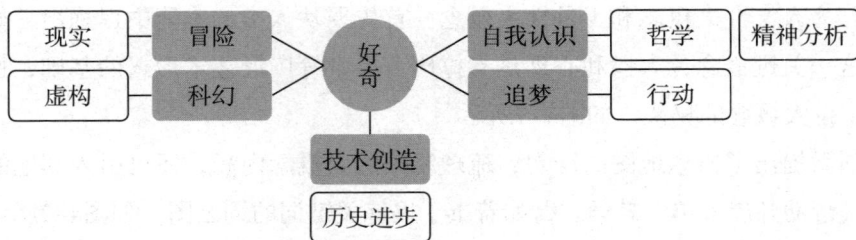

```
现实 ── 冒险 ┐        ┌ 自我认识 ── 哲学 ── 精神分析
            ├ 好奇 ──┤
虚构 ── 科幻 ┘        └ 追梦 ──── 行动
              │
           技术创造
              │
           历史进步
```

图4-2　关于"好奇"的核心关键词词云图

（二）课程标准的要求

《义务教育语文课程标准（2022年版）》教学建议第二条提出："综合考虑教材内容和学生情况，设计不同类型的学习任务，依托学习任务整合学习情境、学习内容、学习方法和学习资源，安排连贯的语文实践活动。"其内部诉求与大单元整合式教学的基本要求吻合。

以核心大概念为主线、以学习任务群为载体的大单元任务设计，可以更好地帮助分析、整合、重组和开发现有教材单元，形成以大任务为中心、多种课型整合的结构化设计，即一种围绕大概念——素养本位的课程单元模式架构。

数媒互联网时代的教学形式变革呼唤着一种适应当代网状知识结构层级，提升面向未来的核心素养及可迁移的知识能力的整合式教学设计。"大概念"既是撬动新课改教学设计的支点，亦成为拉动语文学习任务群教学过程的轴心。本设计以科技类单元整体教学为例，呈现了"传统文化内核+科技美学形式"有效结合的大单元任务设计。在新课改对从课堂出发的素养本位变革的需求背景下，探索大概念对新教学范式转型的影响，通过建构高阶驱动低阶的进阶式学习任务群，为传统课堂教学赋能。

（三）学情分析

七年级学生即将离开童年进入青少年时期，越是幼年越是对世界保持着未知、探索和好奇，随着年龄的增长，他们会逐渐丧失这一珍贵的本能。从时代的角度看，科技的进步是一把双刃剑。互联网时代，碎片化短信息流的冲刷会高频地刺激大脑神经，并通过数据算法推送制造信息茧房，因此越需要保持对世界的深度思考和好奇，这种好奇不满足于浅层的认知，而是需要更深层的理解和创造。

（四）学习目标

在人生的各个阶段都永保好奇心，坚持探索未知和开拓创造之旅。学会认识自我，以实现促进青少年"科技强国、筑梦有我"，不惧艰难追求梦想开创事业的成长之路。使用简洁凝练的说明性语言来介绍事物，通过"科创+文创""传统文化内核+科技美学形式"的跨学科学习任务，赋予科技产品富有人文性的意蕴内涵，进行创新型的审美创造。

1. 学生将知道（K）

（1）能在不同的生活使用场景中，根据对象、用途的不同形成使用不同特点的语言风格的思路。

（2）能掌握科技性语言和人文性语言的基本表达效果。

2. 学生将理解（U）

（1）科幻作品的本质属性。

（2）科幻作品科学性与幻想性相结合、科技性与人文性相结合的基本特点。

3. 学生将能做（D）

（1）把握科学语言和文学语言相结合的科技文学作品写作。

（2）能理解并继承发扬世界的、民族的开拓创新精神，充分发挥主观能动性突破客观限制，做好职业规划，树立青年远大梦想，通过艰苦奋斗，将科技蓝图变为现实成果。

（3）能自觉继承发扬时代使命，寻求个人价值实现和社会进步发展之间的有机结合，能在生活的方方面面继承发扬人文主义精神，求同存异构筑人类命运共同体的和谐发展。

二、大单元任务流程

单元整体流程和单元整体示意图（台阶图），如图4-3和图4-4所示。

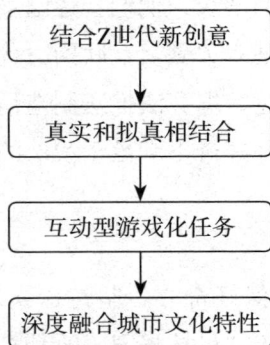

结合Z世代新创意

↓

真实和拟真相结合

↓

互动型游戏化任务

↓

深度融合城市文化特性

图4-3　单元整体流程

创造：文化内核×科技美学
用好奇心定义新时代科创"潮"

沉浸式游戏：英灵之旅

（一）游戏化教学
活动一：模拟人生·科创英灵之旅·序章
活动二：新手任务（角色选择）重启人生篇章
活动三：英灵之夜篇——英灵神殿之门·被召唤的悲剧英雄

（二）职业生涯规划
活动四：与英灵共同创业

学习任务三：
【沉浸式游戏】
模拟人生
科创英灵之旅篇章

"科技强国 筑梦有我"科创大赛科技强国展评会
活动一：为四个展区写介绍词
活动二：打造集科技与文化于一身的航天IP形象
活动三："科技强国 筑梦有我"科创大赛科技强国展评会
活动四：通过线上线下公益直播传递爱

学习任务四：
【科创让文化
"潮"起来】
实用性阅读与交流

追梦：好奇驱动行动

（一）跨媒介写作
活动一：制作"人物宣传海报"
活动二：撰写"人物参选宣言slogan"
活动三：创作"人物应援主题曲"
活动四：线上投票展风采，评选最佳追梦人

（二）历史跨学科
拓展活动："跨越时空的来信"当代青年给五四青年的一封追梦之信

学习任务二：
【我身边的
最美追梦人】
互联网+科技文化节
评选活动

幻想：开启好奇之旅

（一）民族发展的幻想
活动一："太空通信箱"之天宫课堂上新活动
活动二："从鹊桥相会到天地通话"之古人幻梦变成现实
（1）中华文化里的诗和远方——我们的疆域，从古至今不停
（2）当神话遇上务实的中华民族——最中国的浪漫，就是飞天变成现实

（二）科技作品的幻想
活动三：未来都市设计大赛——元宇宙幻想之旅
活动四：元宇宙世界观，冒险故事创作

学习任务一：
【未来都市】设计大赛——元宇宙幻想之旅

"好奇心"大概念贯穿始终的单元主线

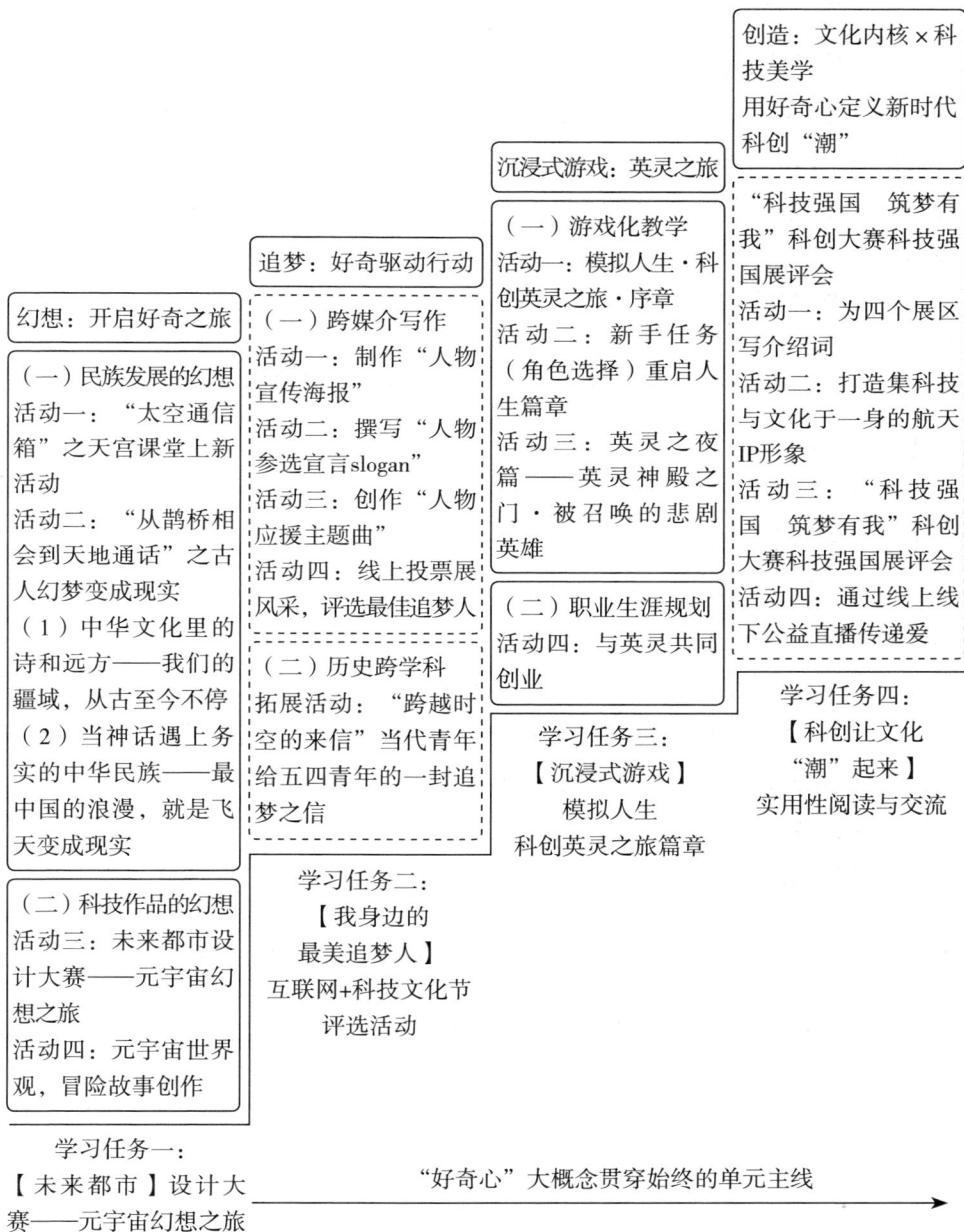

图4-4 单元整体示意图（台阶图）

三、大单元任务设计

（一）单元核心任务

宝安区拟在"中国航天日"举办以"科技强国 筑梦有我"为主题的互联网+科创节，请你组建团队完成各分会场举办的系列任务，并结合传统文化合作设计航天IP作品，参加科创大赛科技强国展评会暨"为山区孩子传递一个梦"公益云直播活动。

（二）单元任务设计

第一课段：提炼大概念——未来都市设计开启好奇之旅

【课时安排】

2课时。

【学习资源】

1. 核心资源：课文《伟大的悲剧》《太空一日》《带上她的眼睛》《活板》《海底两万里》。

2. 辅助资源：电影《三体》《银翼杀手》《源代码》《攻壳机动队》《阿丽塔：战斗天使》《黑客帝国》；神话故事《嫦娥奔月》《鹊桥相会》《夸父逐日》；东西方冒险史诗/流浪文学《奥德赛》《鲁滨孙漂流记》。

【课段任务】

课段任务流程，如图4-5所示。

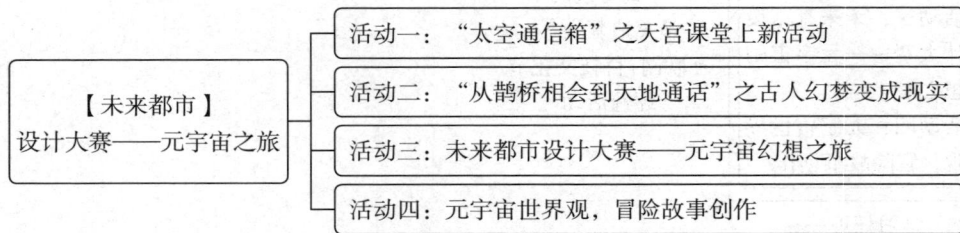

【未来都市】设计大赛——元宇宙之旅	活动一：　"太空通信箱"之天宫课堂上新活动
	活动二：　"从鹊桥相会到天地通话"之古人幻梦变成现实
	活动三：　未来都市设计大赛——元宇宙幻想之旅
	活动四：　元宇宙世界观，冒险故事创作

图4-5　课段任务流程

【学习过程】

关键任务：大筒仓数字艺术馆开设了沉浸式赛博艺术展，元宇宙的平行世界充满幻想和新奇，超现实风格带你开启一场造梦之旅。在"序：未来都市"

展厅中，陈设着许多赛博风格画作，主办方举办了"未来都市设计大赛"，请小组合作，完成一幅关于未来都市的绘画设计作品，或用文字描述未来世界场景。

拓展学习：电影《三体》《银翼杀手》《源代码》《攻壳机动队》《阿丽塔：战斗天使》《黑客帝国》。

1. 民族发展的幻想

活动一："太空通信箱"之天宫课堂上新活动

随着神舟十四号飞船成功上天，天宫课堂又要上课了，三位航天员向大家发出邀请，如果让你给天宫课堂下一讲的内容提建议，你会有哪些奇思妙想向他们提问呢？写在小字条上，投入"太空通信箱"中，跨组"漂流"相互交流。

活动二："从鹊桥相会到天地通话"之古人幻梦变成现实

（1）"中华文化里的诗和远方——我们的疆域，从古至今不停"

① 查找、收集、品读鉴赏中国古诗词中关于"上天、观海、登月"等具有美好浪漫幻想和开拓性精神的诗词歌赋。

② 结合本单元课文，为航天员等人物撰写一首古体诗或辞赋。利用创作诗词歌赋的创意形式咏事抒怀言志，自觉承袭中华民族传统精神文化中的开创、探索、求思、穷知精神。

（2）"当神话遇上务实的中华民族——最中国的浪漫，就是飞天变成现实"

在东西方神话比较阅读中，思考两个问题：

① 航天器的命名和寓意。

② 学界普遍认为，海洋文明重开放探索，农耕文明安土重迁，你是否认可？探究华夏文明"开创"的基因与底色究竟缘起何处？

2. 科技作品的幻想

活动三：未来都市设计大赛——元宇宙幻想之旅

地球极点尽头有什么？未来交通工具会是什么？地心深处能创建城市吗？

请完成绘画，并撰写一段说明性的简介来阐述你的科技世界。

活动四：元宇宙世界观，冒险故事创作

请以你的未来都市为题材创作一个冒险故事。

（1）从书籍和影视中寻找险情：伴随"未来都市"设计稿，你需要附上一则"元宇宙世界观"短视频。请品读本单元课文，阅读拓展资料，使用思维图支架来帮助你编写一则基于未来都市的虚构探险故事，完成视频脚本，并总结探险故事的基本模式。

（2）支撑整个冒险故事的核心是什么？请给你的微电影设计一则宣发文案，所选取的元素要能充分体现这个"核心"。

【学习评价】

学习评价表，见表4-1。

表4-1　学习评价表

项目名称	评价标准			得分		
	优 （9—10）	良 （7—8）	合格 （5—6）	自评	互评	师评
活动一：科学老师做客语文课堂	1. 能紧密跟随科学老师复刻天宫课堂"我们得到了一朵在太空中盛开的花——花形折纸在水膜里缓缓盛开"等经典实验场面，理解太空实验背后的物理知识。 2. 培养对航天航空的兴趣爱好，初步养成科学探究精神。	1. 能够简单了解天宫课堂物理小实验现象，简单了解其科学原理。 2. 对航天航空业的发展有大致了解，培养在新闻时事中对科学的认知。	1. 知道天宫课堂有哪些经典科学实验场面。 2. 知道神舟十四号已经成功上天。			
活动二："太空通信箱"漂流活动	1. 能够针对"神舟十四号飞船成功升天，天宫课堂即将上新"情境，充分提出新颖的具有创意的奇思妙想问题。 2. 能够从各个学科的角度，提出多元化的问题，思维多样性强。	1. 能够针对情境，提出较具有创意的科学问题。 2. 能从至少两个角度提出不同学科的科学探究问题。	1. 提出的问题属于科学性问题，但没有鲜明的创新性。 2. 只能从一个学科的角度，提出单一维度的科学探究问题。			
活动三：从鹊桥相会到天地通话	1. 能对"鹊桥相会到天地通话"变化提出富有新意的解读。 2. 能够关联到中国古代其他神话作品在科技发展过程中变为现实，并进行举例说明。	1. 能对"鹊桥相会到天地通话"进行较全面的解读。 2. 了解其他中国古代幻想型神话作品变为现实的例子。	1. 知道中国古代幻想性神话作品在科技发展过程中变为现实的这一现象过程。 2. 至少知道一个同类的"幻想成为现实"文学作品现象。			

项目名称	评价标准			得分		
	优 （9—10）	良 （7—8）	合格 （5—6）	自评	互评	师评
活动四："对话王亚平"访谈活动	1. 能够广泛利用互联网收集资料，了解我国科技创新的突出成就。 2. 能够合作查找资料，了解王亚平的生平经历，通过访谈节目了解其为成为航天员而付出的努力训练和奋斗历程。 3. 能领悟并学习发扬王亚平背后的热爱执着、坚持追梦的奋斗精神品格，探寻自己的梦想。 4. 能够感受到在宇宙太空中渺小的人类却具有伟大的开创性精神和脚踏实地的探索精神。	1. 能利用图书馆等方式收集资料，简单了解我国重大科创成果。 2. 能简单了解王亚平的生平经历和宇航员的训练过程。 3. 能够理解王亚平对梦想执着追求的奋斗精神。 4. 能理解人类不断进步、探索未知世界的勇气和决心。	1. 能够了解神舟十三号、十四号升天等科技成果，以及天宫课堂等最新的科创+教育的展现形式。 2. 知道著名女航天员王亚平的基本事件。 3. 能够基本理解逐梦精神、奋斗精神和开创精神的内涵。			
课后作业：绘制班级园地黑板报——去太空摘星星的人	1. 能够提出较有现实意义和社会意义的个人梦想。 2. 能够积极参与绘制黑板报，设计有新意；设计合理，色彩运用得当；图文并茂，文字清晰易读；有一定审美能力，版式设计生动活泼，风格协调。 3. 小组合作完成，分工明确，合作有序，具有团队精神、领导能力和协调能力。	1. 能够提出有创意的个人梦想。 2. 能够参与绘制黑板报，设计有新意，色彩较为丰富，画面较为美观，文字有明显集中的主题，版式设计风格较协调统一。 3. 在小组合作中有明确的分工，并明显为团队贡献自己的能力和特长。	1. 能够提出具有性格特色的个人梦想。 2. 黑板报图文并茂，做到协调美观。 3. 在小组合作中有参与性。			

【作业设计】

绘制班级园地黑板报——去太空摘星星的人：广泛收集关于祖国的最新科技成就的资料，准备完成后续任务；根据手形描画"理想之手"，在星形便利贴上写"心愿之星"，写下自己的梦想，汇集探索之光，并进行彩绘涂色，在班级文化墙上展示。

第二课段：契合大概念——好奇驱动行动的追梦之旅

【课时安排】

2课时。

【学习资源】

1. 核心资源：课文《伟大的悲剧》《太空一日》《带上她的眼睛》《活板》《海底两万里》。

2. 辅助资源：鲁迅《记念刘和珍君》、臧克家《说和做——记闻一多先生言行片段》。

【课段任务】

课段任务流程，如图4-6所示。

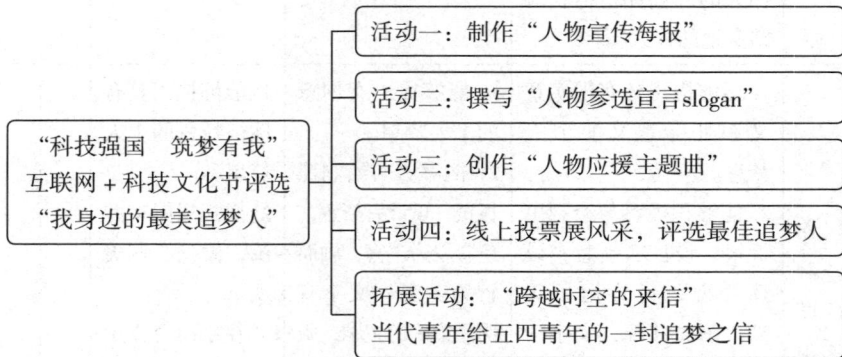

"科技强国　筑梦有我"
互联网＋科技文化节评选
"我身边的最美追梦人"
- 活动一：制作"人物宣传海报"
- 活动二：撰写"人物参选宣言slogan"
- 活动三：创作"人物应援主题曲"
- 活动四：线上投票展风采，评选最佳追梦人
- 拓展活动："跨越时空的来信"
当代青年给五四青年的一封追梦之信

图4-6　课段任务流程

【学习过程】

关键任务：本次"科技强国　筑梦有我"科创节将评选出最受师生欢迎的"最佳追梦人"，分为古代分赛场和当代分赛场。

候选者分别有（　　　）。

A. 霍去病、李白、毕昇

B. 罗伯特·斯科特、杨利伟、小女孩、尼摩船长、保尔·柯察金

C. 班级推选"我身边的最美追梦人"，共计3名参赛

活动一：制作"人物宣传海报"

（1）结合表格梳理人物基本信息。

（2）小组合作，选择自己组支持的一位"最美追梦人"参赛者，为他绘制参赛海报，如图4-7所示，或撰写人物专访，并为他撰写参选宣言。

图4-7　参赛海报

活动二：撰写"人物参选宣言slogan"

学生作品展示，见表4-2。

表4-2　学生作品展示

追梦人	个性宣传slogan
霍去病	匈奴未灭，何以为家！
李　白	（1）他是明月，是豁达大度的仙人，也是故乡，代表着中国人民对于浪漫主义的追求，他成为一种符号，一个飘然逸梦的神仙。 （2）生活总有沮丧的时候，有歌有酒有诗有友，今日便是一个好日子。 （3）诗是世界上最好的信，让千年之后的人也看得见。
毕　昇	让科技造福人类。
罗伯特·斯科特	（1）死亡并不可怕，可怕的是对死亡的恐惧。 （2）白色荒漠中的海市蜃楼，比不过冲刺，和所爱之人。 （3）荣耀与毁灭同在。
小女孩	不畏死亡，愿为科学事业献出生命。
尼摩船长	（1）在海里我就是我，我是自由的。 （2）海洋的自由与人类之间的压迫相比，海洋中神妙的自然规则比人类烦琐的法律要好得多。 （3）有冒险才有希望，勇敢无畏是在极端中生存的条件。
保尔·柯察金	（1）举起枪，是为了战斗，更是为了保护脚下的热土。 （2）当一个人使劲踮起脚尖靠近太阳时，全世界都挡不住他的光。 （3）生活的主要悲剧，就是停止斗争。 （4）无论是躯体上还是精神上的革命，都是革命。

活动三：创作"人物应援主题曲"

我的PICK我守护！为本小组支持的"最美追梦人"候选者创作一首诗词或填一首歌词，并演唱这首歌为他录制现场加油视频。

活动四：线上投票展风采，评选最佳追梦人

利用微信公众号撰写推文进行公开投票，评选"我身边的最美追梦人"，并邀请师长等进行颁奖。

【学习评价】

学习评价表，见表4-3。

表4-3　学习评价表

项目名称	评价标准			得分		
	优 （9—10）	良 （7—8）	合格 （5—6）	自评	互评	师评
活动一：制作"人物宣传海报"	1. 能够对本单元课文进行整合性群文阅读，厘清故事主要情节。 2. 明辨斯科特、小女孩、毕昇、尼摩船长等单元人物的形象性格特征，并比较其异同，突出每个追梦人物的闪光点。 3. 能够利用跨学科的美术能力，运用肖像画形式，将人物形象特征充分可视化地展现出来。 4. 能够从"跨越历史的千年风霜，从古代到今天""跨越国界而共同逐梦，从东方到西方""跨越个体而传递梦想，从书中到身边"三个层级剖析单元课文主题。感受人类逐梦之旅跨越古今中外，在人们心中不断传递的力量。	1. 能够基本了解故事中的核心情节及事件发展。 2. 明辨人物形象特征，把握两处以上个性化特点。 3. 能够将人物形象最突出的特点或代表性元素绘制在人物肖像海报上。画面美观生动。 4. 能简单划分出古代、当代、东方、西方、伟大英雄、身边人物等"追梦人"群体，在不同的分会场中推选出最喜爱的追梦人。	1. 能够了解故事最主要的情节。能够简单说明每个人物的形象性格特点。 2. 能够在人物肖像中至少突出一个与性格特征有关的个性化元素。 3. 能够有理有据地选出自己最喜爱的"追梦人"候选者。			
活动二：撰写"人物参选宣言slogan"	能够以具有网感或综艺感的跨媒介语言，表达人物的核心精神品格。	能够以简明、流畅、凝练的创意语言，表达人物的核心精神品格。	能用明白晓畅的语言，表达人物至少一项相关的精神品质。			
活动三：创作"人物应援主题曲"	1. 能够独立创作具有音律节奏美感的主题曲。 2. 结合人物的具体性格特点和主要事迹完成填词。歌词内容与人物性格相贴切。	1. 能够借鉴合适的追梦歌曲。 2. 结合人物具体性格特点和主要事迹完成填词。语言使用符合人物性格。	1. 能够选择一首流行歌曲。 2. 能至少结合人物性格特点和主要事迹中的一项进行填词。			

续 表

项目名称	评价标准			得分		
	优 （9—10）	良 （7—8）	合格 （5—6）	自评	互评	师评
总决赛：线上投票展风采，评选最佳追梦人	1. 能够以富有创意的新颖形式完成"人物宣传海报""人物宣言参选slogan""人物应援主题曲"等跨学科、跨媒介的再创作任务，用当代眼光重读经典"追梦人物"。 2. 充分利用影音图像等多种媒介完成视频制作，线下+线上宣传投票任务等。恰当运用制作工具，制作技巧恰当。 3. 富有团队合作精神，能够分工明确地有序地开展小组合作，共同为小组支持的"最美追梦人"候选人完成一系列应援任务。 4. 穿过百年历史风霜，品追梦人物，感青春力量。传承中华民族精神谱系之奋斗精神、开创精神。 5. 培养对新时代中国梦价值认同，将个人梦想与时代梦想结合，树立理想，在新时代实现自我价值。	1. 能够较好地完成一系列再创作任务，能够读出经典作品和"追梦者"群体的当代意义。 2. 富有学习精神，能够广泛应用互联网，对于自己不了解不熟悉的新媒体制作工具能够不断探索学习。 3. 结合个人能力特长，在团队合作中有较明显贡献和参与度。 4. 能够较充分理解奋斗精神、开创精神与青春追梦人的品格及其当代时事、榜样人物等。 5. 能够初步树立未来时代蓝图中的个人梦想。	1. 能够完成一系列阶段性任务并产出成果。 2. 能够至少运用图文形式制作拉票宣传稿，并发布到微信等新媒体平台上。 3. 在团队合作中承担至少一项任务。 4. 能够理解奋斗开创、青春追梦的基本内涵。 5. 能够意识到自己需要树立未来发展的梦想。			
课后作业：追梦者的延续，给五四青年的一封信	1. 深度感受五四青年运动对新旧中国交替发展的伟大事业的影响，对民智开启的深远作用。对青年的力量有深度体悟。 2. 以读促写，以史为鉴，能够拓宽历史视野，将五四青年的梦想与担当，与当今时代青年的梦想与担当相互联系。	1. 能够了解百年前，五四新青年开创未来之新中国的历史功绩。 2. 能够从中品悟出开创、逐梦、奋斗精神在不同领域和历史迭代中的充分体现。	1. 知道五四新青年群体。 2. 知道该群体的青年精神及主要历史贡献。 3. 能够至少联系当代生活中的一个类似群体，并语句通顺地完成信件。			

续 表

项目名称	评价标准			得分		
	优（9—10）	良（7—8）	合格（5—6）	自评	互评	师评
课后作业：追梦者的延续，给五四青年的一封信	3.感情充沛、有理有据、论述深刻地完成"给五四青年的一封信"。	3.能够较有论述逻辑地完成"跨越时空的来信"情境小作文。				

【作业设计】

追梦者"跨越时空的对话"。

如果让当代青年给五四青年写一封跨越时空的来信，他们会如何书写新时代的追梦故事？请以此为主题，自拟题目，完成一篇600字以上文章。

第三课段：呼应大概念——科技感的互联网游戏策划

【课时安排】

2课时。

【学习资源】

1. 核心资源：课文《伟大的悲剧》《太空一日》《带上她的眼睛》《活板》《海底两万里》。

2. 辅助资源：SWOT分析法、职业生涯规划书范本。

【课段任务】

课段任务流程，如图4-8所示。

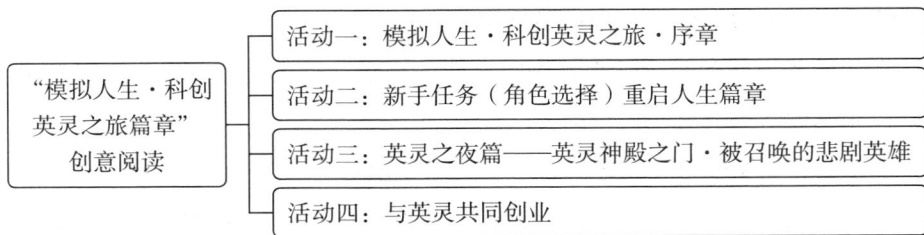

图4-8　课段任务流程

【学习过程】

关键任务：某独立工作室现开发了一款名为"模拟人生·科创英灵之旅篇章"的游戏，邀请你作为首批内测玩家，走近"人类科创的英灵"，在他们的模拟人生路上做出重大选择，规划自己的"逐梦之路"。请通关游戏，并据此撰写一份职业发展规划书，如图4-9所示。

"英灵"人物研究报告

　　"英灵"意为其丰功伟绩在死后留为传说，已成信仰对象的英雄所变成的存在，通常，英灵作为保护人类的力量，为世界所召唤。

　　在历史上有很多这样的英灵人物，有隆中谋天下北伐定中原的诸葛亮，有秉持骑士精神的亚瑟王，有傲骨洒脱的诗仙李白……

　　我从本单元中选取＿＿＿＿＿＿＿＿＿＿＿作为我的研究对象，因为＿＿＿＿＿＿＿＿＿。

一、英灵肖像
（一）研究主题：＿＿＿＿＿
（二）研究方法
我采用了＿＿＿＿等方法收集英灵相关资料。
二、资料整理
人物简介
姓　　名：＿＿＿＿＿
国　　籍：＿＿＿＿＿
世人评价：＿＿＿＿＿

他／她的【英雄】故事
（人物+事件+你的感受）

图4-9　职业发展规划书

活动一：模拟人生·科创英灵之旅·序章

在开始系列任务前，学生首先组成闯关小组，进入游戏序章——了解世界观，并完成如下"英灵"人物报告。

活动二：新手任务（角色选择）重启人生篇章

（1）欢迎进入角色，首先请你充分阅读角色生平，选择你最欣赏的"英灵"，并进入人物的重要选择情节中，在该节点，你的选择将导致人物走上截然不同的游戏故事路线。

（2）首先设计"英灵"角色卡阶（范例见表4-4），策划组负责出品系列英灵"传记"，要求以第一人称视角撰写，选取代表性事件，可以采用日记体，侧重心理把握。

表4-4 "英灵"角色卡阶记录表

人物（角色）	关键节点	选择 1	未来发展	选择 2	故事走向
斯科特	在发现挪威人阿蒙森已经第一个抵达南极点的时刻，如果斯科特选择了隐藏真相，没有将阿蒙森的信带给挪威国王？	销毁证据，隐藏真相。		坦诚以待，帮阿蒙森证明他的荣耀。	
	在埃文斯精神失常、奥茨相继死去的时刻，队伍面临着巨大的心理压力和精神压力，如果斯科特的意志也崩溃了？	自杀或自绝。		同注定的死亡进行斗争。	
毕 昇	在研发活版印刷的过程中，遭遇烦琐的程序，如果他没有持之以恒的耐心和长期劳动所带来的经验？	在攻克技术难关的过程中退缩放弃。		不厌其烦一次又一次总结经验教训，创制活版。	
尼摩船长					

（3）集齐"星耀点"解锁关卡：全班分小组进行选择，每组仅能选择1位"英灵"，通过分析文章中能体现人物精神力量的段落累计"星耀点"，每集齐一点，可以解锁1张传记卡片，直至集齐全部传记卡片，进入下一环节。

（4）路线行进至情节关键点，请帮助"英灵"，操作选择。

活动三：英灵之夜篇——英灵神殿之门·被召唤的悲剧英雄

（1）斯科特在生命的最后一刻，在冰冷的帐篷里，给英国公众写下了一封绝笔信。请阅读这封绝笔信，以跨民族的读者身份，给他写一封回信。

（2）斯科特为了抵达地球的终点——南极点而付出生命的代价，苏格拉底为了穷尽人类真理而被城邦子民背弃，弗洛伊德孜孜不倦地探究"自我"内心潜意识世界的奥秘，玛丽·雪莱面对科技的冲击创造了人类历史上最早的"科技怪人"形象。假如他们在一次学术高峰论坛上相遇，彼此会交流什么？

（3）斯科特是南极洲的伟大先驱者，骆驼祥子是旧中国失败的小人物。如果他们相遇，会对对方说些什么？他们是会惺惺相惜，还是会轻慢对方？请写封信给这些人物，具体填写在以下信件中，如图4-10所示。

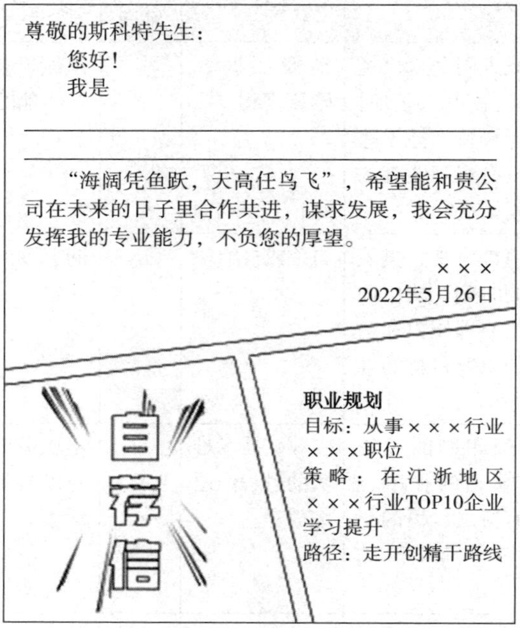

图4-10　写给斯科特的信

活动四：与英灵共同创业

游戏的终章是"在当代与英灵共成长"，你们将在21世纪的现代职场相遇，又将与英灵们发生怎样的故事——

（1）假如你是一家科技创业公司的总经理，斯科特、毕昇、尼摩船长穿越到2024年，并同时向你的初创项目投出了求职信，而你的团队中仅有1个空缺席位，你会选择谁加入你的团队？说明理由。

①设计英灵自荐信，并互换到其他小组。

②小组讨论、商议并选择一位英灵进入你的创业公司团队。

③运用SWOT法为该英灵分析他的职业路径，要充分发挥他的科创才能和专业素养。

（2）人事部门建立了公司人才发展档案，并针对每位成员量身打造职业发展路径，请你为你所选择的那位合作伙伴规划未来三年（2024—2027）内的职业方向。

（3）我们可以从他们身上学到什么？请结合他们的经验教训，为自己策划一份筑梦未来的职业生涯规划书。

【学习评价】

学习评价表，见表4–5。

表4–5　学习评价表

项目名称	评价标准			得分		
	优 （9—10）	良 （7—8）	合格 （5—6）	自评	互评	师评
活动一：模拟人生·科创英灵之旅·序章	1. 创新思维，充分运用互联网收集资料，归纳超话的基本特征，完成创建超话的小任务。 2. 能够结合新媒体媒介下的语言使用形式，将单元人物及其代表性事件进行创意性再创作。	1. 能抓住至少三个关于超话的特征，设计一个基本成形的英灵人物超话社群。 2. 能够结合具有网感的语言特点，将单元人物及其代表性事件进行创意性再创作。	1. 能抓住至少两个关于超话的特征，并设计相应的内容。 2. 能够在内容撰写过程中体现人物性格特征及代表性事件。			
活动二：新手任务（角色选择）重启人生篇章	1. 全面深入地分析英灵人物形象、行为动机、精神品格等。 2. 能够充分运用文本细读法，找出并分析文章中体现人物精神品格的语句，累计足够的"星耀点"。 3. 策划组负责出品系列英灵"传记"，能充分结合第一人称、自传体叙事、日记体裁等叙事学角度，设计不同英雄卡阶的"人物传记"，事件代表性突出，心理描写恰切到位。	1. 完整地分析英灵人物形象、行为动机、精神品格等。 2. 每小组对每篇单元文章中至少两处体现人物精神品格的语句做出分析。 3. 策划组能够较全面地选择合适的代表性时间，运用较恰当的心理描写，合理运用第一人称、自传体叙事、日记体裁等设计英灵"传记"。	1. 能够从单一维度理解英灵人物形象、行为动机、精神品格等。 2. 每小组对每篇单元文章中至少一处体现人物精神品格的语句进行分析。 3. 策划组能选择合适的代表性时间，合理运用第一人称设计英灵"传记"。			

项目名称	评价标准			得分		
	优 （9—10）	良 （7—8）	合格 （5—6）	自评	互评	师评
活动二：新手任务（角色选择）重启人生篇章	4. 能够结合英灵"传记"中的"关键事件节点"模拟各人物性格背景下的行为选择，体会他们理想实现之路上的诸多坎坷和不懈意志，并深入探索人物"主体性"对客观性环境和悲剧命运的突破作用。能够在其他文本中进行群文迁移。	4. 能结合英灵"传记"中的"关键事件节点"模拟各人物性格背景下的行为选择，较明确地理解人物"主体性"对客观性环境的突破作用。	4. 能够结合英灵"传记"中的"关键事件节点"，合理地模拟各人物性格背景下的行为选择。			
活动三：英灵之夜篇——英灵神殿之门·被召唤的悲剧英雄	1. 能理解"明知不可为而为之""存在先于本质"等哲学思想观念的基本含义，并能够将单元人物对位分类。 2. 能对中华传统文化中"明知不可为而为之"的儒家品格和西方存在主义"存在先于本质""自由选择观"进行比较，并体悟英灵们那种"成功的英雄""悲剧命运的英雄""失败的英雄"群像背后同样珍贵的矢志奋斗精神。	1. 正确理解"明知不可为而为之""存在先于本质"等哲学思想观念，借助其分析本单元文章主旨。 2. 文献研究法，通过比较阅读著述，探究古今中外关于"人生意义和价值实现"的哲思。 3. 比较阅读法，能够将单元文章和《骆驼祥子》等作品进行比较，探究"明星奋斗者"和"草根奋斗者"都拥有的英雄品格，并能够分析二者走向悲剧的客观成因的不同之处。	1. 能够基本理解"明知不可为而为之""存在先于本质"等哲学思想观念，以分析单元人物精神。 2. 能够知道客观环境会对人物行为和命运轨迹造成影响。 3. 能进行比较阅读，将斯科特和骆驼祥子进行人物比较，体会二者具有的奋斗不屈的英雄品格。			

续 表

项目名称	评价标准			得分		
	优（9—10）	良（7—8）	合格（5—6）	自评	互评	师评
活动四：与英灵共同创业	1. 深度剖析每个英灵人物特质，能够将其放在21世纪科技创业情境中进行职业和理想规划迁移。 2. 能够提出有创意、有新意，又有可操作性的创业企划。能够将英灵的才华、品格等迁移到现实生活中的职业从业人员身上。 3. 通过情境阅读、创意语境，让学生在"和英灵一起创业"中，点燃梦想的火焰，将个人小我的奋斗和祖国科技创新事业前进的蓝图相结合。	1. 能够找到一种适配英灵品质或技能特长或性格特点的当代职业。 2. 能够将不同英灵人物组合成一个团队，并进行合理分工，具有良好的领导潜能。 3. 能够结合当下科技发展的大趋势，提出具有创新性的科技创业方向。	1. 能够联想到当代社会生活中有哪些职业和英灵人物的职业具有相似性，能够进行类比迁移。 2. 能够提出符合英灵人物特点的创业方面创意。 3. 能够意识到个人发展，初步萌芽在个人事业中进行科技创新探索的可能性。			

【作业设计】

为科技英灵建一个超话：如果让你为这些作为"科创史上的坐标轴"的英灵们创建一个微博超话，你会如何策划各个栏目？请撰写一则140字以内的"超话小作文"。

第四课段：迁移大概念——文化内核×科技美学=打造独特IP

【课时安排】

2课时。

【学习资源】

1. 核心资源：课文《伟大的悲剧》《太空一日》《带上她的眼睛》《活板》《海底两万里》。

2. 辅助资源：展区或产品介绍词。

【课段任务】

课段任务流程，如图4-11所示。

"科技强国 筑梦有我"科创大赛科技强国展评会暨"为山区孩子传递一个梦"互联网＋科技公益云直播

- 活动一：为四个展区写介绍词
- 活动二：打造集科技与文化于一身的航天IP形象
- 活动三："科技强国 筑梦有我"科创大赛科技强国展评会
- 活动四：通过线上线下公益直播传递爱

图4-11 课段任务流程

【学习过程】

关键任务：深圳市科学文化馆即将推出以"科创让文化'潮'起来"为主题的数字媒体展览，据此完成"为四个展区写介绍词"和"打造集科技与文化于一身的航天IP形象"等系列任务，并最终将设计成果淘宝打样为IP实物，携带作品参加"科技强国 筑梦有我"科创大赛科技强国展评会暨"为山区孩子传递一个梦"互联网+科技公益云直播。

学生作品：IP文创衍生（文字部分为对设计灵感的介绍），如图4-12所示。

图4-12　学生作品：IP文创衍生

活动一：为四个展区写介绍词

第一分馆布展分为"古代之光""南极探险""航天逐梦""地心奇遇"
四个专题展区，请你阅读本单元课文，为这四个展区撰写介绍词。

（1）阅读《太空一日》《带上她的眼睛》《活板》等本单元课文，找出说
明性语句，谈谈科学语言的基本特点有哪些。

（2）填写表格，如图4-13所示，归纳总结出说明性语言的三种基本顺序，并在介绍词撰写过程中，恰当运用。

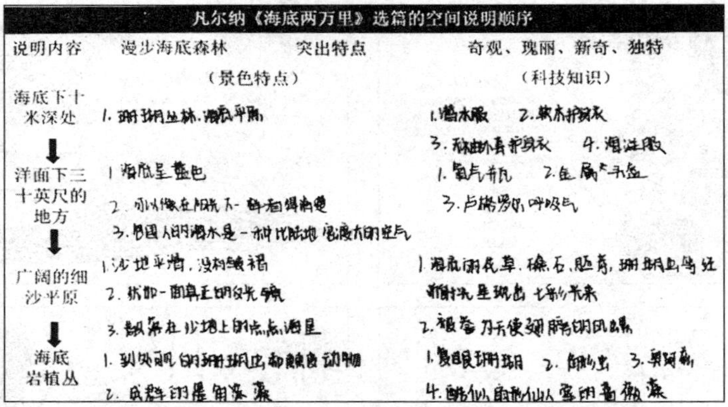

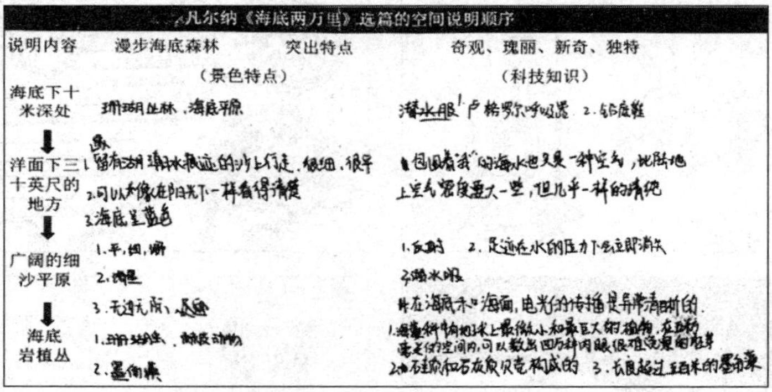

图4-13　说明性语言的三种基本顺序

（3）说明文等实用文体，或科学性语言的客观性与文学语言的主观性之间的关系是什么？本单元课文如何将二者相结合？

活动二：打造集科技与文化于一身的航天IP形象

主办方计划打造一个融合科技元素与传统文化内涵的IP吉祥物，请你自选灵感，小组策划一个IP形象，并进行说明。

（1）阅读《文化和科技融合热点观察》第11期，了解什么是IP："文化IP是有着高辨识度、自带流量和强变现穿透能力、长变现周期的文化符号。"

（2）收集并观察航天文化IP打造的范例。

① 中国探月数字IP"太空兔"和"祝融号"。

② 中国航天旗下国潮原创IP"天宫开物"。

③ "爱尔芙"联名《读者》杂志，打造太空阅读者元宇宙形象。

④ NFT新IP "太空星"。

（3）精选具有传统文化内涵的相关元素，赋予其科技性的应用场景，或与具有科技感的元素相互结合，创造出IP，并尽可能地探索该IP的衍生产品可能性。完成表4-6，小组合作拟订方案，如图4-14所示。

表4-6　航天科技文化IP打造方案

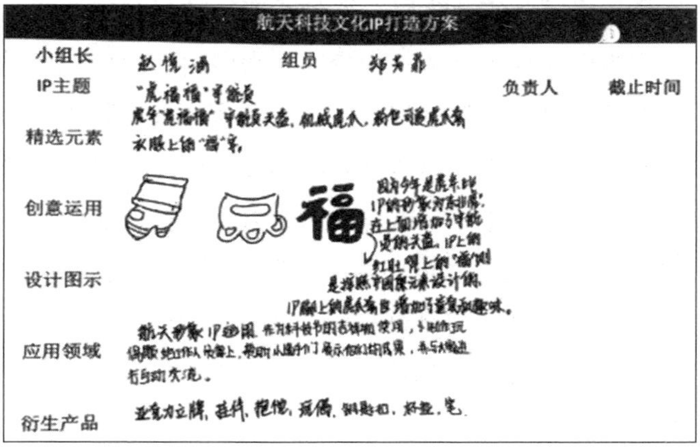

小组长		组员			
IP主题				负责人	截止时间
精选元素					
创意运用					
设计图示					
应用领域					
衍生产品					

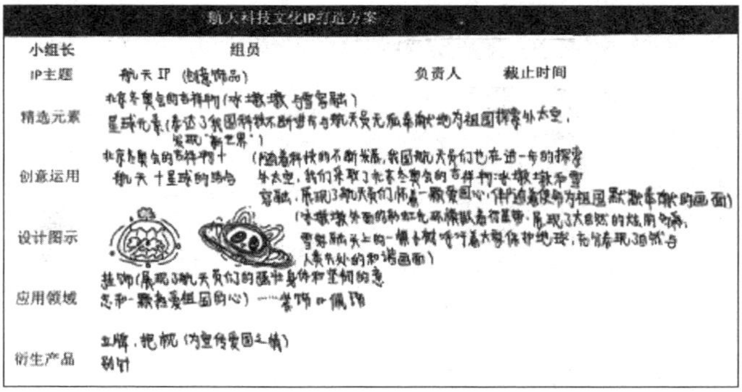

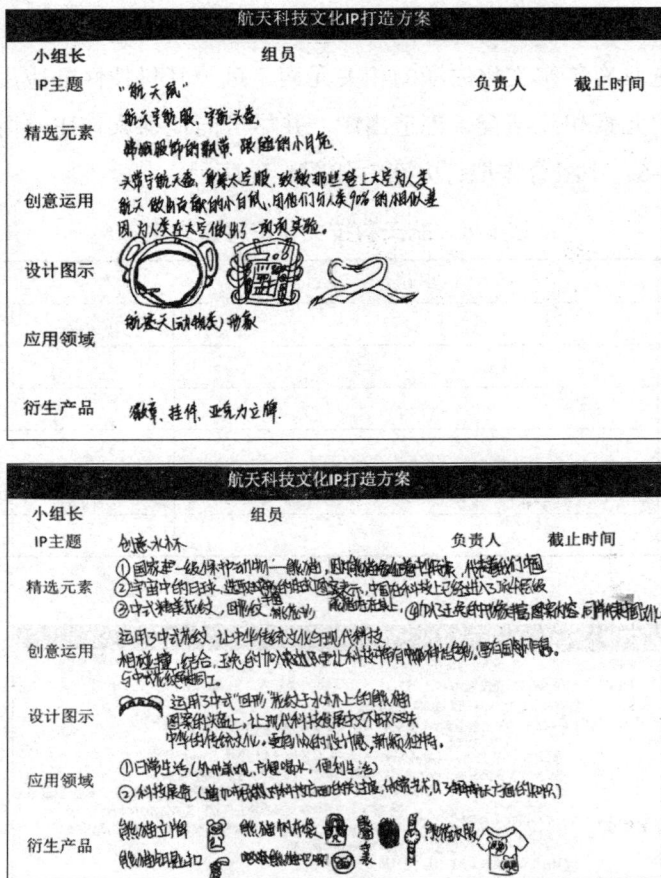

图4-14　小组合作拟订方案

活动三："科技强国　筑梦有我"科创大赛科技强国展评会

结项活动暨"为山区孩子传递一个梦"互联网+科技公益云直播。

（1）产出团队的设计方案，并将其实体化（利用淘宝打样）。

（2）将科创产品实物样品面向全校师生、家长、社会公众进行直播售卖，训练孩子的数据能力、市场能力、语言运用能力、直播策划能力等。

（3）评比"最有创意队""最佳美术队""最受欢迎的科创之队""最具好奇心队伍"等，并将直播所得全部捐赠给山区孩子，用于为他们购买知识书籍，唤醒他们对宇宙万物之奥秘的好奇心，鼓励他们走出大山，开创人生，成为下一颗闪耀的星星。

活动四：通过线上线下公益直播传递爱

通过新闻宣传拓展活动影响力，让更多人领略科创与好奇的魅力，将梦想与爱传递到更远的地方，见表4-7、表4-8和图4-15。

表4-7 文创集市分工安排表

第＿＿摊位   负责小组：第＿＿组   小组长：＿＿

项目	准备内容	筹备时间	筹备人	备注
文创整理	收集、分类整理、保管、搬运。			
摊位管理	摊位申请、摊位布置、安排看守摊位的组员分工时间表。			
定价方案	制订不同种类产品价目表。			
宣传海报	设计海报、制作易拉宝、横幅等。			
宣传演讲	负责介绍科创产品、吸引购买。			
财务管理	负责核对出入账和金额，负责公益事宜。			

表4-8 任务：活动后期新闻宣传工作记录表

新宣组小组长：＿＿

项目	负责同学	提交时间	线上/线下
优秀成果收集展示。			
设计意图思路文字讲解——海报。			
优秀科创探究小组风采照片。			
撰写视频脚本。			
拍摄展示视频。			
视频剪辑后期。			
推文撰写+排版。			
H5分享页制作。			

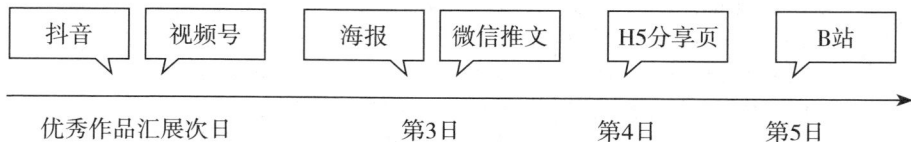

图4-15 宣传工作时间轴

【学习评价】

学习评价表，见表4-9。

表4-9 学习评价表

项目名称	评价标准			得分		
	优（9—10）	良（7—8）	合格（5—6）	自评	互评	师评
活动一：为四个展区写介绍词	1. 能够通过阅读单元课文，找出说明性语句，并归纳分析科学语言的基本特点。 2. 能够提炼出本单元重要的大概念"科学语言+人文语言相结合"。 3. 能够归纳总结出说明性语言的三种基本顺序，并在介绍词撰写过程中，恰当运用。 4. 能够合理将本单元课文分类为"古代之光""南极探险""航天逐梦""地心奇遇"四个专题，并进行相应的布展预设，完成展馆介绍词的撰写工作，兼具简洁说明与文学底蕴。	1. 能够完整地归纳出科学语言的基本特点。 2. 关联之前课时所学习的人物精神品质分析、探究并准确把握在实用文体中，科学性语言的客观性与文学性语言的主观性相结合的特点，并关联到类似新闻等其他应用文体中。 3. 能够在介绍词撰写中运用说明性语言的至少两种不同的基本顺序。 4. 能够根据不同的主题撰写合理的有吸引力的展馆介绍词。	1. 能够理解科学语言的基本特点。 2. 能够通过演绎法，较好分析科学语言+人文语言相结合的文本特征。 3. 能够在介绍词撰写中至少运用说明性语言的一种基本顺序。 4. 能够逻辑通顺、语言简明地根据主题撰写介绍词。			
活动二：打造集科技与文化于一身的航天IP形象	1. 能够充分运用互联网，广泛收集航天文化IP打造的典型范例，分析其基本要素，并提炼出其核心人文要素。 2. 能够精选具有传统文化内涵的相关元素，赋予其科技性的应用场景，或与具有科技感的元素相互结合，创造出IP，并尽可能地探索该IP的衍生产品可能性。	1. 能够收集不同种类的航天IP设计范例，并较好地从多个角度提炼出其文化内涵。 2. 能够选取传统文化内涵的代表性元素，与科技感元素进行较恰当、较有新意的融合。 3. 能够围绕IP设计至少两个衍生品或衍生应用领域，能够架构IP概念世界观的基本框架。	1. 能够收集至少1项航天IP设计范例，并提炼出最主要的文化内涵。 2. 能够在参考设计范例的基础上，自行精选传统文化元素与科技元素进行融合。			

续 表

项目名称	评价标准			得分		
	优 （9—10）	良 （7—8）	合格 （5—6）	自评	互评	师评
活动二：打造集科技与文化于一身的航天IP形象	3. 能够围绕该IP形象创设世界观和故事体系，为其文娱衍生开辟空间和蓝本。具备面向未来数字化+文化创意设计市场/行业的策划能力，培养航天科技走进生活美学的结合能力。 4. 能够为团队提出具有创意的建设性意见。	4. 小组合作、分工明确、各展所长。	3. 能够围绕IP设计至少一个衍生品或衍生应用领域。 4. 能够在团队中做一定量的工作。			
活动三："科技强国 筑梦有我"科创大赛科技强国展评会	1. 能够广泛收集、讨论介绍人工智能及其科普类文章，并归纳出人工智能行业目前的发展情况及其对人类社会职业分工造成的主要影响。 2. 能够通过阅读、访谈、资料收集与分析、研讨等多种形式，思考未来人工智能技术在现实生活中的应用场景可能性，以及在人工智能影响下的职业发展趋势。 3. 分工完成调查报告实用类文本的撰写，逻辑通顺，层级丰富，论证明晰，语言简明，能从多个维度调研说明。	1. 能够收集一定数量介绍人工智能、讨论人工智能的科普类文章。归纳人工智能行业目前的发展情况及其对人类社会职业分工造成的主要影响。 2. 能够充分运用阅读、访谈、资料收集与分析、研讨中至少两种方法，提出关于未来人工智能技术在现实生活中的应用场景的两种以上可能性，以及在人工智能影响下两个以上行业的职业发展趋势。 3. 能够分工完成调查报告实用类文本的撰写，有理有据，逻辑清晰，语言简明。	1. 能够找到至少两篇相关文章，得出一个人工智能影响下未来职业发展的相关结论。 2. 能够运用好实际访谈法和文献收集法。 3. 能够完成一篇完整的、规范的调研报告写作。			

续 表

项目名称	评价标准			得分		
	优（9—10）	良（7—8）	合格（5—6）	自评	互评	师评
活动四：通过线上线下公益直播传递爱	1. 能够广泛收集关于数字化信息技术+沉浸式互动电子装置在艺术展览策展领域的设计应用案例，并分类归纳出三种以上的结合方式。 2. 能够选取合适的传统文化主题，并结合电子信息技术对其进行数字化衍生和创意设计。 3. 能够出品完整策划方案，充分运用说明性语言，多角度诠释科技展览的人文内涵。 4. 在策划中能够充分体现数字制作和交互技术，所赋予风致雅韵和生动的传统文化具有娱乐性、新鲜感和科技感。进一步深化公共生活场景中科技+文化深度结合形式和展现场景的多元化。	1. 能够收集关于数字化信息技术+沉浸式互动电子装置在艺术展览策展领域的设计应用案例，归纳出至少一种类型的结合方式。 2. 能够选取合适的传统文化主题和元素，用数字化的形式呈现。 3. 能够出品成形的策划方案，较好运用说明性语言，从至少两个角度诠释科技展览的人文内涵。 4. 在策划中能够挖掘至少两种科技+文化的深度结合形式和多元展现场景。	1. 能够收集至少一个关于数字化信息技术+沉浸式互动电子装置在艺术展览策展领域的设计应用案例，并模仿该案例设计一个类似的公共互动装置方案。 2. 能够在局部设计中呈现传统文化主题和数字化装置的良好结合。 3. 能够策划出方案主体，并简单介绍该科技展览所具有的人文内涵。 4. 在策划中能够呈现至少一种科技+文化深度结合的公共展现场景。			

第五章 "追梦深圳"新闻记者训练营

——八年级上册第一单元整体教学设计

宝安中学（集团）初中部　黎倩

新安中学（集团）　段虹宇

一、大单元教学设计

（一）课文解读

部编版语文八年级上册第一单元是"活动·探究"单元，人文主题是"关注社会生活和新闻本身的发展"，选编的五篇课文涉及消息、新闻特写、新闻评论等体裁。本单元《消息二则》和《首届诺贝尔奖颁发》这三则消息体现了消息在标题、结构和语言方面的主要特点，以及新闻六要素的构成；《一着惊海天——目击我国航母舰载战斗机首架次成功着舰》与《"飞天"凌空——跳水姑娘吕伟夺魁记》则对比反映了通讯和新闻特写在表达方式上的异同；《国行公祭，为佑世界和平》重点以新闻评论的形式说明了作者的态度与倾向。

本单元设计将以八年级上册第一单元为抓手，用"如何掌握新闻知识并通过新闻采访学会撰写新闻"这个核心问题带着学生重新架构课文，以"如何通过新闻采访制作一份报纸"为驱动问题，依托学校暑期作业"发现街巷之美"的展示，学生可以选择"报纸、视频、推送"等方式展示项目成果，师生共建评价量表，将每一个环节中的评价与修改落到实处。

（二）课程标准的要求

《义务教育语文课程标准（2022年版）》在第四学段（7—9年级）要求

91

"阅读与鉴赏"中明确提出，要能阅读新闻和说明性文章，能把握文章的基本观点，获取主要信息。"梳理与探究"中明确提出，学习跨媒介阅读与运用，体会不同媒介的表达特点，根据需要选用合适的媒介呈现探究结果，新闻大单元的学习也需要学习跨媒介阅读与运用。

新闻阅读属于"发展型学习任务群"中的"实用性阅读与交流"，"实用性阅读与交流"任务群旨在引导学生在语文实践活动中，通过倾听、阅读、观察，获取、整合有价值的信息，根据具体交际情境和交流对象，清楚得体表达，有效传递信息，满足家庭生活、学校生活、社会生活交流沟通需要。"实用性阅读与交流"第四学段（7—9年级）学习内容包括学习跨媒介阅读与交流。通过多种媒介关注国内外政治、经济、社会、科技、文化等方面的新鲜事，比较不同媒介的表达效果，尝试探究不同媒介的表达特点；阅读新闻报道、时事评论等作品，关注社会主义建设新成果，就感兴趣的话题与同学进行线上线下讨论，根据目的与对象选择合适的媒介进行交流沟通。

新闻阅读、新闻采访、新闻写作都是"实用性阅读与交流"，应紧扣"实用性"特点，结合日常生活的真实情境进行教学。

（三）学情分析

八年级的学生读懂本单元几篇文章难度不大，但是缺乏一定的新闻文体知识和阅读策略，不太了解新闻采写的一般流程，新闻采访和写作是难点。

（四）学习目标

1.新闻阅读

了解消息、特写、通讯等不同新闻体裁的特点，能采用一定策略阅读新闻，获取主要信息，了解作者的态度与倾向，养成浏览新闻类报刊、网站的习惯。

2.新闻采访

熟悉新闻采访的一般方法和步骤，能制订采访方案，草拟采访提纲，能分小组合作完成采访实践，收集"追梦深圳"新闻素材。

3.新闻写作

小组内每人能写一则"追梦深圳"主题的消息，能合作完成2—3篇该主题的特写或通讯，能整理本组新闻作品，制作成一份"追梦深圳"新闻报纸。

二、大单元任务流程

大单元任务流程，如图5-1所示。

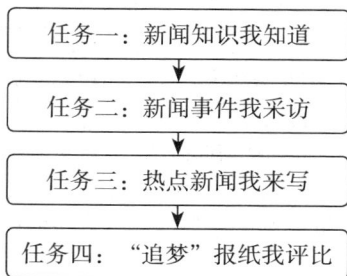

任务一：新闻知识我知道

任务二：新闻事件我采访

任务三：热点新闻我来写

任务四："追梦"报纸我评比

图 5-1 大单元任务流程

三、大单元任务设计

（一）单元核心任务

招募令

"无梦想，不深圳。"深圳是一座年轻的城市，为追梦者提供了舞台。来自五湖四海的追梦者相聚这里，锐意进取，以"拓荒牛"的精神扎根这座城市，谱写了一曲曲动人的篇章。

现学校组织新闻记者训练营活动，招募同学们参加一系列小记者培训活动，并采访身边人在深圳工作、生活的励志故事、感人事迹，完成报纸"追梦深圳"专版内容，以小组为单位出一期报纸，参加最终评选活动，合格的同学将以小记者身份出道。

（二）单元任务设计

第一课段：新闻知识我知道

【课时安排】

2课时。

【学习资源】

核心资源：八年级上册第一单元课文。

【课段任务】

课段任务流程，如图5-2所示。

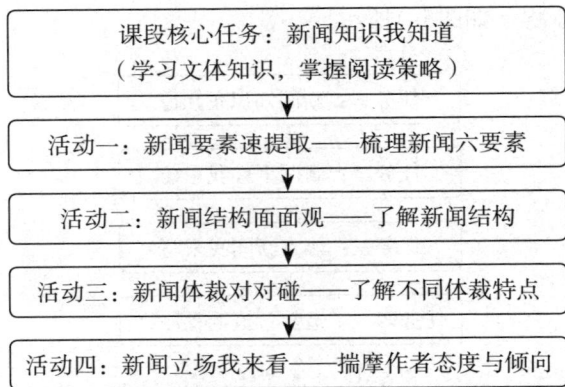

```
┌──────────────────────────────────┐
│ 课段核心任务：新闻知识我知道        │
│ （学习文体知识，掌握阅读策略）      │
└──────────────────────────────────┘
              ↓
┌──────────────────────────────────┐
│ 活动一：新闻要素速提取——梳理新闻六要素 │
└──────────────────────────────────┘
              ↓
┌──────────────────────────────────┐
│ 活动二：新闻结构面面观——了解新闻结构 │
└──────────────────────────────────┘
              ↓
┌──────────────────────────────────┐
│ 活动三：新闻体裁对对碰——了解不同体裁特点 │
└──────────────────────────────────┘
              ↓
┌──────────────────────────────────┐
│ 活动四：新闻立场我来看——揣摩作者态度与倾向 │
└──────────────────────────────────┘
```

图5-2 课段任务流程

【学习过程】

完成"新闻知识我知道"学习任务单。

活动一：新闻要素速提取——梳理新闻六要素

从新闻要素的角度把握新闻内容：结合课本第2页"任务一"相关内容，理解何为新闻六要素，并以《我三十万大军胜利南渡长江》新闻六要素为例，梳理《人民解放军百万大军横渡长江》的新闻六要素。

新闻六要素：构成一篇完整的新闻作品所应具备的最基本的要素，常被称为"五个W和一个H"即when（何时）、where（何地）、what（何事）、who（何人）、why（何故）和how（如何），见表5-1。

表5-1 新闻六要素记录表

新闻六要素	《我三十万大军胜利南渡长江》	《人民解放军百万大军横渡长江》
when（何时）	二十一日	
where（何地）	芜湖、安庆之间	
what（何事）	横渡长江	
who（何人）	英勇的人民解放军	
why（何故）	—	
how（如何）	不到二十四小时，即已突破敌阵胜利南渡长江	

活动二：新闻结构面面观——了解新闻结构

新闻结构：新闻中最常用的文体是消息，即狭义的新闻。在结构上，一般包括标题、导语、主体、背景和结语五个部分。标题、导语、主体是新闻消息的主要部分，后二者有时暗含在主体中，此结构常被称为倒金字塔结构。

快速阅读《我三十万大军胜利南渡长江》，结合教材上的课文旁批，分别找出这两则消息的标题、电头、导语、主体，并回答下列问题，具体见表5-2。

表5-2 《我三十万大军胜利南渡长江》分析表

文体知识	特点	《我三十万大军胜利南渡长江》
标题	简明、醒目、概括性强	
电头	黑体字，也称"消息头"	
导语	正文第一句	
主体	导语以下是消息的主体	

（1）如何快速直接知晓新闻事件？

（2）在时间有限的情况下，怎样相对具体了解新闻内容？

活动三：新闻体裁对对碰——了解不同体裁特点

通读第一单元"活动·探究"的全部内容，整理不同新闻体裁的特点及异同，完成新闻知识结构表，见表5-3。

表5-3 新闻知识结构表

对比维度	消息	新闻特写	通讯	新闻评论
篇名	《消息二则》《首届诺贝尔奖颁发》	《"飞天"凌空——跳水姑娘吕伟夺魁记》	《一着惊海天——目击我国航母舰载战斗机首架次成功着舰》	《国行公祭，为佑世界和平》
时效性	强			
篇幅	短			
报道对象	新闻事件整体			
标题特点	简明、醒目、概括性强			
表达方式	语言简洁，以记叙、说明为主			
语言上的相同点				

活动四：新闻立场我来看——揣摩作者态度与倾向

比较阅读五篇课文，品味新闻语言背后作者的倾向，揣摩作者的情感态度，仿照示例整理完成新闻立场梳理卡，见表5-4。

表5-4　新闻立场梳理卡

课文	例句	情感态度	情感态度关键词	语言特点
《我三十万大军胜利南渡长江》（消息）	国民党反动派经营了三个半月的长江防线，遇着人民解放军好似摧枯拉朽，军无斗志，纷纷溃退。	准确展现了国民党反动派的不堪一击和人民解放军的英勇顽强，表达对人民解放军的赞扬。	反动派、摧枯拉朽、军无斗志、纷纷溃退。	数词精准，善用四字词语，语言典雅凝练，精准介绍战况。
《人民解放军百万大军横渡长江》（消息）				
《"飞天"凌空——跳水姑娘吕伟夺魁记》（新闻特写）				
《一着惊海天——目击我国航母舰载战斗机首架次成功着舰》				
《国行公祭，为佑世界和平》				

【学习评价】

"揣摩作者态度与倾向"评价量表，见表5-5。

表5-5　"揣摩作者态度与倾向"评价量表

评价细则	自评	他评	师评
1. 能区分客观事实与主观评价，并能在文中准确画出主观评价的语句。	☆☆☆☆☆	☆☆☆☆☆	☆☆☆☆☆
2. 能从主观评价语句中，关注词语使用色彩，了解作者的立场与观点。	☆☆☆☆☆	☆☆☆☆☆	☆☆☆☆☆
3. 能从自己的角度来思考新闻的内容，有独立思考的习惯。	☆☆☆☆☆	☆☆☆☆☆	☆☆☆☆☆

【作业设计】

4月27日，在2024深圳设计周开幕式上，由深圳市委宣传部策划出品的深圳城市形象片《敢为人先》首发，而后迅速"出圈"。该片以超现实的艺术手法，讲述了一个深圳男孩的奋斗与追梦故事。如何通过讲故事的方式演绎深圳创新的城市特质？影片想表达哪些主题思想？其中重要道具——"梦想之翼"如何制作？

请阅读《深圳特区报》《深圳城市形象片〈敢为人先〉何以火出圈——每个人都有双'隐形的翅膀'》一文，并完成以下两项任务。

1. 请判断这篇新闻的体裁，并说说你的理由。

2. 请在文中准确画出主观评价的语句，并说说作者的情感态度与倾向。

第二课段：新闻事件我采访（深圳追梦故事）

【课时安排】

1课时。

【学习资源】

新华社人物采访视频素材。

【课段任务】

1. 学习撰写采访提纲。

2. 组织实地采访，并形成采访记录单。

【学习过程】

1. 认识新闻采访

（1）学生观看采访示例视频，还原采访提纲。

明确：新闻采访，即记者为取得新闻材料而进行观察、调查、访问、记录、摄影、录音、录像等活动，是一种媒体信息的采集和收集方式，通常需要记者和被获取信息的对象面对面交流。

（2）采访"三问"，说说你所认识的采访。

① 采访前：需要准备什么？

② 采访中：采访有哪些提问技巧？怎样才能挖掘有新闻价值的信息？

③ 采访后：如何整理素材？

（3）教师提供"采访流程单"，见表5-6，为学生接下来的采访活动进行进一步指导。

表5-6　采访流程单

前期准备	1. 紧扣"追梦深圳"的主题，通过研究分析，找准热点、关键点，确定采访主题。一个好的采访主题，应该尽量做到有价值、有深度、有新意。 2. 选择、联系采访对象。确定采访主题后，应从专业背景、个人经历、身份性格等方面慎重选择采访对象。确定采访对象后，应积极与之联络，向对方说明采访的主题、目标等，发出采访请求。如对方接受请求，应与之约定采访的时间、地点等。 3. 收集相关资料，拟出采访提纲。采访者要收集与采访主题、采访对象相关的资料，认真分析、研究。采访者还需要拟出采访提纲，以保证采访的效果。所谓采访提纲，指采访者预先设计的一系列问题，这些问题应围绕主题，尽量全面，逻辑清晰。 4. 准备采访设备，确保采访的安全。
现场问答	1. 守时赴约，注意仪表。采访者应按照约定的时间赴约，注意精神饱满，着装大方、得体。 2. 彬彬有礼，机智倾听。采访者的举止要有礼貌。在整个采访过程中，如非必要，不宜打断对方。如必须打断对方的话，应先向对方致歉。采访结束时，应向采访对象致谢。在倾听过程中，采访者要特别注意把握稍纵即逝的新闻线索和对方谈话的弦外之音，以便将采访引向深入。 3. 有效提问，讲究技巧。提问是采访者最主要的言语形式，应紧扣采访主题，从多个角度和层面设问。提问要有逻辑性，可以由浅入深，也可以由主及次，还可以把问题分门别类一一提出。提问所用的语言应简洁清晰、准确精练，尽量不用长句、倒装句、有歧义的句子提问，少用否定语气提问，在提问时不要生造词语或任意改动专用名词。所提问题要主旨清晰、范围适中，要求明确（如"简单谈谈""进一步阐释"等），形式多样。采访者在提问中可以采用一些技巧以保证采访的效果。例如，在正式采访前稍作铺垫，以拉近双方关系，消除对方的紧张情绪。又如，当采访对象对一些重要问题不做正面回答，或回答不到位时，采访者可以随机应变，改换方式提问，提示回答的思路、角度。再如，采访者可以对不同的采访对象提出同样的问题，以求"兼听则明"。 4. 过程流畅，轻松自由。采访者要尽可能让整个采访活动进行得流畅自然。通过与采访对象的互动，化解采访中"提问—回答"的机械感，使采访在一种轻松、自由的氛围中展开。 5. 做好记录，重视笔录。采访过程中，应注意做好记录（包括笔录、摄影、录音、录像等）。特别值得注意的是，即使有了现代化的记录手段，采访者仍要重视笔录。在笔录时，采访者能较好地理解采访对象的思路，找出其回答中的重点和闪光点，也能及时理清自己的思路，调整下一步的采访行为。

续　表

后期 整理	1. 整理材料，去粗存精。采访者应对相关材料去粗存精，选择重点。整理过程中不仅要疏通文字，还要进一步补充、核实材料。整理后的材料可以作为新闻报道的素材使用，而经过整理的采访实录本身就是一种新闻作品。 2. 成果确认，保持联系。如非特殊情况，在相关的新闻作品正式发表之前，采访者应将作品交采访对象确认，这样不仅能避免误解、曲解对方的言论，也能给其补充、调整自己言论的机会。 3. 由于采访活动有时会涉及外出，且学生常常要利用课余时间去采访，这就要求教师全面掌握各学习小组的报道主题、采访计划，做到心中有数，也方便分别指导。教师还要了解学生采访的去处，做好安全教育，并与班主任老师、学生家长做好沟通，保证采访活动中的人身和财物安全。

2. 实践新闻采写

活动一：确定采访对象

头脑风暴，罗列备选的采访对象。

（1）小组成员间头脑风暴，交流讨论"追梦深圳"的备选采访对象，并分条写在"采访对象备选表"中。

（2）采访对象可以是你所熟悉的家人、老师、亲朋好友，也可以是陌生人；可以是身边的小人物，也可以是名人。

（3）请在每个选题后用不同颜色的笔做标记，突出其新闻价值的要素。

知识卡片：选择新闻的主要标准又称"新闻价值"。对于新闻价值的标准，尽管学者们的观点有一些差异，但基本认为，时新性、重要性、显赫性、接近性、新奇性、趣味性、人情味等是判断新闻价值的要素，见表5-7。

表5-7 "追梦深圳"采访对象备选表

新闻选题	采访对象备选及可行性探讨
追梦深圳	

活动二：侧面了解采访对象

在采访一个人前，前期工作一定要做足，了解渠道：百度搜索过往新闻、周边朋友口中的他、家人眼中的他、公司同事等一切与他有关系的人和事，见表5-8。

表5-8　采访对象的档案

身份	
所处行业及行业特点	
周边人眼中，他是一个什么样的人？（严肃？幽默睿智？严谨？坚忍？专注？还是……）	
他有什么独特的追求和故事？	
对他有了以上初步了解后，把你们组认为其中1—2个比较有吸引力和亮点的"追梦深圳"的故事，拿出来深挖，你们想深挖的故事是什么？	

活动三：草拟采访提纲

"追梦深圳"采访提纲，见表5-9。

表5-9　"追梦深圳"采访提纲

小组成员：＿＿＿＿＿　填写人：＿＿＿＿＿

新闻选题	
时间、地点	
采访对象	
采访目的（预期效果）	
采访方式	
采访问题	深入挖掘"他怎样成为这样的人""他为什么要成为这样的人"等。
采访人员及分工	

活动四：进行采访实践

（1）组内模拟采访：根据本组草拟的采访提纲，分角色扮演采访，发现提纲中的问题和不足，进行补充。

（2）根据采访提纲和小组分工，利用课后、周末时间完成采访实践和采访记录单，见表5-10。

表5-10 "追梦深圳"采访记录单

小组成员：_____ 填写人：_____

新闻选题	
时间、地点	
采访对象	
采访目的 （预期效果）	
采访方式	
采访问题	深入挖掘"他怎样成为这样的人""他为什么要成为这样的人"等。
采访中 有价值的发现	请分点记录：
采访反思 及改进措施	
采访人员及分工	

活动五：展示采访视频和采访成果

分组展示采访视频和采访成果。

【学习评价】

采访视频评分表，见表5-11。

表5-11 采访视频评分表

评分 内容	评分细则	得分					
		第一组	第二组	第三组	第四组	第五组	第六组
采访前的 准备 （30分）	1.选择的采访对象恰当 （10分）						
	2.采访前对背景资料了 解充分（10分）						
	3.采访目的明确（10分）						
采访过程 （50分）	4.采访范围广泛，采访 方式多元（10分）						
	5.提问语言文明得体， 采访氛围融洽（10分）						
	6.提问围绕采访目的， 且指向明确（10分）						

续 表

评分内容	评分细则	得分					
		第一组	第二组	第三组	第四组	第五组	第六组
采访过程（50分）	7. 能把握采访进程，灵活调整提问策略，使提问逐层深入（10分）						
	8. 采访记录单记录翔实（10分）						
采访的发现和认识（20分）	9. 采访能发现有价值的内容（10分）						
	10.采访的发现及认识能充分用于后续的新闻写作（10分）						

参考互评打分，在老师指导下分组讨论，从表5-11量表评分细则的10个方面来反思本次采访活动出现的问题，并提出改进方案。

分组展示修改后的采访记录单，如有必要，进行二次采访。

【作业设计】

请根据采访记录单，完成一份采访实录，并将整理后的采访实录交给采访对象确认。

设计意图：避免误解、曲解对方言论，也能给其补充、调整自己言论的机会。

第三课段：热点新闻我来写

【课时安排】

2课时。

【学习资源】

1.核心资源：八年级上册第一单元课文。

2.辅助资源：《人民日报》《深圳特区报》等官方报纸。

【课段任务】

课段任务流程，如图5-3所示。

```
┌─────────────────────────────────┐
│  课段核心任务：热点新闻我来写    │
└─────────────────────────────────┘
                 ↓
┌─────────────────────────────────┐
│  活动一：写法探究——消息        │
└─────────────────────────────────┘
                 ↓
┌─────────────────────────────────┐
│  活动二：写法探究——特写        │
└─────────────────────────────────┘
                 ↓
┌─────────────────────────────────┐
│  活动三：实战演练——新闻写作    │
└─────────────────────────────────┘
```

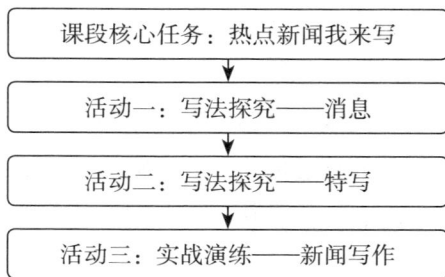

图5-3 课段任务流程

【学习过程】

恭喜大家进入小记者训练营的第三关：热点新闻我来写，接下来我们将根据第二关的采访任务完成新闻写作。

活动一：写法探究——消息

请阅读课本第15、16页，思考：什么是消息？消息写作的要求是什么？

首先，确定一个恰当的标题。

其次，写好导语。

再次，合理安排正文的结构，通常按照"倒金字塔结构"。

最后，注意语言的准确、简练，在此基础上，可适当讲究生动形象。

1. 标题写作

阅读每则新闻的标题，概括归纳新闻标题的写法。

《我三十万大军胜利南渡长江》

《"飞天"凌空——跳水姑娘吕伟夺魁记》

《一着惊海天——目击我国航母舰载战斗机首架次成功着舰》

《知否？知否？应是贱"肥"贵"瘦"——爱吃瘦肉者，请您多付钱——本省十几个县市调整猪肉各品种之间的差价》

发现1：何人（何物）+何事。

发现2：引题+主题+副题。

以下标题好在哪里？（可从新闻的特点、修辞等方面进行分析）

《建设输电通道保障电力供应》

《让祖国天更蓝、山更绿、水更清》

《大浪时尚小镇打出纾困扶持"组合拳"》

《中阿友好画卷正徐徐展开》

发现3：拟写标题需要做到以下几点：

一目了然——受众一看就基本明白。（核心要素）

一语破的——点出新闻的核心价值。（最吸引人的要素）

一见钟情——新颖有趣、抓住受众。（巧用修辞）

2. 导语写作

导语是消息的第一段，是消息的核心，所以有人说"写好了导语等于写好了消息"。导语要用准确、简洁的语言，陈述新闻事实中最重要、最鲜活或最有特点的部分。

阅读下面导语，归纳导语写作方法。

英勇的人民解放军二十一日已有大约三十万人渡过长江。

瑞典国王和挪威诺贝尔基金会今天首次颁发了诺贝尔奖。

发现：何时+何地+何人+何事。

导语写作要注意：

> 突出重点，吸引读者；
>
> 言之有物，事实说话；
>
> 简明扼要，开启全篇；
>
> 形式多样，体现特色。

3. 主体

消息的正文，一般包括导语、主体、背景和结语四部分，其中，背景、结语有时候暗含在主体中。消息的主体，紧承导语，是消息的主要部分。

请阅读《人民解放军百万大军横渡长江》消息的主体部分，归纳消息主体的内容是如何安排的，见表5-12。

表5-12　归纳消息内容表

部队	时间	兵力	渡过兵力
中路军（安庆—芜湖）	20日夜—21日夜	30万	30万
西路军（九江—安庆）	21日17时—22日22时	35万	约23.3万
东路军（南京—江阴）	21日17时—22日22时	35万	大部

4. 归纳

（1）补足导语中尚未出现的新闻要素。

（2）将导语中高度概括的事实具体化。

（3）围绕主题，扣紧导语。

（4）正文采用倒金字塔结构，重要信息放前面。

活动二：写法探究——特写

阅读《"飞天"凌空——跳水姑娘吕伟夺魁记》，结合旁批和示例，如图5-4所示，想一想你从这则新闻中学到了新闻特写的哪些技巧？（圈点勾画）

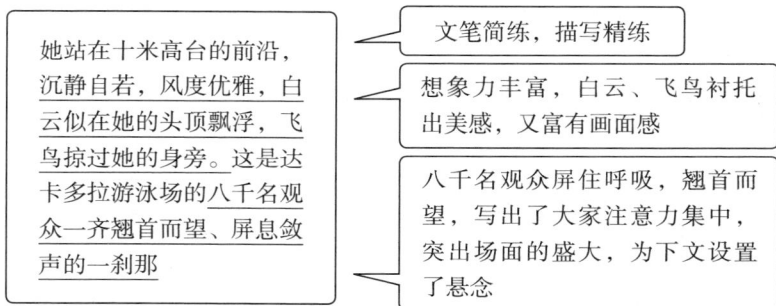

她站在十米高台的前沿，沉静自若，风度优雅，白云似在她的头顶飘浮，飞鸟掠过她的身旁。这是达卡多拉游泳场的八千名观众一齐翘首而望、屏息敛声的一刹那

文笔简练，描写精练

想象力丰富，白云、飞鸟衬托出美感，又富有画面感

八千名观众屏住呼吸，翘首而望，写出了大家注意力集中，突出场面的盛大，为下文设置了悬念

图5-4 旁批和示例

新闻特写的特点：

片段性——落笔集中，突出一点；

文学性——正侧结合，耐人寻味；

目击性——浓淡相宜，真切再现。

活动三：实战演练——新闻写作

在经过"速成班"的学习之后，大家掌握了新闻写作的技巧和方法，下面就是大展身手的时候了！请每位小记者根据第二关中整理的采访资料和内容，以"追梦深圳"为主题，完成一则简明扼要的消息写作，200字以内。

【学习评价】

学习评价量表，见表5-13。

表5-13　学习评价量表

消息	要求	分值
标题	简洁、醒目、凝练、明确。	20
导语	文字简明、重点集中、提示要旨、吸引读者。	20
主体	六要素齐全、用倒金字塔结构。	20
角度	新颖、独特、有趣。	20
语言	准确、简练、流畅、生动。	20
总分		100

【作业设计】

作业内容及要求表，见表5-14。

表5-14　作业内容及要求表

新闻特写	具体描述新闻事件中的某一场景，生动形象地展现新闻现场。
人物通讯	围绕新闻事件中的人物，报道其言行、事迹，展现人物的精神。
事件通讯	相对完整地记述新闻事件，展示其发展过程与社会意义。
背景资料	调查并呈现新闻事件的社会历史背景、深层原因等。
新闻花絮	记录主体事件之外的一些有价值或有趣的小新闻点。

第四课段："追梦"报纸我评比

【课时安排】

1课时。

【学习资源】

1. 核心资源：八年级上册第一单元课文。

2. 辅助资源：《人民日报》《深圳特区报》等官方报纸。

【课段任务】

课段任务流程，如图5-5所示。

```
┌─────────────────────────────────────┐
│   课段核心任务："追梦"报纸我评比      │
└─────────────────────────────────────┘
              ↓
┌─────────────────────────────────────┐
│   活动一：评选前期——报纸我制作        │
└─────────────────────────────────────┘
              ↓
┌─────────────────────────────────────┐
│   活动二：评选中期——报纸我评选        │
└─────────────────────────────────────┘
              ↓
┌─────────────────────────────────────┐
│   活动三：评选后期——报纸我展出        │
└─────────────────────────────────────┘
```

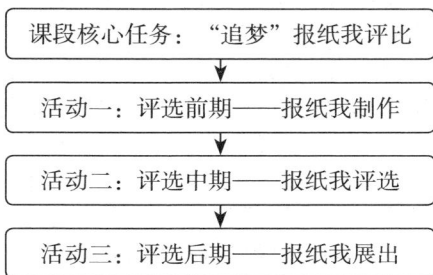

图5-5 课段任务流程

【学习过程】

恭喜大家进入小记者训练营的最后一关："追梦"报纸我评比，接下来我们将第三关的写作内容整合为一份报纸，参加评选活动。

活动一：评选前期——报纸我制作

班级内分小组，每组6—8人，按任务完成报纸制作。

阅读官方媒体报纸，学习报纸制作的流程和方法，见表5-15。

表5-15 新闻小报制作流程

任务	岗位名称	职责简述	人数
新闻小报制作	采写（消息、特写、通信、新闻评论）	负责写作、编辑	6
	排版	负责版面设计（插图）	1
	校对	负责文字校对、润色	1
	组长	取一个社名，组织讨论、分工、督促	与校对同一人

教师提供报纸参考样式。

活动二：评选中期——报纸我评选

根据同学们上交的作品开展报纸评选活动，评委由"老师组"和"同学组"组成，评委根据打分量表要求进行打分，见表5-16和表5-17。最终成绩以"老师组"60%和"同学组"40%的比重综合评选出4个优秀小组，优秀小组的同学将获得评选"优秀小记者"的身份。

表5-16　报纸我制作评分标准

活动内容	标准	评分	备注
报纸我制作	必须为原创作品，四种类型至少涵盖两种，关注身边的热点新闻，注意消息的要素。	内容选择60分。布局排版20分。插图、广告20分。	必须涵盖两则消息。

表5-17　"最佳报纸"评分表

项目	评价标准	分值	得分
报刊内容（60分）	标题概括准确，引人入胜，无错别字。包括报刊各个要素：出版社名称、作者、报刊号、出版日期等。	30	
	内容原创，紧扣"追梦深圳"主题，至少涵盖两种新闻类型，积极向上。	30	
版面设计（20分）	包含多个版面，布局美观合理，色彩鲜明，重点突出，图片和内容关联，图文并茂。	20	
制作技术（20分）	恰当使用软件工具处理各种素材，体现出一定的技术制作水平，使报纸富有美感。	20	
总分		100	

活动三：评选后期——报纸我展出

在报纸评选活动中荣获优秀小组的同学将参与到最终的小记者评选活动中，此环节得分高的小组将以小记者的身份成功出道。

（1）交流制作过程。

提示：

① 根据本单元口语交际——讲述的指导，围绕"我是这样做小报的"话题进行讲述。

② 重点突出，条理清晰，运用一些说话技巧，同时注意口语表达的特点。

（2）小组展示报纸。

【学习评价】

展示评价量表，见表5-18。

表5-18 评价量表

评价项目		分值	得分
方式呈现	PPT、照片、视频等	10	
讲述展示	仪态大方、声音洪亮	10	
	重点突出、条理清晰	10	
	语言简洁、表述流畅	10	
分享内容	制作报纸流程、小组分工合作、制作趣事、经验分享……	10	
总分		100	

根据评选结果，为优秀小组颁发奖状并为优秀小组成员颁发"优秀小记者"荣誉证书。本次活动制作的报纸将张贴在学校宣传栏进行展出，并在公众号上进行宣传报道，提高活动的传播力和影响力。

【作业设计】

拓展任务：编辑制作新闻网页。有条件、有兴趣的同学，可以整合本组新闻报纸中的新闻作品，以恰当的方式编辑成新闻网页。要注意重点突出，语言规范，图文并茂，版面美观。编好后，在班级进行展示。

第六章　为长辈立小传

——八年级上册第二单元整体教学设计

深圳市宝安中学（集团）初中部徐国秀　殷方凯

一、大单元教学设计

（一）课文解读

从内容看，本单元选编的课文都是写人记事的，《藤野先生》《回忆我的母亲》是写人的回忆性散文，《列夫·托尔斯泰》《美丽的颜色》是节选的人物传记。

回忆性散文和人物传记的共同特点是选取真实、典型的事例刻画人物，但是在具体的人物刻画方法上，又各具特色。《藤野先生》一文明暗双线并行，既正面写藤野先生与"我"的交往故事，又通过仙台求学受优待、匿名信等事件把藤野先生置于时代背景凸显人物的伟大；《回忆我的母亲》从勤劳的母亲和革命的母亲两方面进行典型事件选材，行文穿插精当的议论，以平实质朴的语言呈现了一位勤劳、坚强不屈的母亲形象，也表达了失去母亲的悲痛之情；《列夫·托尔斯泰》运用欲扬先抑的写作手法、新奇的夸张和比喻，彰显人物深邃的精神世界，使全文形成一种巨大的反差，带给读者强烈的震撼；《美丽的颜色》以侧面烘托的手法，通过写工作环境艰辛、时间长等表现居里夫人刻苦钻研、献身科学的精神。

结合本单元写作任务"学写传记"，笔者把单元教学大概念确定为"用典型事例让人物形象立起来"，主问题是"如何运用典型事例，展现人物风采"，核心任务是"为长辈立传"。

（二）课程标准的要求

《义务教育语文课程标准（2022年版）》第四学段（7—9年级）"阅读与鉴赏"的课程目标是，引导学生"在通读课文的基础上，理清思路，理解、分析主要内容"，"对课文的内容和表达有自己的心得，能提出自己的看法"，"欣赏文学作品，有自己的情感体验，初步领悟作品的内涵，从中获得对自然、社会、人生的有益启示"。

"表达与交流"的课程目标是"写作时考虑不同的目的和对象""合理安排内容的先后和详略，条理清晰地表达自己的意思"，"注重写作过程中收集素材、构思立意、列纲起草、修改加工等环节，提高独立写作的能力"。

（三）学情分析

学情方面，学生学习过《秋天的怀念》《回忆鲁迅先生》《阿长与〈山海经〉》等文章，对回忆性散文有一定的了解，故不必赘述，但对于人物传记却既熟悉又陌生。学生过往阅读经历中或许涉及人物传记，但是由于缺乏体裁知识，学生尚未掌握传记的要素，也会混淆写人散文与人物传记，因此，教学过程中要辨析这两种文体特征。学生已经掌握多种写人叙事的手法，如细节描写、对比、烘托、欲扬先抑等，却困惑于如何从纷繁复杂的一生中理出一条主线，选取典型事例，展现人物最具个性的风采，而不是千人一面。

由于本单元的两篇人物传记课文都是节选，没有完整展示传记的文体要素、文体特点，学生缺乏对单篇小篇幅的人物传记作品的认识。因此笔者补充课外传记文本《杨绛：这个时代最惦记的隐士》《屠呦呦：首个诺贝尔中国科学家》《回望钱学森》作为学习材料。

（四）学习目标

1.学生将知道（K）

（1）回忆性散文和传记文体的异同。

（2）传记的文体知识。

2.学生将理解（U）

（1）通过学习，理解典型事件对展现人物个性的重要作用。

（2）通过比读，感受传记文体的真实性和文学性。

3.学生将能做（D）

（1）采访人物，选择典型事例来表现人物的个性特点，通过记言述行，展现人物风貌。

（2）学习刻画人物的方法，增强传记的生动性。

（3）品味别样人生，丰富自己的生活体验，提升人生境界。

二、大单元任务流程

大单元任务流程，如图6-1所示。

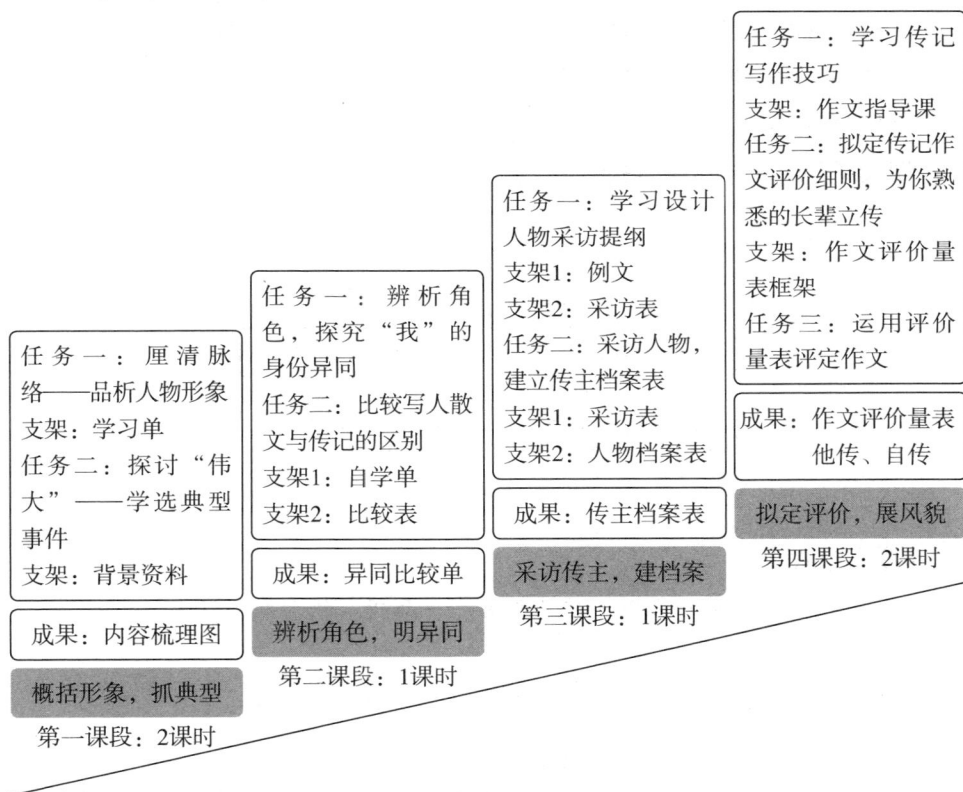

图6-1　大单元任务流程

三、大单元任务设计

（一）单元核心任务

我们的长辈，有着丰富的人生阅历、丰盈的精神世界，他们虽然平凡，但生命却熠熠生辉。请你选择一位长辈，可以是你的爷爷奶奶、父母，也可以是其他亲人，采访他们的故事，为他们写一篇不少于800字的人物小传。

（二）单元任务设计

第一课段：概括形象，抓典型

【课时安排】

2课时。

【学习资源】

1. 核心资源：课文《藤野先生》《回忆我的母亲》《美丽的颜色》。

2. 辅助资源：收集鲁迅的写作背景资料。

【课段任务】

课段任务流程，如图6-2所示。

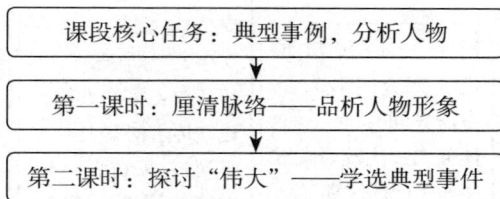

课段核心任务：典型事例，分析人物

↓

第一课时：厘清脉络——品析人物形象

↓

第二课时：探讨"伟大"——学选典型事件

图6-2　课段任务流程

【学习过程】

· 第一课时　厘清脉络——品析人物形象 ·

活动：完成表格内容。

通读课文，梳理课文主要事件、概括人物品质，填写表6-1。

表6-1　不完整的课文内容记录表

课文篇目	主要事件	人物品质
《藤野先生》		
《回忆我的母亲》		
《美丽的颜色》		

参考答案：具体内容见表6-2。

表6-2 完整的课文内容记录表

课文篇目	主要事件	人物品质
《藤野先生》	（1）添改讲义。 （2）纠正解剖图。 （3）关心实习情况。 （4）了解中国女人裹脚。 （5）临别赠照。	认真负责。 治学严谨。 热情诚恳、关爱学生。 求实精神。 真诚友好。
《回忆我的母亲》	（1）家境贫寒，终日忙碌家务。 （2）给孩子做有"滋味"的饭食，亲手为孩子纺线织衣。 （3）协调一家和谐相处，周济和照顾比自己家更穷的亲戚。 （4）生活困苦，节衣缩食送"我"读书。 （5）给参加新军的"我"劝慰。 （6）支持"我"的革命事业。	生活悲苦。 勤劳。 聪明能干、疼爱孩子。 和蔼可亲，有朴素的阶级意识。 有摆脱压迫的欲望和勇气。 深明大义。
《美丽的颜色》	（1）工作棚屋条件、设备简陋。 （2）1898年至1902年，几年如一日持续工作，一个人就是一个工厂，工作艰辛。 （3）持续实验，工作日变工作月，工作月变工作年。 （4）玛丽和比埃尔发现镭，无比激动。	不畏艰苦，甘于奉献。 热爱科学，淡泊名利。 专注研究，坚定信念。 任劳任怨。

· 第二课时　探讨"伟大"——学选典型事件 ·

藤野先生只是一个普通的医专教授，两人仅有不到两年的相处时光，况且鲁迅后来也弃医从文，为什么在二十多年后，作者对藤野先生评价如此之高，竟用上了"伟大"这样一个词？请你完成下列探究任务。

（1）《藤野先生》一文，作者写了哪些与藤野先生无关的见闻？这些无关的见闻能否删除？

资料补充：

背景一：明治维新的日本开始走上资本主义道路，对外积极侵略扩张。1894年，甲午战争爆发，这场战争以中国战败、北洋水师全军覆没告终。1895年，清政府被迫签订了《马关条约》。1901年，清政府被迫签订丧权辱国的《辛丑条约》，中国面临亡国的危险。

背景二：鲁迅先生曾写道："我的梦很美满，预备卒业（毕业）回来，救治像我父亲似的被误的病人的疾苦，战争时候便去当军医，一面又促进了国人对于维新的信仰……"

（2）请找出匿名信事件、幻灯片事件中表达作者情感的句子，并试着分析隐含什么情感，见表6-3。

表6-3　不完整的事件分析表

句子	情感	

参考答案：具体内容见表6-4。

表6-4　完整的事件分析表

句子	情感
"中国是弱国，所以中国人当然是低能儿，分数在六十分以上，便不是自己的能力了：也无怪他们疑惑。"	因为是"弱国"，所以"低能"的荒谬因果，极大地反讽了日本干事的无理，从"所以""当然""便""也"几个词中，我们读出作者积蓄了极大的不满、愤怒与辛酸。
"但在我，这一声却特别听得刺耳。……——呜呼，无法可想！但在那时那地，我的意见却变化了。"	"呜呼，无法可想！"写出了"我"当时内心震撼之大，所以"但在那时那地，我的意见却变化了"。

（3）作者就是在这样的背景和情形下与藤野先生相识交往的。请大家再来讨论：为什么作者对藤野先生评价如此之高，竟用上了"伟大"这样的字眼？

参考答案：藤野先生对"我"的关心是发生在这样的心理背景之下——不但在失望中苦苦追求，而且在追求中常常受辱；是发生在这样的社会背景下——日本举国都在歧视中国人，中国人自己也麻木不仁。"我"仿佛被困在一个黑屋子里，绝望、压抑、无法喘息。藤野先生客观公正，没有民族歧视。这种关怀，无疑像一线光明的曙光，照进"我"的心里，让"我"看到希望，获得继续前行的勇气和力量。这种民族偏见和民族歧视更加衬托了藤野先生的"伟大"。

【学习评价】

相关评价量表，见表6-5和表6-6。

表6-5　第一课时活动评价量表

评价维度	任务"星"值（☆☆☆）			获得等级		
	☆☆☆	☆☆	☆	自我评价	同伴评价	教师评价
课文主要事件概括是否完整准确。	精要、完整地提炼该章最主要的内容。	较精要、完整地提炼该章最主要的内容。	基本概括该章最主要的内容。			
人物品质分析是否完整准确。	人物品质分析准确、完整。	人物品质分析比较准确、概括比较完整。	每篇课文依据事件分析人物形象两三点。			

赋分说明：每项3颗星，总体得分9颗星。请根据量表对每一项进行打分，视具体完成情况给予1—3颗星。总分是每一项星数量的总和。下同。

表6-6　第二课时活动评价量表

评价维度	任务"星"值（☆☆☆）			获得等级		
	☆☆☆	☆☆	☆	自我评价	同伴评价	教师评价
句子	准确找到匿名信事件、幻灯片事件中表达作者情感的句子。	较为准确找到匿名信事件、幻灯片事件中表达作者情感的句子。	找到一两个匿名信事件、幻灯片事件中表达作者情感的句子。			
情感分析	能联系写作的时代背景、作者的心理背景分析情感。	能基本联系写作的时代背景、作者的心理背景分析情感。	能联系作者的心理背景分析情感。			

【作业设计】

《藤野先生》一文，作者写了哪些与藤野先生无关的见闻？这些无关的见闻能否删除？

与同学们探究如何选取典型事件凸显人物形象。

参考答案：在人物所处的时代背景中，选择人物与这个时代的其他人截然不同的行为表现，例如《藤野先生》。在人物所处的社会关系中，深入与其他人的关系，反映人物个性，例如《回忆我的母亲》。在人物一生中主要的坚守或功过中，选择能体现人物形象的关键事件，例如《美丽的颜色》。

第二课段：辨析角色，明异同

【课时安排】

1课时。

【学习资源】

核心资源：课文《藤野先生》《回忆我的母亲》《列夫·托尔斯泰》《美丽的颜色》。

【课段任务】

课段任务流程，如图6-3所示。

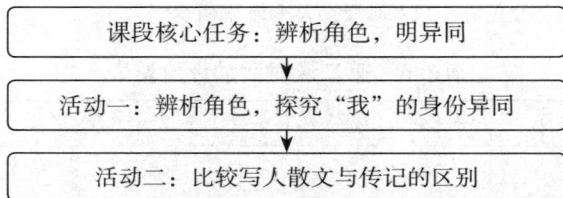

```
┌──────────────────────────────────────┐
│  课段核心任务：辨析角色，明异同           │
└──────────────────────────────────────┘
                 ↓
┌──────────────────────────────────────┐
│  活动一：辨析角色，探究"我"的身份异同      │
└──────────────────────────────────────┘
                 ↓
┌──────────────────────────────────────┐
│  活动二：比较写人散文与传记的区别          │
└──────────────────────────────────────┘
```

图6-3　课段任务流程

【教学过程】

活动一：辨析角色，探究"我"的身份异同

（1）《藤野先生》与《美丽的颜色》同是选取典型事件表现人物形象的文章，但是二者体裁却不同。前者是一篇回忆性散文，后者是传记。请你画出文中有关"我"的句子，说说传记中的"我"与散文中的"我"身份角色有何不同。

_____

_____

_____

参考答案：传记中的"我"是故事的叙述者，不参与所述的事件。散文中的"我"是事件的参与者、经历者。

（2）判断下列两个文段的体裁，在正确答案的方框内打"√"。

文段一：乔布斯，这位科技巨擘的一生可谓波澜壮阔。他出生于旧金山，自幼便展现出对电子技术的浓厚兴趣。大学退学后，他与沃兹尼亚克共同创建了苹果公司，推出了划时代的Macintosh电脑，奠定了个人电脑的基础。然而，他的职业生涯并非一帆风顺，被逐出苹果后，他创立了皮克斯动画，再次证明了自己的创新能力。最终，他重返苹果，带领公司推出了iPod、iPhone等一系列革命性产品，将苹果推向了巅峰。乔布斯的传奇经历，不仅是他个人的辉煌，更是科技发展的缩影。

体裁：传记□　回忆性散文□

文段二：有时候我怕杨绛先生戴助听器时间长了不舒服，也会和先生"笔谈"。我从茶几上拿过巴掌大的小本子，把要说的话写在上面。这样的小本子是杨绛用订书器订成，用的是写过字的纸，为节约，反面再用。我在这简陋的小本子上写字，想着，当钱锺书、杨绛把一生积攒的版税千万余元捐给清华大学的学子们，是那样地毫不吝啬。我还想到作为文学大家、翻译大家的杨绛先生，当怎样地珍惜生命时光，靠了怎样超乎常人的毅力，才有了如此丰厚的著述。

体裁：传记□　回忆性散文□

参考答案：文段一是传记，文段二是回忆性散文。

活动二：比较写人散文与传记的区别

（1）阅读课文《列夫·托尔斯泰》《美丽的颜色》，完成自学单上的任务，见表6-7。

表6-7　不完整的《列夫·托尔斯泰》自学单

1.请同学们合上书本，发挥你的文采，为以下本体找喻体。 茂密的须发—— 灰白的鬈发—— 粗劣的面孔—— 平淡无奇的脸——
2.说说茨威格的修辞有何妙处。 　
3. 茨威格在写托翁的眼睛时，运用了大量的比喻与夸张，请你赏析以下较为难理解的句子。 （1）托尔斯泰这对眼睛里有一百只眼珠。 　

（2）这对眼睛不会放过微不足道的细节，同样也能全面揭示广袤无垠的宇宙。它们可以照耀在精神世界的最高处，同样也可以成功地把探照灯光射进最阴暗的灵魂深处。

资料链接：作为19世纪俄罗斯批判现实主义文学的最杰出代表，托尔斯泰的笔锋几乎指向社会的各个方面，特别是对沙皇的专制、法律的虚伪、贵族的腐朽、农民贫困的原因无不给予深刻的揭示，这在他晚年的长篇巨著《复活》里表现得尤为充分。他对现实的批判是极其深刻而准确的。

_____

_____

4. 思考：文章第一部分描绘了托尔斯泰平庸丑陋的外貌，第二部分写了其犀利并富有洞察力的眼睛，形成了巨大的反差，二者是否矛盾？

_____

_____

参考答案：具体内容见表6-8。

表6-8 完整的《列夫·托尔斯泰》自学单

1. 请同学们合上书本，发挥你的文采，为以下本体找喻体。
茂密的须发——热带森林。
灰白的鬓发——泡沫。
粗劣的面孔——低矮的陋屋。
平淡无奇的脸——禁锢思想的因牢。

2. 说说茨威格的修辞有何妙处？
作者运用比喻不是追求形似，而是在追求神似与新奇，充满想象力，把我们带进了无穷的想象空间。

3. 茨威格在写托翁的眼睛时，运用了大量的比喻与夸张，请你赏析以下较为难理解的句子。
（1）托尔斯泰这对眼睛里有一百只眼珠。
运用夸张的手法，很好地道出了托尔斯泰那种能把万事万物尽收眼底的全方位的观察力以及内心世界的丰富和充沛。
（2）这对眼睛不会放过微不足道的细节，同样也能全面揭示广袤无垠的宇宙。它们可以照耀在精神世界的最高处，同样也可以成功地把探照灯光射进最阴暗的灵魂深处。
资料链接：作为19世纪俄罗斯批判现实主义文学的最杰出代表，托尔斯泰的笔锋几乎指向社会的各个方面，特别是对沙皇的专制、法律的虚伪、贵族的腐朽、农民贫困的原因无不给予深刻的揭示，这在他晚年的长篇巨著《复活》里表现得尤为充分。他对现实的批判是极其深刻而准确的。
比喻和夸张联袂运用，作者极尽比喻与夸张之词描绘出一个外貌丑陋粗鄙、灵魂却无比深邃高贵的托尔斯泰，是传记文学性的极高体现。

续 表

> 4. 思考：文章第一部分描绘了托尔斯泰平庸丑陋的外貌，第二部分写了其犀利并富有洞察力的眼睛，形成了巨大的反差，二者是否矛盾？
>
> 不矛盾。描绘托尔斯泰粗鄙、丑陋、普通的外貌，正是为了反衬他敏捷、锐利的目光，突出他灵魂的高贵和精神的富有，体现作者对托尔斯泰的崇敬、赞美之情。
>
> 这是使用了欲扬先抑的写作手法，使情节多变，形成波澜起伏，造成鲜明对比，给读者留下比较深刻的印象。

（2）完成《美丽的颜色》自学单，见表6-9，体会传记文体的特点。

表6-9 不完整的《美丽的颜色》自学单

> 1. 课文多处引用居里夫人的原话、日记的内容，请你找出来读一读，并说说这样写有什么作用。
>
> _____
>
> _____
>
> 2. 赏析课文第9段"玛丽在院子里穿着满是尘污和酸渍的旧工作服，头发被风吹得飘起来，周围的烟刺激着眼睛和咽喉"这句话的表达效果。
>
> _____
>
> _____
>
> 3. 课文第13段，除了记叙以外，还运用了什么表达方式？有何作用？
>
> _____
>
> _____

参考答案： 具体内容见表6-10。

表6-10 完整的《美丽的颜色》自学单

> 1. 课文多处引用居里夫人的原话、日记的内容，请你找出来读一读，并说说这样写有什么作用。
>
> 课文多处引用居里夫人的原话和日记中的内容，补充了细节，展示出传主真实的心理感受，让读者切实感受到传主丰富的内心世界，增强了传记的真实性。
>
> 2. 赏析课文第9段"玛丽在院子里穿着满是尘污和酸渍的旧工作服，头发被风吹得飘起来，周围的烟刺激着眼睛和咽喉"这句话的表达效果。
>
> 这里运用外貌描写和细节描写，进一步表现出了玛丽的工作强度之大，工作之艰辛，环境之恶劣，从而体现出她忘我的工作态度和执着追求的科学精神。
>
> 3. 课文第13段，除了记叙以外，还运用了什么表达方式？有何作用？
>
> 运用了议论表达方式，表现出了作者欣赏两人工作的密切配合和感情的和谐，对他们在科学实验期间协调的共同生活发出了由衷的赞美。

【学习评价】

自学单评价量表，见表6-11和表6-12。

表6-11 《列夫·托尔斯泰》自学单评价量表

评价项目	任务"星"值（☆☆☆）			获得等级		
	☆☆☆	☆☆	☆	自我评价	同伴评价	教师评价
寻找喻体	与所写的喻体形似、神似，充满想象力。	与所写的喻体形似、神似。	与所写的喻体形似。			
概括茨威格修辞手法的妙处	准确分析作者修辞手法的妙处。	较为准确分析作者修辞手法的妙处。	能分析修辞手法妙用的一两点。			
赏析难理解的句子	能准确结合传主的写作风格、时代背景赏析句子。	能基本结合传主的写作风格、时代背景赏析句子。	能结合传主的写作风格或时代背景赏析句子。			
思考题	能结合文本以及欲扬先抑写作手法分析对比手法对凸显传主人物形象的作用。	能结合文本分析对比手法对凸显传主人物形象的作用。	能从任意角度分析对比手法对凸显传主人物形象的作用。			

表6-12 《美丽的颜色》自学单评价量表

评价项目	任务"星"值（☆☆☆）			获得等级		
	☆☆☆	☆☆	☆	自我评价	同伴评价	教师评价
引用原话、日记的作用	能准确分析引用对展示传主真实心理感受、增强传记真实性的作用。	能较好分析引用对展示传主真实心理感受、增强传记真实性的作用。	能从任意角度分析引用的作用。			
赏析句子表达效果	能从外貌描写、细节描写中分析传主工作强度大、工作艰辛、环境恶劣，体现她忘我的工作态度和执着的科学精神。	能从外貌描写、细节描写中分析传主工作强度大、工作艰辛、环境恶劣。	分析传主工作强度大、工作艰辛、环境恶劣，和工作态度任一方面。			

【作业设计】

试比较写人散文与传记的区别，完成表6-13。

表6-13　不完整的写人散文与传记的区别分析表

区别		回忆性散文	传记
同		选取典型事例进行记叙或描写	
异	人称		
	真实性、文学性		
	写作目的		
	文体要素（区别于其他文学体裁的写作手法）		

参考答案：具体内容见表6-14。

表6-14　完整的写人散文与传记的区别分析表

区别		回忆性散文	传记
同		选取典型事例进行记叙或描写	
异	人称	第一人称	第三人称
	真实性、文学性	文学性	兼具真实性和文学性
	写作目的	寄情于事	记事、写人
	文体要素（区别于其他文学体裁的写作手法）	无特殊	使用引用的修辞手法（解析：《美丽的颜色》一文引用传主原话或日记，增加传记真实性）使用议论的表达方式（解析：作者发表议论，对传主表达赞美之情）

第三课段：采访传主，建档案

【课时安排】

1课时。

【学习资源】

核心资源：《杨绛：这个时代最惦记的隐士》。

【课段任务】

课段任务流程，如图6-4所示。

```
┌─────────────────────────────────────┐
│  课段核心任务：收集传记写作材料      │
└─────────────────────────────────────┘
                   ↓
┌─────────────────────────────────────┐
│  活动一：学习设计人物采访提纲        │
└─────────────────────────────────────┘
                   ↓
┌─────────────────────────────────────┐
│  活动二：采访人物，建立传主档案表    │
└─────────────────────────────────────┘
```

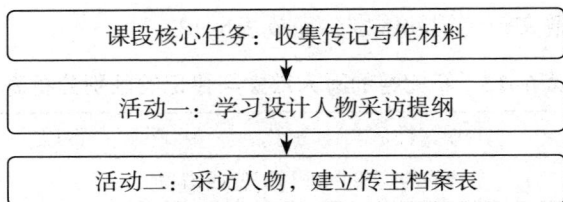

图6-4　课段任务流程

【学习过程】

仔细阅读《杨绛：这个时代最惦记的隐士》这篇传记，完成下列任务。

（1）依据已有的传文，还原采访稿信息，填写在表格中。

（2）所有信息在原文中用"_____"画出来，参照示例做好批注。

杨绛：这个时代最惦记的隐士

傅小平

苏东坡有诗："惟有王城最堪隐，万人如海一身藏。"北京三里河的国务院宿舍区，是杨绛居住了37年的地方。院子外国务院部委云集，院子里满是翻新外墙的脚手架，103岁的杨绛静悄悄地隐身在一片喧闹中。

前几年，院子里的邻居还能见到杨绛，她散步、锻炼，尤其喜爱跟小孩子玩玩。近来，邻居也少见她了。杨绛的"隐"并非因为年岁高了，而是她习惯了。"钱锺书先生在时，他们夫妇就常年生活在这种状态里。"朱虹说，"很难把他们同整天跑这个会那个会，到处演讲的'专家'联系起来，他们跟这些事一点关系都没有。"

杨绛，一向温厚幽默，但容不得假与恶，尤其容不得对丈夫钱锺书的任何冒犯。去年，她做了一件全社会关注的事——通过法律程序，紧急叫停某拍卖公司对钱锺书、钱瑗以及自己的私人信件的拍卖，并且在今年4月最终打赢官司，获得20万元赔偿。她当然不是为了赔偿，而是为了守护已故的丈夫和女儿。

她静悄悄地隐身，又在静悄悄地影响这个时代。

1938年，杨绛一家三口乘坐海轮，从欧洲回国。她与钱锺书都晕船。一次大风浪中，杨绛突然悟出不晕的办法：船身倾斜厉害，舷窗外，一会儿全是水，一会儿全是天，波动幅度大，人自然会晕；她教钱锺书，不要以自己为中心，而以船为中心，让自己随着船倾斜，这样永远头在天之下，脚在水之上，不波动了。钱锺书照做，果然不晕了。他说：为人之道也如此。

归国后，抗战、内战、"文革"、改革开放……每一次，杨绛都拿出了当年"不晕船"的见识。抗战时期，知识分子大多面临生活的艰难。一部分人在利诱之下做了汉奸，另一部分坚持抗日的，过着颠沛流离、入不敷出的生活。前者杨绛绝不会做，后者杨绛又不能做。钱锺书是书生本色，不擅生计。为了让钱锺书和女儿过稍微体面的生活，她当过中学校长，给富商小姐做过家庭教师，也做过小学代课教员。后来，日本人接管了工部局北区小学，杨绛立即辞职，跟随几个朋友创作剧本，解决家里营生。

1941年，钱锺书回到上海。一天，他对杨绛说："我想写一部长篇小说，你支持吗？"杨绛大为高兴，催他赶紧写，这便是《围城》。为支持钱锺书的写作，杨绛让他减少授课时间，又辞掉女佣节省开支，自己包揽所有家务，劈柴生火做饭。杨绛不抱怨，心甘情愿做"灶下婢"。钱锺书每写完一章，她都先读为快，读完又急切地等待下一章。

抗战后期，物资更为匮乏，杨绛不得不精打细算。比如烧煤，煤球里泥掺多了，烧不着；掺少了，又不经烧。为了省煤，杨绛自己和泥，把炉膛搪得细细的。有一次煤厂送来300斤煤末子，杨绛如获至宝，掺上煤灰自制煤饼，能抵四五百斤煤球。她还负责买菜、洗全家人的衣服。钱锺书的婶婶见杨绛一位千金小姐，在家什么粗活都干，很是感慨，对杨绛说："你是上得厅堂，下得厨房；入水能游，出水能跳。宣哥（钱锺书小名）是痴人有痴福。"后来，公公病重，问婆婆："我死后，你跟谁过？"婆婆说："跟季康（杨绛字季康）过。"杨绛之贤，由此可见一斑。

1998年12月19日凌晨，钱锺书身体状况很不好，医生连忙通知家属。杨绛赶到床前时，钱锺书已经合上一只眼，还睁着一只眼等待妻子。杨绛帮他合上眼睛，轻轻在他耳边说："你放心，有我哪！"

如今，"锺书逃走了，我也想逃走，但是逃哪里去呢？我压根儿不能逃，得留在人世间，打扫现场，尽我应尽的责任"。

她最终逃向了世上最难的学问——古希腊语哲学读本、柏拉图《对话录》中的《斐多》，一头扎进去，忘记自己。2000年，中译本《斐多》出版，被称为"迄今为止最感人至深的哲学译本"。

　　之后，在那张钱锺书曾伏案工作的写字台上，杨绛完成了整理钱锺书学术遗物的工作。2003年出版3卷《钱锺书手稿集·容安馆札记》，2011年出版20卷《钱锺书手稿集·中文笔记》。

　　现在，还有100多册外文笔记等待整理出版。一位103岁的老人，仍在坚韧地、静默地"打扫现场"。

（有删改）

　　"为杨绛先生立传"采访提纲，具体见表6-15。

表6-15　不完整的"为杨绛先生立传"采访提纲

传主基本信息			
传主姓名	杨绛	年龄	
出生年月	1911年7月	出生地	
家庭成员		家庭住址	
职业		身份	作家、翻译家、外国文学研究家、中国社会科学院荣誉学部委员。
兴趣爱好			
人物标签（这篇传记集中体现的）			
传主大事记提问			
时期	采访问题		
青年 （18—44岁）			
中年 （45—59岁）			
老年 （60岁以上）			
传主印象			
用至少五个词语概括传主的性格特点			
他人对传主的评价			

　　参考答案：具体内容见表6-16。

表6-16 完整的"为杨绛先生立传"采访提纲

传主基本信息			
传主姓名	杨绛	年龄	103岁
出生年月	1911年7月	出生地	北京
家庭成员	丈夫钱锺书、女儿钱瑗。	家庭住址	北京三里河国务院宿舍区
职业	作家、翻译、老师、戏剧家。	身份	作家、翻译家、外国文学研究家、中国社会科学院荣誉学部委员。
兴趣爱好	散步,锻炼,跟小孩子玩。		
人物标签(这篇传记集中体现的)		隐士	
传主大事记提问			
时期	采访问题		
青年 (18—44岁)	你们一家三口是什么时候从欧洲回来的?在路途上有发生什么印象深刻的事吗?		
	在晕船中悟出的人生哲理,对您在回国之后,动荡的社会背景下的生活有什么帮助吗?		
	钱锺书先生创作出经典之作《围城》,其背后一定离不开您的支持,可以聊一聊创作背后的故事吗?		
	您不仅在文学领域有突出贡献,持家方面也是一把好手,在物资匮乏年代,您是怎么保证一家人生活无忧的?		
中年 (45—59岁)			
老年 (60岁以上)	您在工作之余喜欢做些什么?		
	您与钱锺书先生的感情让人艳羡,他离开之后,您的生活有什么变化吗?		
传主印象			
用至少五个词语概括传主的性格特点	爱国、平易近人、爱护家人、坚持原则、勤俭持家、刻苦钻研、坚韧不拔、默默奉献		
他人对传主的评价	1."钱锺书先生在时,他们夫妇就常年生活在这种状态里。"朱虹说,"很难把他们同整天跑这个会那个会,到处演讲的'专家'联系起来,他们跟这些事一点关系都没有。" 2.杨绛,一向温厚幽默,但容不得假与恶,尤其容不得对丈夫钱锺书的任何冒犯。 3.一位103岁的老人,仍在坚韧地、静默地"打扫现场"。		

【学习评价】

采访稿提纲评价量表，见表6-17。

表6-17　采访稿提纲评价量表

评价维度	任务"星"值（☆☆☆）			获得等级		
	☆☆☆	☆☆	☆	自我评价	同伴评价	教师评价
内容完整	采访稿内容填写得完整。	采访稿内容填写较为完整。	采访稿内容填写大部分完整。			
提问有效	采访提问针对材料的传主背景、经历和专长，触及深层思考。	采访提问针对材料的传主背景、经历和专长。	采访提问基本涉及材料的传主背景、经历和专长，触及深层思考。			
语言表达	语言表达清晰、规范、准确。	语言表达较为清晰、规范、准确。	语言表达基本清晰、规范。			

【作业设计】

确定立传对象，用五个词语或短语概括传主最突出的特点。如果只能保留其中三个，你会选择哪三个？如果只能保留其中一个呢？

_____

_____

_____

_____

_____

依据传主最突出的特点，构思采访提纲，课后完成表6-18。

表6-18　传主人物档案表

传主基本信息			
传主姓名		人物标签	
出生年月		家庭成员	
最高学历		职业	
兴趣特长			
曾获荣誉			

续 表

传主大事记（围绕标签，记录不少于五件事）		
时期	时间（或年龄）	事件
童年到少年		
青年 （18—44岁）		
中年 （45—59岁）		
老年 （60岁以上）		
评价传主		
用五个词语概括传主性格特点		
他人对传主的评价 （交代清楚何人，何评价）		

第四课段：拟定评价，展风貌

【课时安排】

2课时。

【学习资源】

核心资源：《杨绛：这个时代最惆记的隐士》。

【课段任务】

课段任务流程，如图6-5所示。

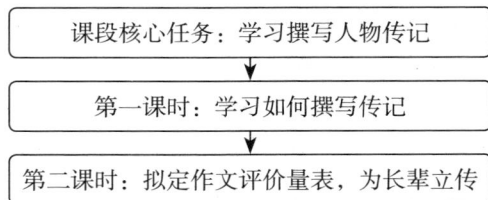

课段核心任务：学习撰写人物传记

↓

第一课时：学习如何撰写传记

↓

第二课时：拟定作文评价量表，为长辈立传

图6-5 课段任务流程

【学习过程】

· 第一课时：学习如何撰写传记 ·

活动一：定标签——传主的精神内核

（1）读学习单（见表6-19）上的采访信息，给爷爷贴标签。

小组活动：读学习单上的采访信息，给爷爷贴标签。

活动规则：每个小组读三则采访故事，共同商量用两个词概括爷爷的特点。

表6-19 "为长辈立传"课堂学习单

时期	传主大事记
少年	（1）1955年，爷爷出生于一个贫困家庭。他自小痴迷下棋，常蹲在村口树下看人下棋。 （2）爷爷每天放学后都会去打猪草，小小的年纪，便主动帮忙减轻家里的负担。 （3）五年级，学校组织象棋比赛，爷爷抱着试一试的心态参赛，却意外获得第一名。 （4）初中，爷爷被迫辍学，跟着父亲做木匠。从挑选木材到绘图、锯木、打磨，爷爷用心学习，丝毫不懈怠。很快，他的木匠手艺获得认可，凭此供养一家人。家里日子好起来。 （5）每个静谧的晚上，爷爷都在琢磨棋术，他用笑脸迎接每一个黎明。16岁那一年，参加县象棋比赛，荣获第二名，他也因此被县文化局相中，接受专业培训。
青年 （18—44岁）	（1）18岁，潜心苦学后的爷爷与江南第一棋手比赛获胜，当即获得"棋王"的称号。爷爷只是微微一笑，随即又一头扎进象棋世界。 （2）下乡时期，爷爷又主动到农村参加建设，他任劳任怨，总是走在劳作的前头。 （3）下乡期间，爷爷并没有放弃钻研棋术。没有棋盘，就从山上扛回木头制作棋盘，闲暇时，总能看见爷爷在树下下棋。 （4）25岁，爷爷和邻村女孩结婚。次年年末，生下了我父亲；再隔一年，生了我姑妈；后来又生了我叔叔。爷爷奶奶一生养育了三个子女。 （5）成家后的爷爷干两份营生。白天，他是慢工出细活儿的木匠；晚上，他又到镇上学堂讲学，传授棋术。旁人觉得苦，他却乐在其中。 （6）而立之年，爷爷亲自挑选上好的木料，郑重地为他的孩子制作了第一个纯手工棋盘。 （7）1990年，太爷爷去世，爷爷跪着哭了三天三夜，眼睛都哭肿了。

续　表

时期	传主大事记
中年 （45—59岁）	2010年，由于父母工作繁忙，分身乏术，年仅2岁，我就被送回县城，跟爷爷一起生活。
老年 （60岁以上）	（1）2017年，为了让我能接受更好的教育，爷爷奶奶带上我回到深圳生活。 （2）现在，除了照料我，爷爷还经常到社区讲学，传授棋艺，是社区里小有名气的"棋王"。

参考答案：爷爷的主要人物标签有棋艺精湛、热爱下棋、吃苦耐劳。

（2）依据爷爷最突出的特点，给传记拟个合适的标题。

链接：比较下列人物标签，哪一个更贴切？说说你的理由。

杨绛：被时代惦记的隐士、低调的翻译家。

居里夫人：为镭而生的科学家、坚守而乐观的科学家、勇敢的科学家。

苏轼：诗人、宋朝斜杠青年、贬中作乐的吃货、豁达的大文豪。

小结：要写好人物传记，必须在传主纷繁复杂的一生中，理出一条最具个人特点的线索，提炼出这个人物的精神内核，这样写出来的人物传记才不至于千人一面。我们可以从职业身份、突出的性格特点、主要经历、主要关联物、主要成就等方面来确定传记标题。

活动二：选故事——传主的生平事迹

（1）试分析《杨绛：这个时代最惦记的隐士》这篇传记中，作者为何要详写杨绛一家从欧洲回国晕船，以及杨绛包揽家务这样的琐事？

《杨绛：这个时代最惦记的隐士》"琐事"概括如下：

① 103岁的杨绛静悄悄地隐身在北京三里河的国务院宿舍区。

② 前几年，院子里的邻居还能偶尔见到杨绛散步、锻炼，近来也少见了。

③ 去年，杨绛做了一件全社会关注的事——通过法律程序，紧急叫停某拍卖公司对钱锺书、钱瑗以及自己的私人信件的拍卖。

④ 1938年，杨绛一家从欧洲回国，晕船的时候领悟到不能以自己为中心，而要以船为中心，让自己随着船倾斜，这样才能不晕的道理；往后，她拿着这种以环境为中心的智慧去面对抗战、内战等生活困境。

⑤ 1941年，钱锺书回到上海，决定写《围城》。杨绛为了支持他的写作，辞掉女佣节省开支，并包揽所有家务，默默支持他。

⑥ 抗战后期，物资更为匮乏，杨绛更精打细算，和泥搪炉膛、买菜洗衣，什么粗活都干。

⑦ 1998年，钱锺书病危，杨绛病床前许诺留在人间"打扫现场"，完成遗愿。

⑧ 钱锺书死后，杨绛一头扎进世上最难的学问，翻译的《斐多》被誉为"迄今为止最感人至深的哲学译本"，并完成整理钱锺书学术遗物的工作，出版笔记。

参考答案：①1938年，杨绛一家从欧洲回国，是他们一人家生活、命运的转折点，从此开启不一样的人生。这一次的乘船是标志性事件。②乘船悟得以环境为中心，才能应对不断变化的环境，这种智慧在往后生活中发挥着重要作用。所以，要详细写。③题目是"这个时代最惦记的隐士"，杨绛最突出的标签是"隐士"，她的隐，不仅体现在对待自己的事情上默默无闻，更体现在，她甘于退下，默默支持钱锺书的创作。④综上，我们得知，在最困难时期的坚守，最能体现一个人的精神内核。所以，与此有关的事件，反而最能体现人物与众不同的一面。我们也可以"最"字提问法，筛选出最与众不同的职业身份，人生重大转折点，对人物命运的走向有着主导作用的、传主印象最深刻的事迹。

（2）依据学习体验说说，如果确定使用"60年代的棋王爷爷"这个标签，你认为哪些故事有选入传记的价值？

参考答案：乐在"棋"中的爷爷，能详写①②③④⑤⑥⑦⑧。以上生平事迹都是围绕最与众不同的身份——"棋王"来展开的。有关他最难忘的第一次，最大的成功，最困难时候的坚持，等等。

活动三：巧还原——传记叙事生动性

（1）《美丽的颜色》片段，哪些语句是作者通过合理的想象还原的？

原文：她小心翼翼地走上前去找，找到一张有草垫的椅子，坐下了。在黑暗中，在寂静中，两个人的脸都转向这些微光，转向这射线的神秘来源，转向镭，转向他们的镭！玛丽身体前倾，热切地望着，她此时的姿势，就像一小时前在她睡着了的孩子床头看着孩子一样。

她的伴侣用手轻轻地抚摸她的头发。

片段：她找到一张有草垫的椅子，坐下了。在黑暗中，他们看见了五彩斑斓的光。

（2）请你发挥想象，合理还原下列片段的细节。

下乡期间，爷爷并没有放弃钻研棋术。没有棋盘，就从山上扛回300斤木头制作棋盘，闲暇时，总能看见爷爷在树下下棋。

【学习评价】

学习评价表，见表6-20。

表6-20 学习评价表

评价项目	任务"星"值（☆☆☆）			获得等级		
	☆☆☆	☆☆	☆	自我评价	同伴评价	教师评价
定标签	能从职业身份、突出的性格特点、主要经历、主要关联物、主要成就等多个方面综合梳理传主独特的个人标签。	能从职业身份、突出的性格特点、主要经历、主要关联物、主要成就等两三个维度梳理传主独特的个人标签。	能有理有据地梳理传主的个人标签。			
选故事	能结合时代背景选出最贴合传主精神内核的故事。	能结合时代背景选出比较贴贴合传主精神内核的故事。	能选出一两个贴合传主精神内核的故事。			
巧还原	能通过合理的想象还原细节内容，富有文采。	能通过合理的想象还原细节内容，语句通顺，用词恰当。	能还原细节内容。			

【作业设计】

我们的长辈，他们有着丰富的人生阅历、丰盈的精神世界，他们虽然平凡，但生命却熠熠生辉。请你选择一位长辈，可以是你的爷爷奶奶、父母，也可以是其他亲人，采访他们的故事，为他们写一篇不少于800字的人物小传。

· 第二课时：拟定作文评价量表，为长辈立传 ·

活动一：拟定作文评价量表

小组讨论：依据传记的文体特点，确定"为长辈立传"作文的评价内容，拟定评价细则，商定赋分，具体见表6-21。

表6-21 不完整的传记作文评价量表

评价项目	评价内容	评价细则	自评	他评
文体特点 （10分）				
内容 （10分）				
表现手法 （15分）				
语言表达 （10分）				

参考答案：具体内容见表6-22。

表6-22 完整的传记作文评价量表

评价项目	评价内容	评价细则	自评	他评
文体特点 （10分）	文体要素 真实性 文学性	（1）使用第三人称；"我"是见证者和叙述者。 （2）引用原话、日记内容，增加传记真实性。 （3）穿插人物评价。		
内容 （10分）	选材典型	（1）选择传主成长关键节点的事件。 （2）人物标签鲜明，避免千人一面。		
表现手法 （15分）	多种表现手法	（1）先抑后扬。 （2）对比。 （3）正侧面描写结合。 （4）虚构符合人物个性的细节。		
语言表达 （10分）	流畅 富有文采	（1）运用恰当的修辞手法，凸显形象。 （2）细节精当。		

活动二：使用作文评价量表，自我评价作文

运用作文评价量表，自评作文，提出修改意见，完成自评学习单，见表6-23。

表6-23 传记作文自我评价学习单

项目得分	作文优点	作文不足	作文修改方向
文体特点（10分）			
内容（10分）			
表现手法（15分）			
语言表达（10分）			

活动三：使用作文评价量表，评定作文

运用作文评价量表，为他人的作文打分。

【学习评价】

学习评价表，见表6-24。

表6-24 学习评价表

评价项目	任务"星"值（☆☆☆）			获得等级		
	☆☆☆	☆☆	☆	自我评价	同伴评价	教师评价
拟定作文评价量表	能从文体特点、内容、表现手法、语言表达四个方面拟定评分细则，评分细则准确、精要。	能从文体特点、内容、表现手法、语言表达四个方面拟定评分细则，评分细则准确，语言通顺。	能从文体特点、内容、表现手法、语言表达任两三方面拟定评分细则，评分细则语言通顺。			
自我评价作文	能依据评分细则，准确判断作文优缺点，明确修改方向。	能较好依据评分细则，准确判断作文优缺点，明确修改方向。	能基本依据评分细则，准确判断作文优缺点，明确修改方向。			

【作业设计】

结合自评意见和他评结果，修改作文。

第七章 擦亮文化名片，经典代代相传

——八年级下册第一单元整体教学设计

宝安中学（集团）初中部 廖春梅 洪 洁

一、大单元教学设计

（一）课文解读

部编版语文八年级下册第一单元导语中提出"民俗是民间流行的习俗、风尚，是由民众创造并世代传承的民间文化"。

本单元选编的四篇课文《社戏》《回延安》《安塞腰鼓》《灯笼》分别属于小说、诗歌和散文。小说《社戏》选择有地域特色的写作素材，运用议论、抒情等表达方式抒发主人公对家乡风土人情的怀念；诗歌《回延安》采用信天游的形式，使用富有地方色彩的词语展现陕北的地域风俗；散文《安塞腰鼓》大量运用排比、反复等修辞；散文《灯笼》语言文白相间，典雅蕴藉。

这些课文或表现各地风土人情，或展示传统文化习俗，学生可以透过人物的精神世界，发掘乡土民俗的精神土壤和精神源泉，引发学生对民风民俗的兴趣，对家乡的热爱。

学习这四篇课文，一方面要学习多种表达方式的运用，以及通过语言表达寄寓情思；另一方面要感受丰富多样的地域文化，理解民俗的价值和意义，挖掘其内在的民族精神。

（二）课程标准的要求

《义务教育语文课程标准（2022年版）》第四学段（7—9年级）的课程目

标在"阅读与鉴赏"中要求引导学生"在通读课文的基础上，理清思路，理解、分析主要内容，体味推敲重要词句在语言环境中的意义和作用"。

在课程内容中，本单元的课文契合"发展型学习任务群"中"文学阅读与创意表达"的要求，其第四学段（7—9年级）旨在引导学生"体会作者通过语言和形象构建的艺术世界，借鉴其中的写作手法，表达自己对自然的观察和思考，抒发自己的感情"。

在第四学段（7—9年级）的"学业质量描述"中要求学生"在阅读过程中能把握主要内容，并通过朗读、概括、讲述等方式，表达对作品的理解"，"能从多角度揣摩、品味经典作品中的重要词句和富有表现力的语言"，"分析作品表现手法的作用"，并"能借鉴他人的经验调整自己的表达，能根据需要，运用积累的语言进行口头或书面表达"。

（三）学情分析

（1）学生在七年级和八年级上学期的学习中已接触过一些民俗文化，但都比较零散，也未有意识地关注过如何写民风民俗。

（2）学生对民俗文化仅停留在民俗知识和活动形式的层面，对民俗的价值和意义感悟不深。

（四）学习目标

（1）完成民俗采风活动，采访相关人物，对相关民俗有较深入的认识。

（2）选取特定的民俗活动场面，并运用场面描写的技法创作一段解说词。

（3）巧妙构思，运用场面描写和情景交融的写作手法，写一篇广东民俗的散文。

（4）学做民俗宣传手册，领悟民俗价值，尊重不同地域风土人情和生活习惯。

二、大单元任务流程

大单元任务流程，如图7-1所示。

学习活动三

文章创作： 发布宣传手册

广东的深圳民俗 评比最佳代言人

学习活动二 记忆

取法名篇： 终点：

学习活动一 广东民俗怎么写 课时一：片段描 了解民俗

情境：广东开展民 采访民俗： 写指导 学会写作

俗活动，邀请你为 广东人怎么过民俗 课时一： 课时二：全篇写

民俗代言人 梳理民俗风情 作指导

起点： 课时一：采访 课时二：

1. 不了解民俗 ① 活动方案 学习写作手法

2. 不会写民俗 ② 采访提纲 课时三：

③ 参观深圳民俗 仿写运用

④ 分类整理资料

⑤ 做汇报PPT

课时二：广东民

俗KWL思维工具

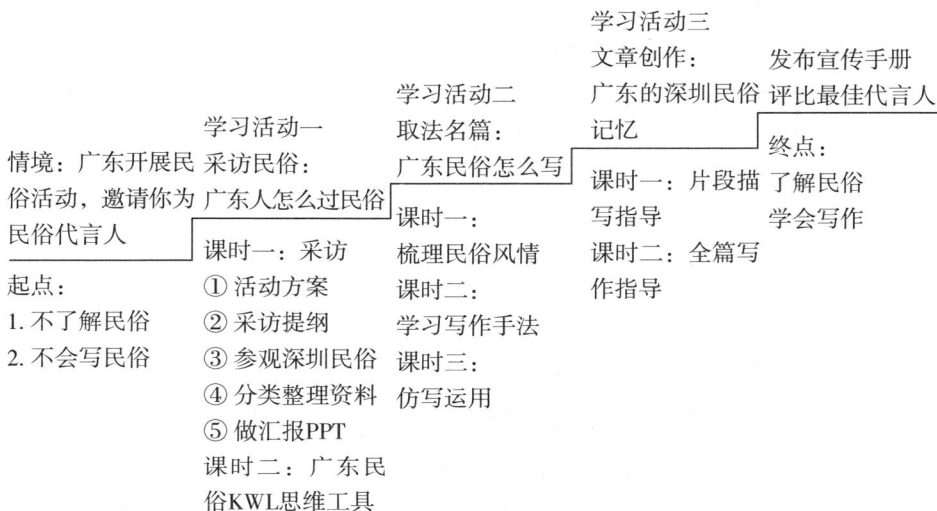

图7-1 大单元任务流程

三、大单元任务设计

（一）单元核心任务

广东省第三届"文化和自然遗产日"系列活动在深圳博物馆历史民俗馆举行。除了实物展出、场景复原等展示手法外，本次活动，深圳博物馆还将向社会征集"擦亮文化名片，经典代代相传——我是广东民俗守护人"宣传手册。我们班级积极响应这一活动，写一篇以"广东民俗民风"为话题的散文，散文800—1000字，优秀的作文将编入宣传手册。

（二）单元任务设计

第一课段：广东民俗活动采风汇报

【课时安排】

2课时。

【学习资源】

1. 核心资源："广东民俗文化"采访提纲、"广东民俗文化"采风活动记录单及PPT、"民俗文化"KWL思维工具。

2. 辅助资源：网站查找民俗图片和视频。

【课段任务】

课段任务流程，如图7-2所示。

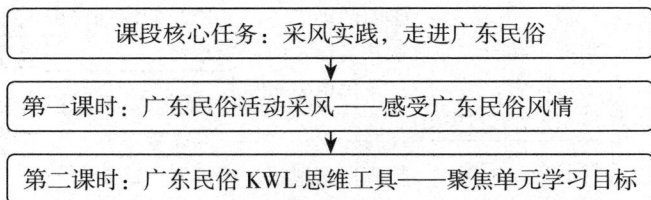

```
┌─────────────────────────────────────────┐
│   课段核心任务：采风实践，走进广东民俗    │
└─────────────────────────────────────────┘
                    ↓
┌─────────────────────────────────────────┐
│ 第一课时：广东民俗活动采风——感受广东民俗风情 │
└─────────────────────────────────────────┘
┌─────────────────────────────────────────┐
│ 第二课时：广东民俗 KWL 思维工具——聚焦单元学习目标 │
└─────────────────────────────────────────┘
```

图7-2　课段任务流程

【学习过程】

·第一课时　广东民俗活动采风——感受广东民俗风情·

活动一：选择感兴趣的民俗活动，实地采风

（1）任务：寒假期间，学生2—3人为一组，参观广东的民俗博物馆（博物馆或深圳客家民俗博物馆等）或在春节时期选择一项感兴趣的民俗活动，去实地采风，探索民俗文化新天地（如深圳坪山的大万祭祖、深圳南山的开丁节、深圳宝安醒狮贺岁、深圳大鹏庙会等）。

（2）活动要求。

参观前：拟写活动方案，撰写采访提纲，提前进行问题预设，思考在采访中可能遇到的问题，并预设解决方案。依据采访提纲进行采访和调查，并在访问过程中积累摄影素材。

参观时：选择合适且有代表性的人物进行民俗主题采访。

参观后：将了解到的信息和采访到的内容进行分类整理，并制作一份民俗文化采风PPT，开学后展示。

（3）小组讨论，形成采风活动方案。

小组讨论完成以下民俗采风活动方案，见表7-1。

表7-1　"广东民俗文化"采风活动方案

组名	
参观地点	
活动目的	
活动地点	
时间	

活动路线	
素材采集任务（含人员分工）	
拟采访对象	
出发前物资准备	
安全预案	

活动二：探访民俗传承人，深入了解民俗

（1）请同学们针对"深圳民俗"这一主题，选择有代表性的采访对象，进行采访提纲设置并实地采访，完成采访提纲，见表7-2。

表7-2　"广东民俗文化"采访提纲

主题	
时间、地点	
采访对象	
采访目的	
采访方式	
采访器材	
采访问题	

（2）分类整理，全面了解所选的民俗活动。

通过互联网、图书馆等多种方式查找相关资料，并结合采风和采访所获得的信息，全面了解你所选择的民俗活动，包括历史起源、发展历程、活动流程、制作过程、相关诗词典故、文化内涵与意义等，见表7-3。

提示：不要仅通过一个网页就"了解"这项民俗活动，你还可以继续搜索百度百科、相关名家散文、微信各种公众号推文等，相信你会有更多有益的发现。

表7-3　分类整理"深圳民俗文化采风活动"

历史起源及发展	
发展历程	
表演艺人场面	
相关诗词典故	
文化内涵与意义	

活动三：班级汇报采风活动

（1）同学们根据采风内容和感受，加入照片，每张照片要有100字左右的文字介绍，课件最后要有你此次采风的心得体会，200字以上，完成采风活动汇报PPT。

（2）以小组为单位，上台汇报采风活动，其他小组结合评价量表进行评价。

·第二课时　广东民俗KWL思维工具——聚焦单元学习目标·

活动一：填写"如何介绍广东的民俗"KWL表

（1）填写"如何介绍广东的民俗"KWL表，见表7-4。

（2）小组内交流探讨，提出问题。

表7-4　不完整的"如何介绍广东的民俗"KWL表

时间段	K（我已经知道了什么）	W（我还想知道什么）
预习前		

活动二：预习单元文章内容

继续完成"如何介绍广东的民俗"KWL表，见表7-5。

表7-5　完整的"如何介绍广东的民俗"KWL表

时间段	K（我已经知道了什么）	W（我还想知道什么）
预习前		
预习后		

（1）填写"如何介绍广东的民俗"KWL表。

（2）小组内交流探讨，提出问题，分享新的收获。

活动三：聚焦问题，确定学习目标

1. 主要问题

（1）学生在七年级和八年级上学期的学习中已接触过一些民俗文化，但都比较零散，不能理解这些民俗文化背后的文化内涵和价值。

（2）学生没有意识地关注过如何写民风民俗，文章构思不清晰，缺乏细节描写的方法。

2. 确定学习目标

梳理文本——欣赏民俗风情画，理解民俗的文化价值。

探究文本——多种表达方式运用。

精雕细节——品味富有表现力的语言。

【学习评价】

相关评价量表，见表7-6和表7-7。

表7-6　采访提纲评价量表

评价指标		自我评价	小组评价
采访对象有代表性			
采访思路清晰			
采访目的明确			
采访问题恰切	提问具体性		
	提问针对性		
	提问层次性		
	提问创新性		
尊重采访者			
改进建议			

表7-7　采风PPT小组汇报评价量表

		自评	他评
汇报内容	1. 参观地介绍。		
	2. 民俗介绍。		
	3. 有采访内容。		
	4. 有参观心得。		
	5. 图文并茂。		
汇报形式	1. PPT美观。		
	2. 汇报形式多样，能吸引观众。		
总分			
建议			

【作业设计】

1. 百度"家乡（地名）的民俗"（地名最好是市或县），获取关于这个民俗的起源、发展历程、主要活动、相关诗词和典故等有效信息，完成学习记录单。

2. 通过图书、报纸、知网、网页等方式，收集名家写这个民俗的文学作品，也可以收集相关新闻、调研报告等不同媒介对这一民俗的报道，完成学习记录单。

第二课段：整体把握，品味细节

【课时安排】

3课时。

【学习资源】

1. 核心资源：课文《社戏》《回延安》《安塞腰鼓》《灯笼》。

2. 辅助资源：群文《压桥》《观灯》《春酒》；网站查找民俗图片和视频。

【课段任务】

课段任务流程，如图7-3所示。

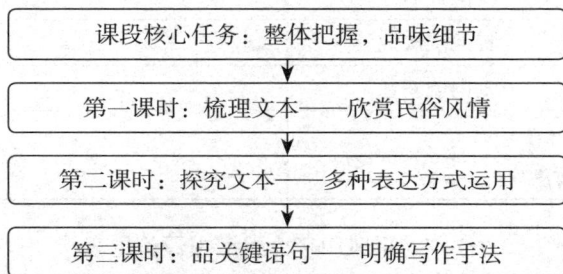

课段核心任务：整体把握，品味细节

↓

第一课时：梳理文本——欣赏民俗风情

↓

第二课时：探究文本——多种表达方式运用

↓

第三课时：品关键语句——明确写作手法

图7-3 课段任务流程

【学习过程】

· 第一课时 梳理文本——欣赏民俗风情 ·

活动一：梳理文本，欣赏民俗风情画

学生通读四篇课文，整体把握文章情节和情感，感受民俗风情。

（1）阅读四篇课文，分别寻找课文中所展现的民俗风情，填写学案表格，见表7-8，感受作者情感。

表7-8 不完整的风土人情表

篇目	地域	乡土人情		民俗	文化风情	情感
		人	物			
《社戏》						
《回延安》						
《安塞腰鼓》						
《灯笼》						

参考答案：具体内容见表7-9。

表7-9　完整的风土人情表

篇目	地域	乡土人情		民俗	文化风情	情感
		人	物			
《社戏》	浙江绍兴	双喜、桂生、阿发、六一公公、河虾、罗汉豆		春赛、社戏	归省	童心童趣
《回延安》	陕西延安	老爷爷、团支书、白羊肚手巾、红腰带、米酒、油馍、红窗花		信天游	革命文化	思念、自豪
《安塞腰鼓》	陕西安塞	后生、响鼓		腰鼓	地方民俗	古朴自然热情奔放
《灯笼》	山东莱芜	祖父、母亲、族姊		元宵灯会	历史民俗	故园之思、民族文化积淀

（2）通读《社戏》，完成以下两项任务。

① 完成练习仿照示例，用四字短语概括本文所写的几件事，如图7-4所示。

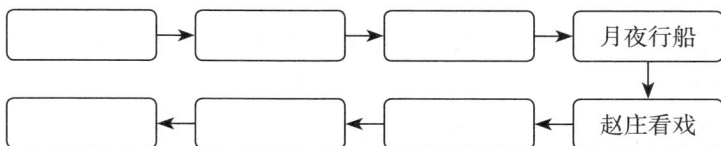

图7-4　《社戏》流程

② 请根据这人件事画出作者的心情曲线，如图7-5所示。

图7-5　不完整的《社戏》心情曲线

参考答案：具体内容如图7-6所示。

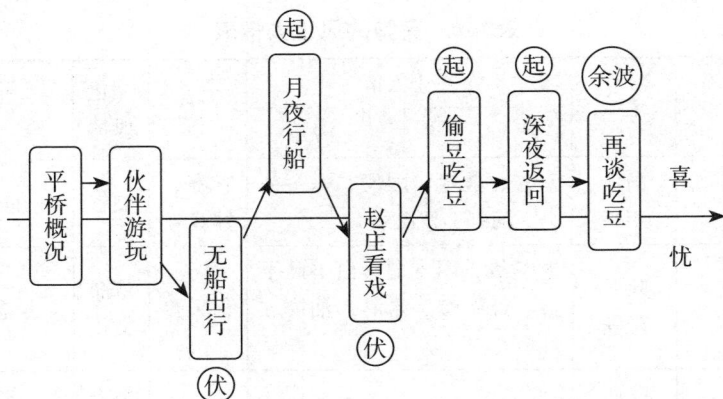

图7-6　完整的《社戏》心情曲线

（3）梳理《回延安》情感。

① 回延安——抒写久别之情——（　　　）

② 忆延安——追忆战斗生活——（　　　）

③ 话延安——描绘热闹场景——（　　　）

④ 看延安——记录崭新面貌——（　　　）

⑤ 颂延安——歌颂光辉历史，憧憬美好征程——（　　　）

参考答案：

① 回延安——抒写久别之情——（激动、喜悦）

② 忆延安——追忆战斗生活——（感激、怀念）

③ 话延安——描绘热闹场景——（真挚、兴奋）

④ 看延安——记录崭新面貌——（欣喜、豪迈）

⑤ 颂延安——歌颂光辉历史，憧憬美好征程——（赞美、热爱）

（4）《灯笼》中"我"和灯笼都结了哪些缘呢？如图7-7所示。灯笼的含义是什么？

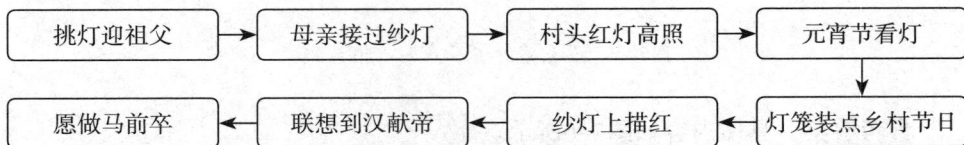

图7-7　《灯笼》中"我"和灯笼的关系

灯笼的含义

第一层，有个人情感层面的：挑着灯笼，迎回祖父，长幼情笃；接过纱灯，上下灯学，母子情深；跟着龙灯跑个半夜，伴着小灯入梦，绽放着飞扬的青春。

第二层，有文化上的：在纱灯上描红，爱的是那份雅致；对宫灯的想象，体验的是深长的历史况味。

第三层，家国情怀：引述历史上保家卫国的名将，表达自己做"灯笼下的马前卒"的誓愿，是悲壮激越的家国情怀。

活动二：深入探究《社戏》，理解文章主旨

学生分小组探究：如何理解《社戏》中最后一段话："真的，一直到现在，我实在再没有吃到那夜似的好豆，——也不再看到那夜似的好戏了。"

说说"我"眼中的罗汉豆、"我"眼中的社戏、"我"眼中的平桥村。

参考答案："豆"是"感情豆"，"戏"也是"感情戏"。平桥村虽然极偏僻，但却是"我的乐土"：这里有"我"纯朴善良的小伙伴，有幽雅迷人的江南风景，有热情憨厚的乡民，有美好难忘的生活片段。

· **第二课时　探究文本——多种表达方式运用** ·

活动一：整体把握，完成表格

小 贴 士

　　表达方式是表述特定内容的要素，随语言表达的产生发展而逐步形成。表达方式根据文章的写作方法不同，分为记叙、描写、抒情、议论、说明五种。

（1）分析本单元课文在运用表达方式上分别有什么妙处，完成表7-10。

表7-10　不完整的本单元课文运用表达方式妙处分析表

篇目	体裁	主要内容	表达方式的运用
《社戏》			
《回延安》			
《安塞腰鼓》			
《灯笼》			

参考答案：具体内容见表7-11。

表7-11 完整的本单元课文运用表达方式妙处分析表

篇目	体裁	主要内容	表达方式的运用
《社戏》	小说	叙述"我"童年时在江南水乡看社戏的难忘经历，刻画了一群善良、纯朴的农村小伙伴的形象，表达了作者对美好生活的向往。	记叙、描写、议论、抒情
《回延安》	信天游	贺敬之的《回延安》是一首以陕北民歌"信天游"形式写成的新诗。诗人以饱满的激情，回忆延安的战斗生活，赞颂延安的巨变，展望延安的未来，表现了作者思念"母亲"延安的一片赤子之心，抒发心中对母亲延安的眷恋。	描写、抒情
《安塞腰鼓》	散文	本文通过描写安塞腰鼓的表演场面，歌颂了生命之奔腾的力量，让人感受到黄土高原所蕴含的壮阔以及当地人民豪放的气概和精神。	描写、议论、抒情
《灯笼》	散文	文章回忆了"我"关于灯笼的一些记忆，从文化层面及个人情感层面表达了灯笼对于他乃至民族的重要意义。	描写、叙述、议论、抒情

（2）判断下列句子分别使用的是哪种表达方式，并进行赏析。

① 和我一同玩的是许多小朋友，因为有了远客，他们也都从父母那里得了减少工作的许可，伴我来游戏。（记叙）

② 淡黑的起伏的连山，仿佛是踊跃的铁的兽脊似的，都远远地向船尾跑去了。（描写）

③ 但我吃了豆，却并没有昨夜的豆那么好。（议论）

④ 我爱平桥村！我爱平桥村的景！我爱平桥村的人！（抒情）

活动二：聚焦文段，分析句子的表达方式

（1）重点探究《社戏》水乡活动场景，第10—14段。

分角色朗读第10—14段，思考"我"看到什么？听到什么？闻到什么？

参考答案：调动视觉、听觉、嗅觉、味觉描绘江南水乡的美景，表达作者的喜爱和留恋。

小结：这几种感官描写交织在一起，抒情性极强，让人不自觉会把自己代入文章的情境中，塑造出诗意的效果，增添了文章的迷人色彩。此外，在叙述事件的过程中，融合了描写、议论等表达方式，为作品内容和主题的表达提供了服务。

（2）重点探究《安塞腰鼓》第7段，思考运用了哪些表达方式？

分角色朗读。

师读：一捶起来就发狠了，忘情了，没命了！百十个斜背响鼓的后生，如百十块被强震不断击起的石头，狂舞在你的面前。

女生读：骤雨一样，是急促的鼓点。

男生读：旋风一样，是飞扬的流苏。

女生读：乱蛙一样，是蹦跳的脚步。

男生读：火花一样，是闪射的瞳仁。

女生读：斗虎一样，是强健的风姿。

全班读：黄土高原上，爆出一场多么壮阔、多么豪放、多么火烈的舞蹈哇——安塞腰鼓！

参考答案：运用了描写、抒情表达方式，歌颂生命中奔腾的力量。这股力量，由西北汉子热情奔放的腰鼓表现出来。同时歌颂阳刚之美。"一群""朴实得就像那片高粱"的"茂腾腾的后生"，他们"释放出那么奇伟磅礴的能量"，表现了一种独特的美。

活动三：合作探究，多种表达方式运用作用

（1）合作探究：为什么运用多种表达方式。

文章综合运用了多种表达方式，结合文章分析作者是基于何种需要选择表达方式的？

参考答案：多种表达方式的综合运用，让文章的语言准确简练的同时，又具有十足的表现力，为人物的塑造和情感的表达都提供了帮助。

（2）拓展：综合运用的效果。

阅读琦君的散文《春酒》，从表达方式的角度探究文本创作的规律。

· **第三课时 品关键语句——明确写作手法** ·

完成学案上对关键语句的表现手法的赏析，梳理每篇课文的写作特色。

1.《社戏》

阅读《社戏》，理解文中记叙、描写、抒情、议论等表达方式的综合运用，领悟鲁迅作品语言简洁而富有表现力的特点。

（1）从第10段中找出描写少年们开船动作的动词，并体味其运用之妙。

（2）试从写景角度对第11、12段进行赏析。

参考答案：

（1）"点""磕""退""上""架"等几个动词，将少年们开船时的动作程序以及合作划船的情状表述得颇为详细，显示了他们熟练的驾船技巧和勤劳肯干的品格，也折射他们出去看戏时的愉快心情。

（2）景物描写分别从色彩、声音、视觉、听觉、嗅觉各个侧面着笔，恰如多重奏管弦曲，给人以十分丰富的感觉，景物的立体感觉由此产生。

2.《回延安》

《回延安》除了直接抒情外，还通过人物的动作、手法和场景描写等间接抒发情感。请从诗中找出间接抒情的相关词语，根据表7-12的要求，运用"朗读标记"，品析诗句所表达的情感。

支架：

一般我们用"●"表示重读（实心圆点），用"○"表示轻读（空心圆点），用"○○○○"表示连续轻读，用"●●●●"表示连续重读，用"——"表示尾音拉长，用"—0—"表示两头低、中间高，用"0-0"表示两头重、中间轻。

表7-12　诗句表达情感分析表

角度	诗句	我的品析	朗读设计
动作	示例：手抓黄土我不放，紧紧儿贴在心窝上。……几回回梦里回延安，双手搂定宝塔山。千声万声呼唤你，——母亲延安就在这里！	动作描写：抓，有力度；贴，有温度；搂，有亲密感。真实细微的动作，展现作者回到延安后难以遏制的激动、喜悦之情。	"抓""扑""紧紧"重读，"扑"轻读。
手法			
场景描写			

3.《安塞腰鼓》

体会文中多种表达方式和多种修辞手法综合运用的效果；体会长短句式交错使用的节奏美和韵律美。

（1）他们的身后是一片高粱地。他们朴实得就像那片高粱。

（2）一捶起来就发狠了，忘情了，没命了！

（3）后生们的胳膊、腿、全身，有力地搏击着，疾速地搏击着，大起大落地搏击着。

（4）黄土高原上，爆出一场多么壮阔、多么豪放、多么火烈的舞蹈哇——安塞腰鼓！

好一个安塞腰鼓！

黄土高原啊，你生养了这些元气淋漓的后生；也只有你，才能承受如此惊心动魄的搏击！

4.《灯笼》

分析文中描写、叙述和议论等多种表达方式的综合运用；品味文中富于表现力的语言，训练语感。本文是怎样综合运用多种表达方式的？本文将描写、叙述、议论和抒情融为一体，自然而然地交错进行，创造了散文的艺术境界。如：

（1）虽不像扑灯蛾，爱光明而至焚身，小孩子喜欢火，喜欢亮光，却仿佛是天性。放在暗屋子里就哭的宝儿，点亮了灯哭声就止住了。

（2）连活活的太阳算着，一切亮光之中，我爱皎洁的月华，如沸的繁星，同一支夜晚来挑着照路的灯笼。提起灯笼，就会想起三家村的犬吠，村中老头呵狗的声音；就会想起……真的，灯笼的缘结得太多了，记忆的网里挤着的就都是。

（3）记得，做着公正乡绅的祖父，晚年每每被邀去五里遥的城里说事，一去一整天。回家总是很晚的。凑巧若是没有月亮的夜，长工李五和我便须应差去接。……那种熙熙然庭院的静穆，是一辈子思慕着的。

5. 梳理写作特色

梳理写作特色，见表7–13。

表7-13　梳理写作特色

篇目	用词	修辞	句式特点	表达方式	其他	表达效果
《社戏》						
《回延安》						
《安塞腰鼓》						
《灯笼》						
《乡间的庙会》						
《怀念皮影戏》						

【学习评价】

民俗文章心动点分析，见表7-14。

表7-14　民俗文章心动点分析

课文	心动点（篇章结构、写作手法等）	心动指数（涂色）
《社戏》	用诗意的笔法写出仙境般的平桥村自然风光，字里行间满是孩童时期最纯粹的喜乐。	☆ ☆ ☆ ☆ ☆
《安塞腰鼓》	一个接一个的排比，高潮迭起，生命的力量喷薄而出。	☆ ☆ ☆ ☆ ☆

【作业设计】

在以下情境中二选一，综合运用多种表达方式进行创作。

1. 介绍家乡的民俗，让更多的人能了解该项民俗。

2. 回忆自己童年记忆中与民俗有关的往事。

第三课段："我为广东民俗代言"民俗活动场面写作指导

【课时安排】

1课时。

【学习资源】

1. 核心资源：课文《社戏》《回延安》《安塞腰鼓》《灯笼》。

2. 辅助资源：群文《压桥》《观灯》《春酒》；网站查找民俗图片和视频。

【课段任务】

课段任务流程，如图7-8所示。

```
┌─────────────────────────────────────┐
│  课段核心任务：民俗活动场面描写          │
└─────────────────────────────────────┘
                    ↓
┌─────────────────────────────────────┐
│  活动一：正面写好场景中的"点"，增强气势    │
└─────────────────────────────────────┘
                    ↓
┌─────────────────────────────────────┐
│  活动二：侧面写好场景中的"面"，烘托氛围    │
└─────────────────────────────────────┘
                    ↓
┌─────────────────────────────────────┐
│  活动三：妙笔生花，解说词创作与评价        │
└─────────────────────────────────────┘
```

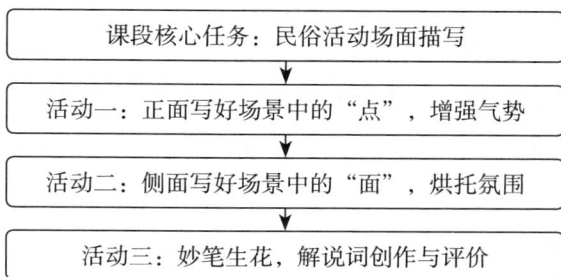

图7-8 课段任务流程

【学习过程】

情境：广东省第三届"文化和自然遗产日"临近，组委会开展拍摄民俗活动短视频大赛，我们班级的短视频已经入围，现在需要给视频配一段解说词再现精彩的画面。

导入：同学们，大家知道吗？广东省第三届"文化和自然遗产日"临近了，组委会决定开展拍摄民俗活动短视频大赛，我们班级同学拍摄的短视频已经入围，现在需集全班之力给他的视频配一段解说词再现精彩的画面，助他在大赛中获得金奖。

活动一：正面写好场景中的"点"，增强气势

（1）聚焦"舞龙人"和"龙"的动作，精准描述。

① 观看班级同学的参赛短视频《正月舞龙》，出示一段解说词，找出这段解说词存在的问题。

解说词：广场内人声鼎沸，锣鼓喧天，紧接着舞龙队到来。随后就开龙门舞四方，只见黄龙上下转动，舞龙人穿着一身紫红色的衣服，脚下转着，手中的木棒上下转动，不时配合着其他人的节奏。

预设：舞龙的动作很有力、舞龙的场面很有气势、舞龙人的技艺高超。

参考答案：氛围不对、叙述平淡、用词乏味，与视频中热烈、喧闹的环境氛围不符合，引出本节课写作教学点——运用场面描写，写出民俗活动场面的热烈感。

② 观看舞龙动作的视频，拆分"龙"的动作，分别用不同的动词描述龙的不同动作。

预设：摇、摆、飞、跃、缠、俯冲、盘旋。

参考答案：通过动作分解，龙的动作丰富多彩。

用相同的方法，结合"动词词库"，给"舞龙人"加上动词，学生完成学习单上的任务并交流分享，再现舞龙的精彩画面。

小结：写作锦囊——动词连用，精准描述。

（2）运用比喻式排比的句式，增强气势和画面感。

① 请同学们思考我们学过的写作手法和修辞中，哪种修辞有增强气势的作用？

预设：排比、比喻。

② 给短视频中描写"舞龙"的动作加入排比的句式，教师示范，学生根据范例进行仿写。

加排比：广场内人声鼎沸，锣鼓喧天，紧接着舞龙队到来。随后就开龙门舞四方，只见黄龙左盘右旋，向下转，往上飞跃，翻滚、俯冲、摇头摆尾，势不可当。

示例：只见黄龙时而左盘右旋。

③ 学生用相同的方法将描写"舞龙人"动作的片段改写成排比句式，学生在学习单上完成相关的任务。

加排比：舞龙人穿着一身紫红色的衣服，精神抖擞，脚下有条不紊地踢跳，前进，双臂擎龙，往左扭往右挥，配合着鼓点的节奏。

加排比：_____

_____

过渡：同学们，要让舞龙既有气势又有画面感，可以运用比喻的修辞，如"只见黄龙时而左盘右旋，时而上下翻滚，时而腾空飞跃，时而昂首摆尾，如鹰击长空，长虹贯日，猛虎下山，势不可当"，这里运用比喻的修辞，既增强了画面感，又有气势。

④ **小组活动**：请同学们发挥想象，舞龙人像什么？我们可以写舞龙人的什么？小组合作讨论出本体和喻体。

预设

本体：舞衣、舞步、身姿、神态。

喻体：火蛇、闪电、豹子、猛虎、蛟龙、蜻蜓、青蛇、君王、彩霞、旋风、骤雨。

⑤ 请同学们选择三个你认为最贴切的喻体，写三个比喻句描述舞龙人。

预设：舞龙人像老鹰一般，紧紧抓住龙标，用力扬动；像青蛇一般，脚步沉稳，直扫地面；像彩霞一般，在风中摆动，映出霞光。

⑥ 教师引入进阶句式——倒装式比喻，教师出示范例，《安塞腰鼓》"骤雨一样，是急促的鼓点；火花一样，是闪射的瞳仁；斗虎一样，是强健的风姿"，学生探究这组句式的特点。

预设：是暗喻，喻体在前，本体在后，喻体前置，更加突出喻体；既用了比喻，又用了排比的句式。

⑦ 小组合作：把刚刚写的普通比喻改写成"倒装式比喻"，以小组为单位，上台互相分享。

示例：红霞一样，是身着的舞衣；斗虎一样，是强健的身姿；迅雷一样，是挥舞的手臂；明珠一样，是炯奕的龙眼；狂澜一样，是有力的呐喊。

小结：写作锦囊二——用比喻来写排比，增强气势，既有画面感，又生动形象。

活动二：侧面写好场景中的"面"，烘托氛围

请同学们思考，现在舞龙场面画面感已经非常清晰了，那如何把赛龙舟的现场氛围烘托到极致呢？

学生活动：学生头脑风暴。

预设：声音（观众的欢呼声、鼓掌声，锣鼓喧天……）、天气（阳光、风……）。

参考答案：教师出示表格支架，明确侧面烘托的相关要素，见表7–15。

表7–15 侧面烘托的相关要素

角度	观众	声音	环境
侧面描写	神态	锣鼓声	天气
	动作	鼓掌声	四周环境
		欢呼声	

小结：写作锦囊三——侧面烘托，写好场面中的面，渲染氛围。

活动三：妙笔生花，解说词创作与评价

（1）全班同学来创作一个完整的解说词，要求：参照"解说词写作元素表"进行创作，见表7–16。

表7-16　解说词写作元素表

描写角度	元素	要求
正面	龙的动作	排比
	人的动作	比喻（倒装式）
侧面	观众的反应	动作、神态、掌声
	自然环境	

（2）同学展示，并交流分享优秀解说词。

学生优秀解说词**示例**：

我们可以看到，题目开龙门舞四方，只见黄龙和红龙左右交替，相互缠绕，上下摆动，有时摇头摆尾，有时扶摇盘旋，有时上蹿下跳，势不可当。我们再细看，舞龙人摇肩晃脑，沉重的脚步跳跃着，就如君王那万人之上的威严般行走，精神抖擞。野马一样，是快速的步伐；鲤鱼一样，是轻巧的身姿；火焰一样，是坚定的目光。这时天空万里无云，阳光洒在他们身上，好像是接受了神明的指示，每个人身上都似乎有神明赐予的力量。观众震耳欲聋的掌声由远而近，现场一度热闹非凡。

【学习评价】

学生根据民俗活动场面写作评价量表对同学们创作的解说词进行评价，并给出修改意见，见表7-17。

表7-17　民俗活动场面写作评价量表

项目	要求	评分标准	该项等级
连用动作	动词丰富、准确。	A+：动词不重复，精准，不少于5个。 B+：动词不重复，不少于3个。 B：动词有重复，少于3个。	□A+ □B+ □B
比喻式排比	用比喻来写排比，画面感生动且有气势。	A+：比喻式的排比再现了龙舟赛的气势和画面感。 B+：有比喻或排比的句式，但不充分。 B：没有比喻和排比。	□A+ □B+ □B
侧面烘托	关注周围环境与人，烘托场面的热烈。	A+：既有周围的自然环境，又有观众的反应。 B+：只有观众的反应，没有环境烘托。 B：两者都没有。	□A+ □B+ □B

【作业设计】

1. 阅读《俗世俗民》，批注文章。

2. 摘抄描写民俗场面和民俗价值的语句，并仿写。

第四课段：广东民俗宣传手册制作指导

【课时安排】

1课时。

【学习资源】

1. 核心资源：短视频解说词；课文《社戏》《回延安》《安塞腰鼓》《灯笼》。

2. 辅助资源：民俗采风活动汇报PPT和短视频。

【课段任务】

课段任务流程，如图7-9所示。

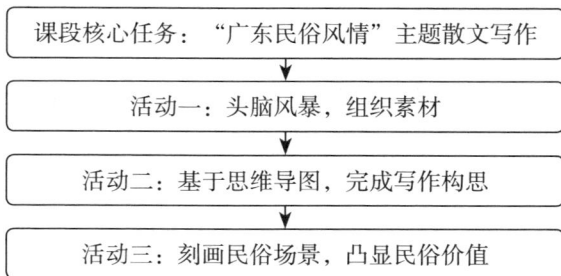

课段核心任务："广东民俗风情"主题散文写作

↓

活动一：头脑风暴，组织素材

↓

活动二：基于思维导图，完成写作构思

↓

活动三：刻画民俗场景，凸显民俗价值

图7-9 课段任务流程

【学习过程】

活动一：头脑风暴，组织素材

头脑风暴，你印象最深刻的一次民俗活动是什么？请分享1—2个相关的画面，见表7-18。

表7-18 民俗活动选择参考

表演类	手工类	礼仪类	活动类
舞龙	剪纸、刻纸	祭月、拜月	赛龙舟
舞狮	面塑、泥塑	抓周	包粽、食粽

续 表

表演类	手工类	礼仪类	活动类
舞灯	竹编、草编	成人礼	插艾叶、菖蒲
舞船（旱船）	手工木雕	扫墓、祭祖	逛花市
皮影戏	糖画、吹糖人	拜年	除夕守岁
民间曲艺	做花灯	庆丰收	年夜饭
民间杂技	刺绣	……	包饺子
民乐表演	蜡染		贴春联、年画
地方戏	木版年画		重阳登高
……	做风筝		观花灯、闹元宵
	编中国结		打年糕

如果让你把这些民俗活动写入"我为广东民俗代言"宣传手册中，你会写哪些相关的内容？你将如何组织这些素材？请列举3—4个，并组织素材完成文章结构思维导图。

参考答案：民俗活动的发展历史、相关的传承人、民俗活动的场面、民俗的价值、我的成长等，具体如图7-10所示。

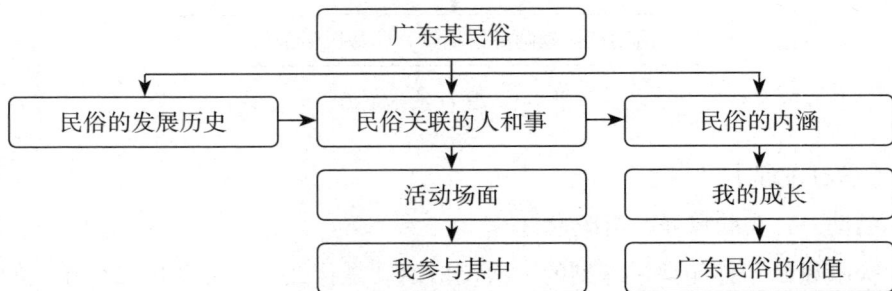

图7-10 民俗活动思维导图

活动二：基于思维导图，完成写作构思

请你根据民俗活动结构思维导图，完成写作构思，见表7-19。

表7-19　写作构思记录表

民俗	
事件1	
事件2	
民俗的价值	
我的成长	
我的感情	

你是如何处理文章详略的？

参考答案：详略得当，突出重点民俗场景。

活动三：刻画民俗场景，凸显民俗价值

（1）如果要把你选择的民俗场景拍摄出来，你会怎么拍？请你设计三个拍摄画面，并完成画面解读，具体见表7-20。

表7-20　拍摄画面设计

画面	画面呈现内容	画面解读	其中蕴含的情感
示例	我望着长桌上一对红蜡烛。那是"分岁烛"，也是"风水烛"，除夕祭祖时点过两个钟头。按当年母亲的规矩，五天新年中每晚都得点燃一下。过正月初五，才谨慎小心地用金纸包了收在抽屉里，十五元宵节再取出来点。嘴里还念念有词地说："风水烛，风水足哪！"	突出点"风水烛"的动作、语言。	母亲点"风水烛"对来年新的期待。 "我"回忆母亲点"风水烛"是怀念相关过年习俗。
1			
2			
3			

参考答案：将人、事、物、景和情感融合起来形成典型画面。

（2）阅读下列描写民俗场景或者表达个人感悟的句子，思考文章立意是什么，并完成民俗价值表，见表7-21。

文段一：一阵微风轻轻吹过，忽然，沉默的天际亮起千百盏天灯从远方而来，是千万游鱼跃入江河的滚滚波涛，是海风翻滚出的千层波浪，是和平岁月才能谱写出来的金黄，上面写满了对家人的祝福，对过去的怀念，对未来的展望。忽然眼前的景色与记忆重合，灯是他匠心的体现，是他年年对我的祝福，更是所有中国人对团圆的渴望，对家人的祝愿是古往今来最美的心愿。

文段二：一眨眼，端午佳节又快到了。母亲接连从老家打来了几个电话："今年端午节要记得回家插艾哦。"听着母亲的唠叨，那悠悠艾香，又溢满心间。此时我才幡然醒悟，端午插艾草不仅是一种念想、一种母爱的味道，更是一种习俗、一种文化的代代传承。一瞬间，我的脑海里又浮现出了那一棵棵充溢绿意与清香的艾草来。愿那绿茵茵的艾草，生生不息，艾香馥郁而绵长。

文段三：其实，我们每个人都穿过百衲衣——人生的百衲衣。每个人在人生旅途上，都会或多或少地得到生活的馈赠、命运的庇护、时代的恩泽和社会的援助，那么就不应该忘记报答。知恩图报，是一种传统美德，也是一种人生境界。其实报答并不一定要鞠躬尽瘁赴汤蹈火，往往只是拔一羽以利天下、伸一手以救众生的事，就像给穿百衲衣的人一块碎布而已……

表7-21　民俗价值表

	中国心	华夏美	民族魂
具体表现	传统美德	人生智慧	文化传承
	真切思念	美好向往	文化力量
	温馨祝福	敬畏自然	文化自信

参考答案：理解民俗文化的价值，彰显情怀，突出"我"在参与民俗活动中感受到的文化力量和民族精神。

【学习评价】

民俗作文评价量表，见表7-22。

表7-22　民俗作文评价量表

写作指标	自评	他评
选材：选择自己熟悉的民俗，选择典型的人、物、事和风土人情。	☆☆☆☆☆	☆☆☆☆☆
主题：所表达主题能统领全文。	☆☆☆☆☆	☆☆☆☆☆
角度：切入角度要小，以小见大，见微知著。	☆☆☆☆☆	☆☆☆☆☆
立意：立意要深刻，表现"民俗民风的艺术魅力"。	☆☆☆☆☆	☆☆☆☆☆
语言：能适当用上一些写作技巧。如修辞、细节描写、表现手法等，能综合运用各种表达方式，如抒情、议论等。	☆☆☆☆☆	☆☆☆☆☆

续　表

写作指标	自评	他评
结构：讲究谋篇布局，根据素材选择适合的文章结构，详略得当。记叙清晰流畅，能一波三折。	☆ ☆ ☆ ☆ ☆	☆ ☆ ☆ ☆ ☆
总分		
建议		

根据班级选入的优秀作文，创作"我是广东民俗活动"宣传手册，具体见表7-23。

表7-23　宣传手册评价量表

评价指标	具体要求	自评	他评
手册主题	1. 展现民俗活动和人的风采。	☆ ☆ ☆ ☆ ☆	☆ ☆ ☆ ☆ ☆
	2. 揭示其中的"文化意义"。	☆ ☆ ☆ ☆ ☆	☆ ☆ ☆ ☆ ☆
手册内容	1. 主题深刻。	☆ ☆ ☆ ☆ ☆	☆ ☆ ☆ ☆ ☆
	2. 有民俗的介绍。	☆ ☆ ☆ ☆ ☆	☆ ☆ ☆ ☆ ☆
	3. 有宣传文章。	☆ ☆ ☆ ☆ ☆	☆ ☆ ☆ ☆ ☆
	4. 内容准确真实。	☆ ☆ ☆ ☆ ☆	☆ ☆ ☆ ☆ ☆
	5. 图文并茂。	☆ ☆ ☆ ☆ ☆	☆ ☆ ☆ ☆ ☆
手册排版	1. 排版美观。	☆ ☆ ☆ ☆ ☆	☆ ☆ ☆ ☆ ☆
	2. 封面有深圳民俗的元素。	☆ ☆ ☆ ☆ ☆	☆ ☆ ☆ ☆ ☆
	3. 有创意。	☆ ☆ ☆ ☆ ☆	☆ ☆ ☆ ☆ ☆
总分			
建议			

【作业设计】

完成一篇民俗作文，运用恰当的写作手法，如情景交融和场面描写，写一篇以"广东民俗民风"为话题的散文，800—1000字。需要用上本单元习得的方法让语言表达生动，写出广东民俗独特的味道，优秀者选入宣传手册。

第八章 "行万里·览山水·知人文"

——八年级下册第五单元整体教学设计

文汇学校　吴梓姗　王晨晖

一、大单元教学设计

（一）课文解读

从内容上看，本单元的主题是"江山多娇"。共四篇游记，《壶口瀑布》《在长江源头各拉丹冬》《登勃朗峰》《一滴水经过丽江》，风格与写法各异，便于学生集中学习，更好地了解游记文体。写作训练是"学写游记"。本单元的整体脉络是"读游记—学游记—写游记"。

本单元的学习目标是通过把握作者的游踪、写景的角度和方法，揣摩和品味语言，体味作者独特的情思，提升对游记的认识，进而会写游记。《壶口瀑布》分别写了雨季和枯水季节的两次游历，通过不同时间的选择和视角的变换，运用典雅凝练的语言，在记述所见景象的同时，由水到个人，由个人到民族，表达了游历"壶口"的独特感受，如同柔水中蕴含着力量，写实中蕴含着思想的奔流。《在长江源头各拉丹冬》描绘了奇美壮丽、变幻多姿的各拉丹冬雪山之景，又多次写到自己的身体状况和内心体验，表现了自然本身的伟大与神秘，以及作者对自然伟力的敬畏之情，以写实为主。《登勃朗峰》记述了作者与友人游览勃朗峰的经历，以散文笔法描写奇美景物，以小说笔法叙写奇人趣事，读来有一种别样的幽默。《一滴水经过丽江》以一滴水的独特写法起笔，以"一滴水"的前世今生作为文章线索，借助"一滴水"的视角和口吻，

163

描写了丽江美丽的自然风光、醇美和谐的人文气息，表达了由衷的赞美之情。

本单元的写作实践是"学写游记"。一篇优秀的游记，至少包含三方面的内容：一是"所至"，即交代游踪；二是"所见"，即描写景物；三是"所感"，即抒发感受，表达思考。学生可以通过学习本单元的四篇课文，模仿其篇章结构和写作手法进行创作，写出自己的游览经历，抒发自己的独特情思。

（二）课程标准的要求

1. 立足语文核心素养

大单元教学是落实语文学科核心素养的路径。《义务教育语文课程标准（2022年版）》将"语文素养"的表述更改为"核心素养"，具体包括文化自信、语言运用、思维能力和审美创造四个方面。基于落实核心素养的目标效果，逆向设计大单元学习目标、任务活动、评价方式与标准，进而实现学生关键能力、核心素养的对接与进阶发展。

2. 学习任务群与学段要求

《义务教育语文课程标准（2022年版）》第四学段（7—9年级）的课程目标，在"阅读与鉴赏"中要求引导学生"欣赏文学作品，有自己的情感体验，初步领悟作品的内涵，从中获得对自然、社会、人生的有益启示。能对作品中感人的情境和形象说出自己的体验，品味作品中富于表现力的语言"。

在"表达与交流"中要求学生"多角度观察生活，发现生活的丰富多彩"，能"表达自己对自然、社会、人生的感受、体验和思考，力求有创意"，能"自信、负责地表达自己的观点，做到清楚、连贯、不偏离话题"，"能就适当的话题作即席讲话和有准备的主题演讲，有自己的观点，有一定说服力"。

在课程内容中，本单元的课文契合"发展型学习任务群"中"文学阅读与创意表述"的要求，其第四学段（7—9年级）旨在引导学生"阅读表现人与自然的优秀文学作品，包括古诗文名篇，体会作者通过语言和形象构建的艺术世界，借鉴其中的写作手法，表达自己对自然的观察和思考，抒发自己的情感"。

据此，可将大单元设计的总思路和大方向归结为"阅读与鉴赏"和"表达与交流"。

3.突出情境化理念与生活链接点

语文教学以任务群为导向，以大单元教学的形式，创设"情境"，整合学习方法和资源，让学生在情境中运用语言，逐步提升语文素养。大单元教学设计，既要考虑单元主题与单元内容的联系，更应注重与学生生活经验、已有知识、社会实践的有效链接，才能更好引起学生的共鸣和求知欲，贴合当代中小学生的语文生活，满足社会和时代需求。

（三）学情分析

学情分析表，见表8-1。

表8-1 学情分析表

学生群体	已有认知水平	知识经验空白点	最近发展区与发展路径
八年级下学期	☑已学过写景抒情散文，基本能够厘清游踪、分析景物特点、理解"情景交融""托物言志"等写法。☑能从修辞与用词的角度粗浅赏析游记语言特点。☑游记内容广泛、写法自由、风格多样、人文内涵丰厚，学生阅读兴趣较高。	□缺乏游记作品阅读经验。□难以细致分析与鉴赏写景角度和方法、言语形式。□不明确游记作品中所见与所感的关系。□难以准确解读文本蕴含的感悟与思考、文化内涵等。	☑能通过圈画关键词句，准确把握游记三要素，明晰所至、所见、所感。☑能够通过研读赏析写景抒情句段，把握游记文章写景视角与独特的言语形式。☑能通过阅读分析与问题探究，了解游记情景理交融、丰厚人文内涵等特点，把握选材与主旨的关联。☑能够选择感触最深或最具特色的景物，运用恰当词语句式、表达方式等记叙游览见闻与感受，抒发情志。

（四）学习目标

1.学生将知道（K）

游记相关文体知识。

2.学生将理解（U）

（1）通过学习，理解游记情景理交融特点，把握选材与主旨的关联。

（2）通过比读与阅读分析，鉴赏文本中描绘的风景人文之美，理解蕴藏在大好河山中的民族文化精神，深化对中华文化的认同感，提升文化自信。

3.学生将能做（D）

（1）根据调研需求与实地体验，有目的地进行采访，设计问卷。

（2）掌握景物描写的写作顺序和层次，抓住景物的特点来描写，突出重点，详略得当。

（3）掌握景情关系，学会由景及情，适当运用议论、抒情等手法表达自己的思想感情。

（4）掌握即席讲话的要领和方法。

（5）学会观察与探究身边自然与人文景物，运用多样化的形式传播中华文化。

二、大单元任务流程

大单元任务流程，如图8-1所示。

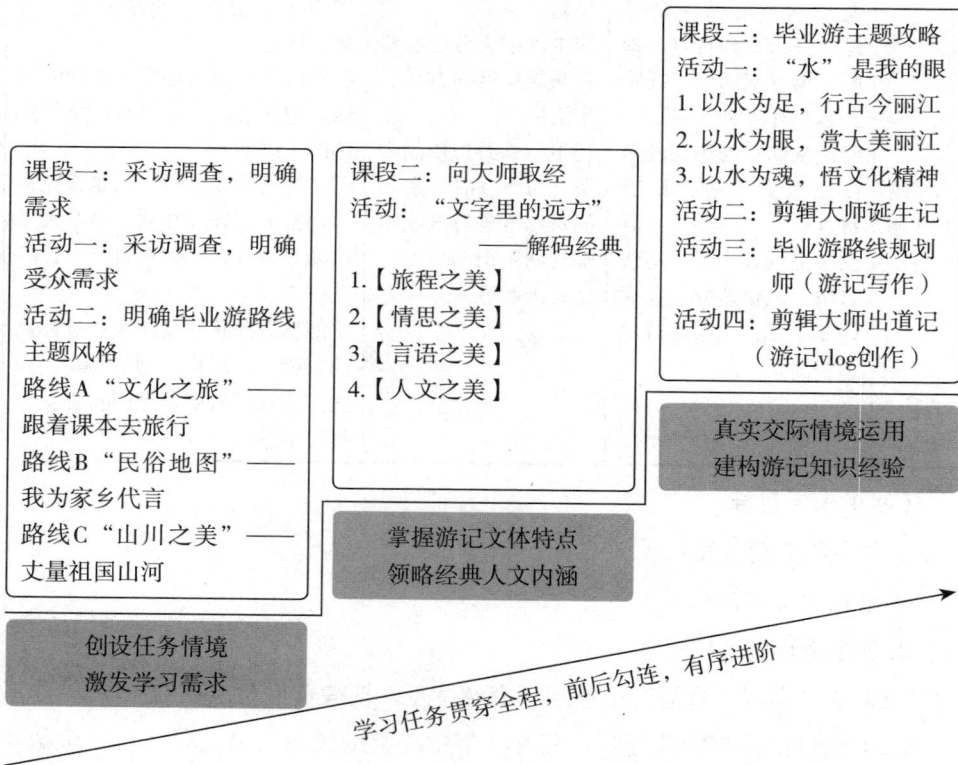

图8-1 "行万里·览山水·知人文"——八年级下册第五单元大单元教学设计台阶图

三、大单元任务设计

（一）单元核心任务

本校"旅行者"社团计划为即将毕业的学长学姐们推出"赶赴青春芳华"的毕业旅游特辑，以旅行的方式告别初中生活，用脚步丈量祖国壮丽河山！

作为社团核心成员，请你参与策划本次毕业旅游特辑的旅游攻略并进行宣传。

（二）大单元任务设计

第一课段：采访调查，明确需求

【课时安排】

2课时。

【学习资源】

1. 核心资源：课本"新闻采访"。

2. 辅助资源："讲述"、"表达得体"、采访调查方法指导视频。

【课段任务】

课段任务流程，如图8-2所示。

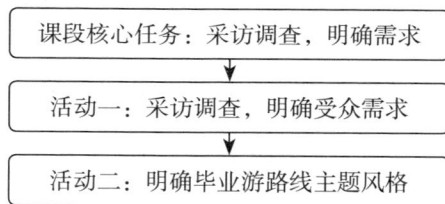

```
┌─────────────────────────────────┐
│ 课段核心任务：采访调查，明确需求 │
└─────────────────────────────────┘
                ↓
┌─────────────────────────────────┐
│ 活动一：采访调查，明确受众需求   │
└─────────────────────────────────┘
                ↓
┌─────────────────────────────────┐
│ 活动二：明确毕业游路线主题风格   │
└─────────────────────────────────┘
```

图8-2　课段任务流程

【学习过程】

活动一：采访调查，明确受众需求

根据采访目的，制定采访提纲与调查问卷，了解学长学姐们的旅行需求。

活动二：明确毕业游路线主题风格

（1）基于学长学姐们的旅行需求数据，初步明确毕业旅游路线主题风格。

主题风格：

路线A "文化之旅" ——跟着课本去旅行

路线B "民俗地图" ——我为家乡代言

路线C "山川之美" ——丈量祖国山河

（2）撰写配套旅游景点宣传词。

示例：

① 丽江——游丽江胜景，阅古城文化。

② 各拉丹冬——走进雪域高原，感受自然伟力。

【学习评价】

主题出游计划评价量表，见表8-2。

表8-2　主题出游计划评价量表

评价标准	评价等级（ABCD）	评价形式		
		自评	互评	师评
能选择符合主题的旅游景点。				
景点游览路线和顺序的规划清晰合理。				
能选择合理清晰、生动有趣的形式进行展示呈现。				
小组分工合理，配合默契。				

【作业设计】

课后作业：学习小组选择一个主题风格，共同完成一份该地的出游计划。

第二课段：向大师取经

【课时安排】

2课时。

【学习资源】

1. 核心资源：课文《壶口瀑布》《在长江源头各拉丹冬》《登勃朗峰》《一滴水经过丽江》。

2. 辅助资源：链接课内，《岳阳楼记》《小石潭记》《醉翁亭记》；拓展课外，阿来《大地的阶梯》、郁达夫《西溪的晴雨》、徐迟《黄山记》、王充闾《读三峡》、马丽华《藏北游历》、刘增山《小溪的行程》、余秋雨《五城记》、季羡林《十一国记》。

3.纪录片：《万里藏北》。

【课段任务】

课段任务流程，如图8-3所示。

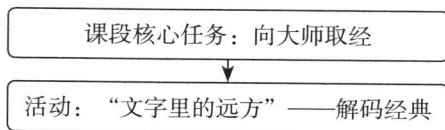

图8-3 课段任务流程

【学习过程】

驱动问题：如何才能清晰明了地介绍旅游线路，并让同学们动心呢?

活动："文字里的远方"——解码经典

1. 旅程之美

研读四篇课文，厘清文章游踪，勾画文中景物，按照视角变化，设计并绘制游踪图。推优班级展示。

根据游记三要素厘清文章游踪，勾画文中景物，见表8-3。

表8-3 不完整的文章游踪记录表

所至	所见、所联想	所感

参考答案：具体内容，见表8-4。

表8-4 完整的文章游踪记录表

所至	所见、所联想	所感
半山腰	听见涛声隐隐如雷，河谷里雾气弥漫。	可怕的警觉。
下到滩里	河就像一锅正沸着的水…… 水浸沟岸，雾罩乱石，除了扑面而来的水汽，震耳欲聋的涛声……	匆匆逃离。 心还在不住地跳。
到了岸上	回望那团白烟……	
……	……	

按照视角变化，设计并绘制游踪图，学生作品展示，如图8-4所示。

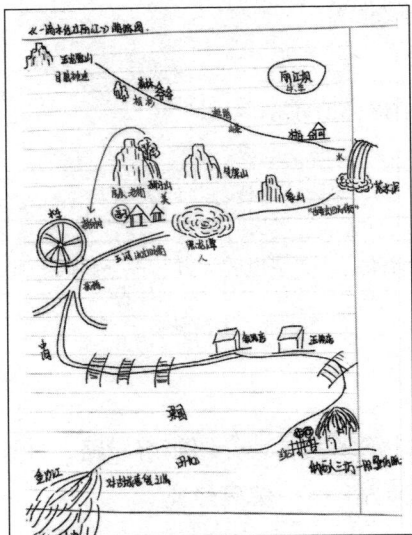

图8-4　学生作品展示

2. 情思之美

圈画作者选取的景点，批注景点与主题的关系，体会作者独特的情思。

3. 言语之美

批注四篇游记中精妙的用词、句式、修辞、表达方式等，从遣词造句角度感受情景之美。

小贴士

用词：四字词、叠词、口语化的词、生动形象的词、精准表达的词、幽默活泼的词、感情色彩浓烈的词、典雅凝练的词……

句式：对称句式，长短句结合，独词成句，独句成段，陈述句、疑问句、感叹句……

修辞：比喻、拟人、排比、夸张、反复……

表达方式：叙述、描写、抒情、议论……

其他：标点符号（如破折号、省略号、问号）的妙用，对比手法、虚实结合，引用资料和名言。

示例1：黄河博大宽厚，柔中有刚；挟而不服，压而不弯；不平则呼，遇强则抗；死地必生，勇往直前。

赏析：这一句紧扣河水的千姿百态，联想到人生的五味杂陈，赞颂黄河博大宽厚、刚柔并济、勇往直前，引申"历经磨难，方显个性"的哲理。

示例2：车还在半山腰就听见涛声隐隐如雷，河谷里雾气弥漫，我们大着胆子下到滩里，那河就像一锅正沸着的水。

赏析：本句运用比喻的修辞手法，将涛声比作雷声，将汹涌澎湃的河水比作沸水，突出壶口瀑布惊心动魄、气势磅礴的特点。

4. 人文之美

通过朗读、联想与想象，感受山水人文之美。

【学习评价】

朗诵评价量表，见表8-5。

表8-5 朗诵评价量表

时间：_____ 朗诵者：_____ 评价人：_____

评价标准	评价等级（ABCD）	评价形式		
		自评	互评	师评
能选择符合主题的诗歌并进行朗诵。				
发音准确、抑扬顿挫。				
能用一定的肢体语言，沉浸在诗歌情感之中，丰富自己的朗诵表演。				
能与听众有眼神交流、互动。				

【作业设计】

文字之美：在四篇游记中任选两处写景句段，从遣词造句角度感受情景之美。（用词、句式、修辞、表达方式等）

第三课段：毕业游主题攻略

【课时安排】

2课时。

【学习资源】

1. 核心资源：课文《一滴水经过丽江》。

2.辅助资源：丽江城市宣传片视频，纪录片《万里藏北》，短视频。

【课段任务】

课段任务流程，如图8-5所示。

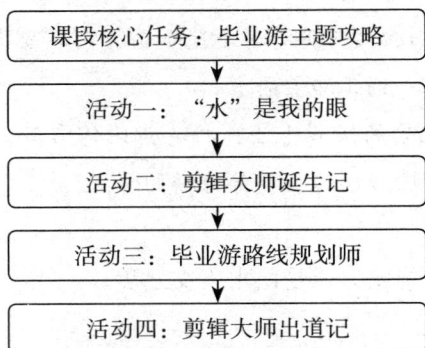

```
课段核心任务：毕业游主题攻略

活动一："水"是我的眼

活动二：剪辑大师诞生记

活动三：毕业游路线规划师

活动四：剪辑大师出道记
```

图8-5 课段任务流程

【学习过程】

激趣导入：

（1）观看课文朗读水墨动画《一滴水经过丽江》视频。

（2）作者简介：阿来，男，藏族，籍贯四川省马尔康市，当代著名作家，茅盾文学奖史上最年轻获奖者。主要作品：诗集《从梭磨河出发》，小说集《旧年的血迹》《月光下的银匠》，长篇小说《尘埃落定》《空山》，长篇地理散文《大地的阶梯》，散文集《就这样日益丰盈》。

活动一："水"是我的眼

1.以水为足，行古今丽江

（1）小组展示分享预习作业——"一滴水"的丽江游览见闻。

（2）本文的写作顺序：___C___。

    A.空间顺序   B.时间顺序   C.时空顺序

（3）根据同学们的分享，你认为作者"以水为足"写丽江，抓住水的什么特点？有何妙处？

将水拟人化的妙处1：打破时空限制，自由遍览古今丽江。

2.以水为眼，赏大美丽江

（1）小小创作家

我们将尝试拍摄一则丽江旅行vlog，请从文中描写的自然景观与人文景观中挑选一处，紧扣文中信息，思考：你将如何用不同的镜头语言展现景色，表达"水"的心情？

请仿照示例与镜头语言（PPT呈现），运用镜头语言排列景物，完成视频拍摄脚本创作。

示例1：自然景观——玉龙雪山、黑龙潭、大水车、玉河、中河、丽江坝夜景等。

我想拍摄水车之旅。我将采用全景镜头，拍摄狮子山上苍劲的老柏树，依山而起的重重房屋和顺水而去的蜿蜒老街，录制风声和水声，营造出广阔辽远的感觉，表现古建筑如何依附于自然又美丽了自然这种人与自然和谐相依的淳朴之美，表达"一滴水"对自然和丽江古建筑的喜爱之情。

示例2：人文景观：银器店、玉器店、东巴象形文字字画店、纳西族院子……

我想拍摄四方街银器店，我将采用近景镜头转特写镜头，拍摄手工艺人的手部、敲击银器的画面与银器工艺品的细节，录制叮叮当当的敲击声，表现纯手工打造银器的质朴感与历史感，呈现出手工银器的精致美丽，以叮当声衬托街道的静谧，表达"一滴水"对丽江独特工艺的喜爱。

镜头语言小贴士

① 远景：远距离，呈现广阔深远的景象，展示空间背景或环境气氛。

② 全景：表现场景的全貌与人物的全身动作，表现人、景各要素间关系。

③ 中景：摄取大部分，呈现人物表情及动作，加深画面的纵深感。

④ 近景：摄取局部，细致表现人物面部神态情绪、细微动作及景物局部状态。

⑤ 特写：摄取局部，只清晰强调表现对象。

（2）尝试拍摄脚本创作。

（3）小组讨论：作者写丽江景致，为何会选择"以水为目"，有何妙处？

助读材料：世界遗产委员会在对丽江古城的评价中指出，丽江"拥有古老的供水系统，这一系统纵横交错、精巧独特，至今仍在有效地发挥着作用"。

将水拟人化的妙处2：水与丽江共生存，成为流动镜头，全知全能展现丽江之美。

3. 以水为魂，悟文化精神

（1）创作背景：本文选自《课堂内外》2013年6月号。略有改动。作者曾经说："武威行后，又到丽江，其实都在做关于藏文化边缘区的一些相关调查。说调查也不准确，因为材料多从书面上来，但从书上搜得材料后，还要想到这些事实的曾经的发生地，感受一番。"本文是作者应当地政府之约，在洞悉云南丽江地域特色、风土人情之后，运用神奇的想象和浪漫的诗情，为中小学生写的有关丽江风光的散文。

（2）"我知道，作为一滴水，我终于以水的方式走过了丽江。"这样的结尾，体现一滴水怎样的情怀？这滴水是随波逐流还是随遇而安呢？请结合原文，说说水的形象并完成填空。

分享句式：我从（原文），发现这是_____的一滴水。

分析示例：我从"我是一片雪，轻盈地落在了玉龙雪山顶上""在许多年的沉睡里，我变成了玉龙雪山冰川的一部分""我又化成了一滴水，和瀑布里另外的水大声喧哗着扑向山下""再次醒来，时间又过去了好几百年"，发现这是生生不息、永恒流淌、滋养一方的一滴水。

（3）小组讨论：作者赋水以神，对于书写丽江有什么好处？

将水拟人化的妙处3：水的精神与气质便是丽江这座城市的精神与气质。

活动二：剪辑大师诞生记

（1）设置讨论任务——整合视频脚本。以小组为单位，将所有单镜头拍摄脚本整合为一个连贯完整的视频拍摄脚本，选取音乐和音效，并尝试根据网络资源练习视频剪辑。

（2）音乐老师讲解音乐对于表达情感的作用，并结合《一滴水经过丽江》的文本，指导学生如何根据取景需求选取适当的配乐。

（3）信息老师呈现视频剪辑工具操作方法，演示视频剪辑过程。

活动三：毕业游路线规划师

1. 学生选择旅游路线

主题旅游路线自选超市。

A. "文化之旅"——跟着课本去旅行

B. "民俗地图"——我为家乡代言

C. "山川之美"——丈量祖国山河

2. 游记写作

如果让你从以上路线三选一，你会选择将足迹、视野和思想寄托于何种事物？是化作一阵风、一朵云抑或是一只候鸟呢？请仿照阿来的《一滴水经过丽江》，发挥你的想象，完成一篇视角独特的游记，吸引游客注意吧！（不少于600字）

（1）根据写作支架填空，完成作文框架，谋篇布局，游记创意写作评价量表，见表8-6。

（2）点评片段，发现问题。

（3）例文导航，总结妙招。

（4）游记创作。

表8-6 游记创意写作评价量表

类型项目	一类文（45分）	二类文（40—44分）	三类文（35—39分）	四类文（30—34分）	自评	互评	师评
视角	视角富有创意，能够承载旅行目的地的精神内涵。	视角独特，与旅行目的地相关。	视角独特，与旅行目的地关联性不强。	未采用独特视角。			
所至	所至清晰，游踪明确，转换自然流畅，兼具自然与人文景观。	所至清晰，游踪转换自然流畅，呈现自然美或人文美的一方面。	所至清晰，游踪明确。	所至清晰。			
所见	写景手法丰富多样。	写景手法丰富多样。	写景手法较为丰富。	写景手法较为丰富。			
所感	情景交融，情感真挚，景物描写与个人经验、地方特色、民族文化、民族精神相融合，富有哲理。	情景交融，情感真挚，景物描写与个人经验、地方特色、民族文化、民族精神相融合。	情景交融，情感真挚，景物描写与个人经验、地方特色相融合。	情景交融，情感真挚。			

活动四：剪辑大师出道记

（1）小组合作，明确要求：小组合作剪辑视频，流程清晰，先选底本（评出优秀作文），再分工修改设计拍摄脚本，选取合适的配乐，保证旅游视频作品质量。

①组内互评，选出最具特色的游记文章。

②根据游记文章底本，初步修改文章内容，分工设计摄影脚本。

③完成视频剪辑，发挥小组成员在写作本领、信息处理、音乐感知方面的天赋和特长。

【学习评价】

游记vlog评价量表，见表8-7。

表8-7　游记vlog评价量表

类型 项目	优质视频 20—30分	良好视频 10—20分	普通视频 10分以下	剪辑建议 （一句话）	自评	互评	师评
视频 脚本内容	游踪清晰，景物动人，情感表达明显。	游踪清晰，景物描绘清晰。	游踪清晰。				
镜头 语言切换	运镜流畅，重点突出，细节动人。	运镜相对流畅，能够完整展示景物。	运镜混乱，景物特点不明显。				
配乐水准	音乐与情感相符合，恰当运用音效。	配乐与视频内容相关，但情感共鸣程度较小。	音乐嘈杂，与视频内容无关。				

（2）文化之旅、民俗之旅和山川之旅，都可以通过信息检索、实地采访、文献阅读，增加历史文化底蕴，挖掘文化精神，增强人文气息。

【作业设计】

小组作业：完成游记vlog视频制作。

附录：

学生成果展示如图8-6和图8-7所示。

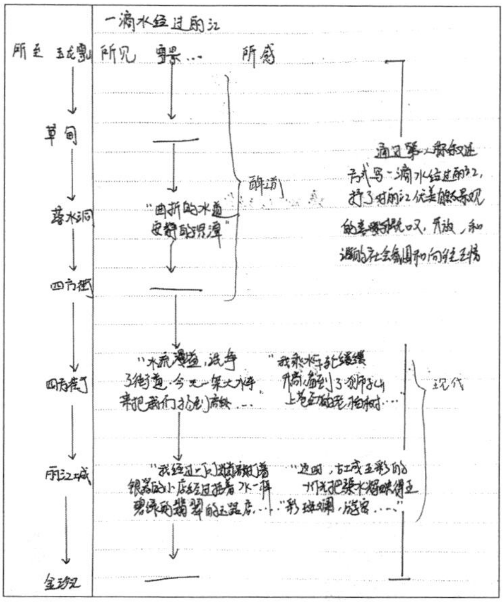

图8-6 "文字里的远方"——解码经典

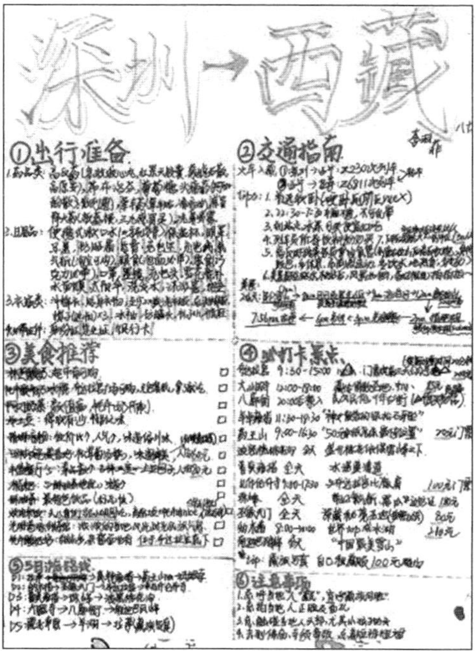

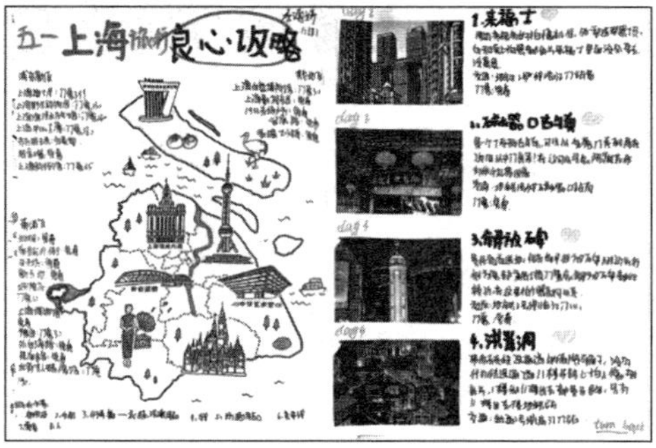

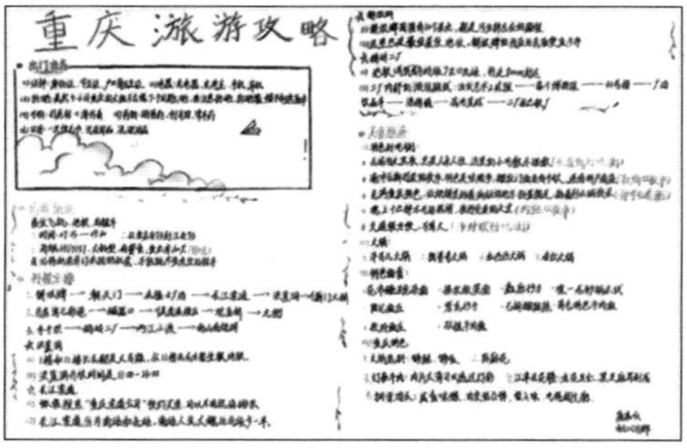

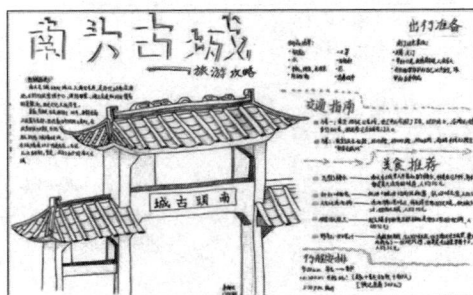

图8-7　主题线路攻略汇展

图8-8　旅游画册与vlog

第九章　深圳这么大，我们去转转

——八年级下册第五单元整体教学设计

宝安区桥头学校　杨　珊

宝安中学（集团）初中部　范国强

一、大单元教学设计

（一）课文解读

从本单元的选文来看，所选的课文都属于游记类文章，作者在记述游览所见所闻的同时，描摹山水风光，吟咏风景名胜，抒发作者独有情思。教材编者通过不同的文章多角度地展示了游记的不同特点。

游记的基本特点包括：所至、所见、所感。本单元的四篇课文不仅包含了这些元素，而且各有特色，风格鲜明，需要在教学过程中仔细体会和揣摩。

《壶口瀑布》这篇课文记录自己所见之景，同时表达自己的真切感受，梁衡将笔墨的重点放在如何展现黄河的精神品质上。通过黄河在壶口的各种形态，引申人生的各种况味，个人体验的色彩非常鲜明。

《在长江源头各拉丹冬》在字里行间表现出了作者丰富细腻的情感体验，在游览的过程中，作者对自然和人生有了进一步的思考，这种思考与游览的线路交织在一起，很值得在教学的过程中去体会。

《登勃朗峰》充分体现了马克·吐温自信幽默的文笔，文章的写景叙事极富个性，既有游记的特点，也深深地打上了作者个人风格的烙印。

《一滴水经过丽江》则以"一滴水"这样一个非常独特的视角展开，寄予了阿来对丽江的真情实感，更有深沉的赞美，独特的视角、丰富的情感共同编织了这篇独具匠心的文章。

以上篇目的写法丰富，游记的特点鲜明，为帮助学生完成核心任务做了很好的铺垫。八年级学生可以在核心任务的统摄之下完成核心知识的学习——游记写作。

（二）课程标准的要求

课程标准指出，欣赏文学作品，有自己的情感体验，初步领悟作品的内涵，从中获得对自然、社会、人生的有益启示。能对作品中感人的情境和形象说出自己的体验，品味作品中富于表现力的语言。

教材单元导语强调：学习本单元，要了解游记的特点，把握作者的游踪、写景的角度和方法，并揣摩和品味语言，欣赏、积累精彩语句。

（三）学情分析

学生在学习本单元的游记之前，对山水游记已经有了初步的认知，主要是通过文言文来了解的，如《三峡》《小石潭记》和《与朱元思书》等文章。

在之前的学习中，学生接触较多的是写景散文，容易出现将写景散文和游记混淆的情况。同时，学生对游记的了解可能比较单一，本单元收录的游记既包括当代游记，又包括外国游记作品，需要结合大情境和大任务更好地学习体会。

（四）学习目标

（1）在充分阅读原文和选文的基础上，了解文章中作者的游踪、写景的角度及方法。

（2）通过梳理所见之景，揣摩和品味文章的语言，体味作者抒发的情思。

（3）理解游记的特点，通过实地探访活动，加深对游记的认识和理解，尝试撰写游记。

二、大单元任务流程

游记类文章是游踪、景物和情感的和谐统一，如图9-1所示。

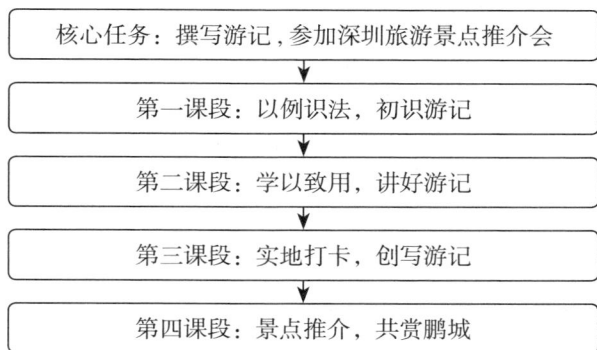

图9-1　大单元任务流程

三、大单元任务设计

（一）单元核心任务

5月夏意浅，赏景氛围浓。学校八年级拟举办一场"深圳旅游景点推介会"，请你在班级同学中寻找自己的驴友进行组队，确定你们想要推介的深圳旅游景点，周末一起打卡。其间，可以制作旅行手账，拍摄照片、小视频等，并撰写游记，参加本次"深圳这么大，我们去转转"景点推介会，选出你心中的那个最美深圳景点。

（二）单元任务设计

第一课段：以例识法，初识游记

【课时安排】

1课时。

【学习资源】

1. 核心资源：课文《壶口瀑布》《在长江源头各拉丹冬》《登勃朗峰》《一滴水经过丽江》。

2. 辅助资源：拓展文本《江南的冬景》《西溪的晴雨》。

【课段任务】

课段任务流程，如图9-2所示。

```
┌─────────────────────────────────────────┐
│    课段核心任务：以例识法，初识游记        │
└─────────────────────────────────────────┘
                    ↓
┌─────────────────────────────────────────┐
│    活动一：阅读教材课文，完成表格任务       │
└─────────────────────────────────────────┘
                    ↓
┌─────────────────────────────────────────┐
│    活动二：拓展阅读，对比文体，判断游记      │
└─────────────────────────────────────────┘
```

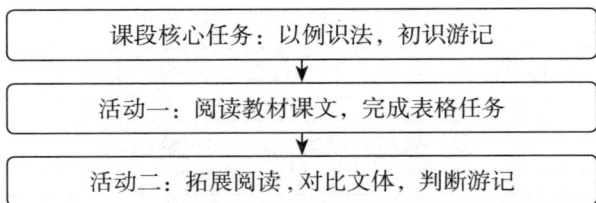

图9-2　课段任务流程

【学习过程】

活动一：阅读教材课文，完成表格任务

完成教材课文分析表，见表9-1。

游记的定义：

_____

_____。

游记的三要素：

_____

_____。

表9-1　教材课文分析表

课文	《壶口瀑布》	《在长江源头各拉丹冬》	《登勃朗峰》	《一滴水经过丽江》
游览路线				
景点及景点的特点				
作者的心情				
情思				

活动二：拓展阅读，对比文体，判断游记

在阅读拓展文本《江南的冬景》《西溪的晴雨》两文的基础上，了解游记的基本特点。所给的这两篇拓展文本，只有一篇是游记，另外一篇则是写景散文，请做出判断，并给出理由。

游记：

_____

_____。

写景散文：

_____

_____。

理由：

_____

_____。

江南的冬景

郁达夫

凡在北国过过冬天的人，总都道围炉煮茗，或吃涮羊肉，剥花生米，饮白干的滋味。而有地炉、暖炕等设备的人家，不管它门外面是雪深几尺，或风大若雷，而躲在屋里过活的两三个月的生活，却是一年之中最有劲的一段蛰居异境；老年人不必说，就是顶喜欢活动的小孩子们，总也是个个在怀恋的，因为当这中间，有的萝卜、雅儿梨等水果的闲食，还有大年夜、正月初一、元宵等热闹的节期。

但在江南，可又不同；冬至过后，大江以南的树叶，也不至于脱尽。寒风——西北风——间或吹来，至多也不过冷了一日两日。到得灰云扫尽，落叶满街，晨霜白得像黑女脸上的脂粉似的。清早，太阳一上屋檐，鸟雀便又在吱叫，泥地里便又放出水蒸气来，老翁小孩就又可以上门前的隙地里去坐着曝背谈天，营屋外的生涯了；这一种江南的冬景，岂不也可爱得很么？

我生长江南，儿时所受的江南冬日的印象，铭刻特深；虽则渐入中年，又爱上了晚秋，以为秋天正是读读书，写写字的人的最惠节季，但对于江南的冬景，总觉得是可以抵得过北方夏夜的一种特殊情调，说得摩登些，便是一种明朗的情调。

我也曾到过闽粤，在那里过冬天，和暖原极和暖，有时候到了阴历的年边，说不定还不得不拿出纱衫来着；走过野人的篱落，更还看得见许多杂七杂八的秋花！一番阵雨雷鸣过后，凉冷一点，至多也只好换上一件夹衣，在闽粤之间，皮袍棉袄是绝对用不着的；这一种极南的气候异状，并不是我所说的江南的冬景，只能叫它作南国的长春，是春或秋的延长。

江南的地质丰腴而润泽，所以含得住热气，养得住植物；因而长江一带，芦花可以到冬至而不败，红时也有时候会保持住三个月以上的生命。像钱塘江两岸的乌柏树，则红叶落后，还有雪白的柏子着在枝头，一点一丛，用照相机照将出来，可以乱梅花之真。草色顶多成了赭色，根边总带点绿意，非但野火烧不尽，就是寒风也吹不倒的。若遇到风和日暖的午后，你一个人肯上冬郊去走走，则青天碧落之下，你不但感不到岁时的肃杀，并且还可以饱觉着一种莫名其妙的含蓄在那里的生气；"若是冬天来了，春天也总马上会来"的诗人的名句，只有在江南的山野里，最容易体会得出。

……

江南河港交流，且又地滨大海，湖沼特多，故空气里时含水分；到得冬天，不时也会下着微雨，而这微雨寒村里的冬霖景象，又是一种说不出的悠闲境界。你试想想，秋收过后，河流边三五家人家会聚在一道的一个小村子里，门对长桥，窗临远阜，这中间又多是树枝槎丫的杂木树林；在这一幅冬日农村的图上，再洒上一层细得同粉也似的白雨，加上一层淡得几不成墨的背景，你说还够不够悠闲？若再要点景致进去，则门前可以泊一只乌篷小船，茅屋里可以添几个喧哗的酒客，天垂暮了，还可以加一味红黄，在茅屋窗中画上一圈暗示着灯光的月晕。人到了这一个境界，自然会得胸襟洒脱起来，终至于得失俱亡，死生不问了；我们总该还记得唐朝那位诗人做的"暮雨潇潇江上村"的一首绝句罢？诗人到此，连对绿林豪客都客气起来了，这不是江南冬景的迷人又是什么？

一提到雨，也就必然的要想到雪："晚来天欲雪，能饮一杯无？"自然是江南日暮的雪景。"寒沙梅影路，微雪酒香村"，则雪月梅的冬宵三友，会合在一道，在调戏酒姑娘了。"柴门闻犬吠，风雪夜归人"，是江南雪夜，更深人静后的景况。"前村深雪里，昨夜一枝开"又到了第二天的早晨，和狗一样喜欢弄雪的村童来报告村景了。诗人的诗句，也许不尽是在江南所写，而做这几句诗的诗人，也许不尽是江南人，但假了这几句诗来描写江南的雪景，岂不直截了当，比我这一枝愚劣的笔所写的散文更美丽得多？

有几年，在江南也许会没有雨没有雪的过一个冬，到了春间阴历的正月底或二月初再冷一冷下一点春雪的；去年（一九三四）的冬天是如此，今年的冬天恐怕也不得不然，以节气推算起来，大约太冷的日子，将在一九三六年的二月尽头，最多也总不过是七八天的样子。象这样的冬天，乡下人叫作旱冬，对于麦的收成或者好些，但是人口却要受到损伤；旱得久了，白喉、流行性感冒等疾病自然容易上身，可是想恣意享受江南的冬景的人，在这一种冬天，倒只会得到快活一点，因为晴和的日子多了，上郊外去闲步逍遥的机会自然也多；日本人叫作Hiking，德国人叫作Spaziergang狂者，所最欢迎的也就是这样的冬天。

窗外的天气晴朗得像晚秋一样；晴空的高爽，日光的洋溢，引诱得使你在房间里坐不住，空言不如实践，这一种无聊的杂文，我也不再想写下去了，还是拿起手杖，搁下纸笔，上湖上散散步罢！

西溪的晴雨

郁达夫

西北风未起，蟹也不曾肥，我原晓得芦花总还没有白，前两星期，源宁来了西湖，说他倒觉得有点失望，因为湖光山色，太整齐，太小巧，不够味儿，他开来的一张节目上，原有西溪的一项；恰巧第二天又下了微雨，秋原和我就主张微雨里下西溪，好教源宁去尝一尝这西湖近旁的野趣。

天色是阴阴漠漠的一层，湿风吹来，有点儿冷，也有点儿香，香的是野草花的气息。车过方井旁边，自然又下车来，去看了一下那座天主圣教修士们的古墓。从墓门望进去，只是黑沉沉的，冷冰冰的一个大洞，什么也看不见，鼻里却闻吸到了一种霉灰的阴气。

把鼻子掀了两掀，耸了一耸肩膀，大家都说，可惜忘记带电筒，但在下意识里，自然也有一种恐怖、不安和畏缩的心意，在那里作恶，直到了花坞的溪旁，走进窗明几净的静莲庵堂去坐下，喝了两碗清茶，这一些鬼胎方才洗涤了个空空脱脱。

游西溪，本来是以松木场下船，带了酒盒行厨，慢慢儿地向西摇去为正宗。像我们那么高坐了汽车，飞鸣而过古荡、东岳，一个钟头要走百来里路的旅客，终于是难度的俗物，但是俗物也是俗益，你若坐在汽车座里，引颈而向西向北一望，直到湖州，只见一派空明，遥盖在淡绿成阴的斜平海上；这中间不见水，不见山，当然也不见人，只是渺渺茫茫，青青绿绿，远无岸，近亦无田园村落的一个大斜坡，过泰亭山后，一直到留下为止的那一条沿山大道上的景色，好处就在这里，尤其是当微雨朦胧，江南草长的春或秋的半中间。

　　从留下下船，回环曲折，一路向西向北，只在芦花浅水里打圈圈；圆桥茅舍，桑树蓼花，是本地的风光，还不足道；最古怪的，是剩在背后的一带湖上的青山，不知不觉，忽而又会得移上你的面前来，和你点一点头，又匆匆的别了。

　　摇船的少女，也总好算是西溪一景；一个站在船尾把摇橹，一个坐在船头上使桨，身体一伸一俯，一往一来，和橹声的咿呀，水波的起落，凑合成一大又圆又曲的进行软调：游人到此，自然会想起瘦西湖边，竹西歌吹的闲情，而源宁昨天在漪园月下老人祠里求得的那枝灵签，仿佛是完全的应了，签诗的语文，是《鄘风·桑中》章末后的三句，叫作"期我乎桑中，要我乎上宫，关我乎淇之上矣"。

　　此后便到了交芦庵，上了弹指楼，因为是在雨里，带水拖泥，终于也感不到什么的大趣，但这一天向晚回来，在湖滨酒楼上放谈之下，源宁却一本正经地说："今天的西溪，却比昨日的西湖，要好三倍。"

　　前天星期假日，日暖风和，并且在报上也曾看到了芦花怒放的消息；午后日斜，老龙夫妇，又来约去西溪，去的时候，太晚了一点，所以只在秋雪庵的弹指楼上，消磨了半日之半。一片斜阳，反照在芦花浅渚的高头，花也并未怒放，树叶也不曾凋落，原不见秋，更不见雪，只是一味的浩荡，飘飘然，浑浑然，洞贯了我的肠腑。老僧无相，烧了面，泡了茶，更送来了酒，末后还拿出了纸和墨，我们看看日影下的北高峰，看看庵旁边的芦花荡，就问无相，花要几时才能全白？老僧操着缓慢的楚国口音，微笑着说："总要以阴历十月的中间；若有月亮，更为出色。"说后，还提出了一个交换的条件，要我们到那时候，再去一玩，他当预备些精馔相待，聊当作润笔，可是今天的字，却非写不可，老龙写了"一剑横飞破六合，万家憔悴哭三吴"的十四个字，我也附和着抄了一副不知在那里见过的联语："春梦有时来枕畔，夕阳依旧上帘钩。"

　　喝得酒醉醺醺，走下楼来，小河里起了晚烟，船中间满载了黑暗，龙妇又逸兴遄飞，不知上那里去摸出一枝洞箫来吹着。"其声呜呜然，如怨如慕，如泣如诉，余间袅袅，不绝如缕"，倒真有点像是七月既望，和东坡在赤壁的夜游。

【学习评价】

学习评价表，见表9-2。

表9-2　学习评价表

评价维度	☆☆☆☆☆	☆☆☆	☆☆
总结与概括能力	在4分钟内完成课文默读，并快速找出关键信息，完成教材内容分析表，且正确率高，概括全面。	在5分钟左右完成课文默读，能找出关键信息，完成教材内容分析表，正确率相对高，概括相对全面。	在5分钟左右完成课文默读，依据课文内容把教材内容分析表填写完。
分析与表达能力	能在课堂展示环节或小组讨论时积极参与发言，思路清晰，勇于表达，有思考、有见解。	能在课堂展示环节或小组讨论时发表自己的看法、见解。	不太参与课堂展示或小组讨论。
思考与探究能力	从课内文本中理解游记的文体特征，并进行总结，且学以致用，迅速判断出课外文本的文体，理由明确。	从课内文本中理解游记的文体特征，学以致用，判断出课外文本的文体，有理由。	从课内文本中大概理解游记的文体特征，判断出课外文本的文体，但抓不住重点。
自我评价			
小组评价			

【作业设计】

读这四篇课文，圈画出涉及时间、地点转换和视角变化的关键词句，用思维导图或结构图等方式制作教材这四篇课文的游踪线路图，见表9-3。

表9-3　游踪线路图记录表

《壶口瀑布》
《在长江源头各拉丹冬》
《登勃朗峰》
《一滴水经过丽江》

第二课段：学以致用，讲好游记

【课时安排】

1课时。

【学习资源】

核心资源：《壶口瀑布》《在长江源头各拉丹冬》《登勃朗峰》《一滴水经过丽江》。

【课段任务】

课段任务流程，如图9-3所示。

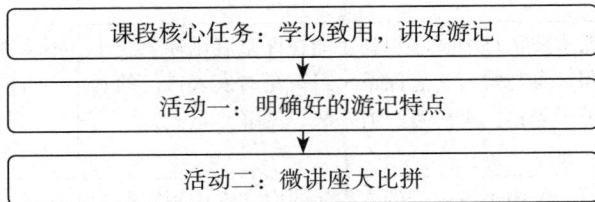

```
┌─────────────────────────────────────┐
│   课段核心任务：学以致用，讲好游记      │
└─────────────────────────────────────┘
                  ↓
┌─────────────────────────────────────┐
│     活动一：明确好的游记特点           │
└─────────────────────────────────────┘
                  ↓
┌─────────────────────────────────────┐
│     活动二：微讲座大比拼               │
└─────────────────────────────────────┘
```

图9-3　课段任务流程

【学习过程】

活动一：明确好的游记特点

桥头学校文学社拟举办"如何写好游记"微讲座，旨在帮助大家更好地掌握游记的写法。如果你是学校文学社的一员，请根据所学的这四篇课文，从不同的角度切入，思考一篇好的游记有哪些具体特点，并以微讲座的方式展开本次活动。

角度1：所至（游览踪迹）

游览路线分析表，见表9-4。

表9-4　游览路线分析表

课文	游览路线	游览路线的作用
《壶口瀑布》		
《在长江源头各拉丹冬》		
《登勃朗峰》		
《一滴水经过丽江》		

启示1：_____

_____ 。

角度2：所见（游览景物及特点）

景物及其特点分析表，见表9–5。

表9–5 景物及其特点分析表

课文	景物及其特点	这些景物有何特别之处
《壶口瀑布》		
《在长江源头各拉丹冬》		
《登勃朗峰》		
《一滴水经过丽江》		

启示2： _____

_____。

角度3：所感（作者情思）

作者感情与感受分析表，见表9–6。

表9–6 作者感情与感受分析表

课文	作者有怎样的感情	作者的所至、所见和所感的关系
《壶口瀑布》		
《在长江源头各拉丹冬》		
《登勃朗峰》		
《一滴水经过丽江》		

启示3： _____

_____。

角度4：游记写法和技巧

写法与技巧分析表，见表9–7。

表9–7 写法与技巧分析表

课文	写法、技巧	在文中的具体表现
《壶口瀑布》		
《在长江源头各拉丹冬》		
《登勃朗峰》		
《一滴水经过丽江》		

启示4：_____

_____。

除上述四点启示外，你认为好的游记还应当具备什么样的特点？

_____

_____。

活动二：微讲座大比拼

请同学们结合上述内容的分析以及自己的所思所想，组织自己的语言，代表桥头学校文学社进行你的微讲座展示。

【学习评价】

微讲座评价量表，见表9-8。

表9-8　微讲座评价量表

评价维度	☆☆☆☆☆	☆☆☆☆	☆☆☆
游记特点	游记文体意识清晰，能精准概括游记的特点，各个特点不存在交叉，特点鲜明。	游记文体意识较为清晰，能比较准确地概括游记的特点。	容易将游记与写景散文混淆，梳理出来的游记特点比较混乱。
逻辑思路	能清晰地概括游记的特点，并且能有更有据的论证，能结合文本例证，逻辑思路清晰。	能比较清晰地概括游记的特点，有一定的根据，逻辑思路比较清晰。	游记的特点很少结合文本，大都是自己的主观感觉，逻辑混乱。
语言表达	可以脱稿进行展示，有良好的互动，表达十分清楚、连贯。	能基本脱稿展示，有一定的互动，表达比较清楚、连贯。	不能脱稿展示，讲座过程中没有互动，表达不清楚、不连贯。
自我评价			
小组评价			

【作业设计】

凤凰山森林公园位于深圳市宝安区福永街道，景区占地面积约29.7平方千米，是深圳市规划重点建设的八大森林公园之一。凤凰山分为三个景区：宝塔景区、古庙景区、晚霞景区。景点有凤岩古庙、凤凰仙洞、龙王古庙、望山瀑布、许愿廊、凤凰书院等，是备受深圳人喜爱的景点之一。

凤凰山距离学校只有5千米。正值五一假期，妈妈带着小明一起去凤凰山景区游览。小明参观完以后深有感触，写下了一篇游记，名为《美丽的凤凰山》，请大家学以致用，帮忙对小明的游记提出修改意见，并说明理由。

美丽的凤凰山

早在清朝，凤凰山就被评为新安八景之一。清康熙年间《新安县志》记载："凤凰岩，在茅山之北，巨石嵯峨；广数丈，洞澈若堂室，相传有凤凰栖于内，故得名。"

上午10点半我和妈妈来到凤凰山森林公园，沿着凤凰广场一直往前走。刚进去，我就感受到了浓厚的人文气息。

凤凰广场旁边是莲花池，去古庙的小道上人比较多，我们就走了盘山公路。沿着公路，上下山的人也络绎不绝。很快我们就抵达了山顶，看到了凤岩古庙、凤凰书院，并且能够俯瞰福永街道的全貌。

凤岩古庙的建筑很多，有放生池、观音菩萨庙、财神殿等，还有新建的大楼和望海楼。听山上的人们说，凤岩古庙很有历史渊源。文天祥的侄孙文应麟曾经为了躲避元军来到了这里，望着伶仃洋内心悲愤不已，为此专门建立了凤岩古庙来纪念自己的伯祖父文天祥，后来这里成了文天祥的祭祀之地。

凤凰山风景游览区的主体部分由"净瓶露""莺石点头""凤凰仙洞""长寿仙井""合掌枕流"等构成，峭壁上留下了历代文人墨客的题咏。后面还有一个许愿长廊，密密麻麻地挂满了好多红色的许愿牌，很多游客在此许愿还愿，这也算是一道风景吧。

之后，我和妈妈又沿着盘山公路走，结果没有想到直接到了大门入口，于是又返回凤凰山素食馆，在这里点了一份套餐，算是在凤凰山吃斋吧。吃完斋以后，我就和妈妈一起下了山。

修改建议： _____

_____。

修改理由： _____

_____。

第三课段：实地打卡，创写游记

【课时安排】

1课时。

【学习资源】

1. 核心资源：课文《壶口瀑布》《在长江源头各拉丹冬》《登勃朗峰》《一滴水经过丽江》。

2. 实践资源：深圳景点。

【课段任务】

课段任务流程，如图9-4所示。

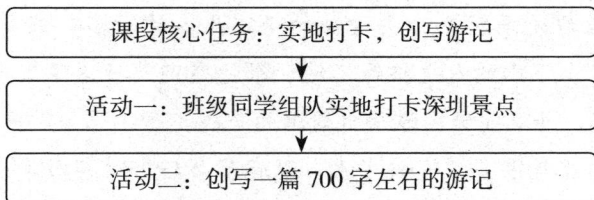

```
┌─────────────────────────────────────────┐
│  课段核心任务：实地打卡，创写游记           │
└─────────────────────────────────────────┘
                    ↓
┌─────────────────────────────────────────┐
│  活动一：班级同学组队实地打卡深圳景点        │
└─────────────────────────────────────────┘
                    ↓
┌─────────────────────────────────────────┐
│  活动二：创写一篇700字左右的游记            │
└─────────────────────────────────────────┘
```

图9-4 课段任务流程

【学习过程】

一次美好的游记是"用脚走路，用心记录"，不仅是拍照记录沿途的风景，更是看到别人看不到的风景，是让"体验过的事"和"即将体验的事"变成一生的礼物。为了给大家带来一次深刻的学习体验，我们拟开展一次"深圳景点推介会"活动，在班级同学中寻找自己的驴友进行组队，确定你们想要推介的深圳旅游景点，一起实地打卡。

活动一：班级同学组队实地打卡深圳景点

在班级同学中寻找自己的驴友，确定想要推介的深圳旅游景点，组织研学活动，发掘具有深圳特色的自然风光、名胜古迹，周末一起实地打卡。其间，可以制作旅行手账，拍摄视频进行记录。

活动二：创写一篇700字左右的游记

做班级杂志投稿人，每位同学根据自身的旅行体验，结合前期从课文中所汲取到的如何撰写游记的相关知识点，完成一篇700字左右的游记（题目自拟），限时训练，给班级杂志投稿。

【学习评价】

具体评价量表，见表9-9、表9-10、表9-11。

表9-9　创写游记评价量表

评价维度	评价内容	等级 ☆☆☆☆☆	等级 ☆☆☆☆	等级 ☆☆
所至	景点游览踪迹。	景点游踪十分明确、清楚。	景点游踪相对清楚。	景点游踪不够清楚。
所见	游记写法（定点观察、移步换景等）。	游记写法运用到位，能运用两种及以上。	游记写法运用相对到位，且能运用1—2种。	游记写法不够明确。
	景物特点。	景物特点鲜明，让人印象深刻。	景物特点相对鲜明。	景物特点不够鲜明。
	语言表达。	语言优美，遣词造句精准凝练。	语言相对优美，遣词造句相对精准凝练。	语言基本流畅，句子通顺。
	写作手法（表达方式、修辞手法等）。	用多种手法，表现力强。	使用2—3种写作手法，生动形象。	使用1—2种写作手法，表现力不足。
所感	表达情感。	用多种形式表达情感，抒发独特情思。	能借景抒情或直接抒情。	单纯写景，情感不足。
	引发联想（联想其他景点、民俗、历史、传说等）。	有浓厚的人文气息，联想深入，内涵丰富。	有一定的联想和补充。	没有或很少有联想和补充。
	引入思考。	在游览中受启发，进行议论，引人深思。	有一定的思考和议论。	没有或很少有思考和议论。
自我评价				
小组评价				

表9-10 制作旅行手账评价量表

评价维度	等级☆☆☆☆☆	等级☆☆☆☆	等级☆☆☆
画面	游览场景丰富,手账整体美观。	有多个游览场景,整体和谐。	场景较为单一,手账看起来不美观。
构思	构思精巧,设计精美。	构思相对精巧,有布局。	没有明显的构思,手账内容比较杂乱。
书写	书写工整,认真仔细。	书写相对工整,不潦草。	书写比较随意、潦草。
绘图	图文并茂,清晰明了。	手账上有绘制简笔画或粘贴一些图片。	没有搭配图片或简笔画。
游踪	记录的游览踪迹明确。	有记录本次游览的踪迹。	游览踪迹记录不清楚。
自我评价			
小组评价			

表9-11 制作宣传视频评价量表

维度	评价内容	等级☆☆☆☆☆	等级☆☆☆☆	等级☆☆☆
摄影	主题	拍摄的内容能突出主题,展现景点特色。	拍摄的内容和主题相关,大致展现景点特色。	随走随拍,拍摄的内容很多和主题不相关。
	技术	拍摄水平高,摄影技术娴熟。	拍摄水平一般,能基本使用设备。	拍摄水平不到位,失误比较多。
	美感	拍摄的场景很唯美,具有欣赏性。	拍摄的场景比较唯美,部分场景缺乏欣赏性。	拍摄的场景平平无奇,缺乏欣赏性。
脚本	文案	视频所配文案设计新颖且富有创意。	视频所配文案设计比较新颖。	视频所配文案设计一般,写文案的水平低。
	情思	情景交融,对景物有自己独到的理解。	景情能相契合,对景物有自己的思考。	景情没有完全相契合。
视频制作	配乐	有悦耳动听的配音,且能和视频场景相呼应。	有配乐。	没有配乐。
	画质	高清画质,视频流畅有质感。	画质一般,视频相对流畅,质感一般。	画质较差,视频有卡顿,质感较差。
自我评价				
小组评价				

【作业设计】

小组合作，为本组推荐的深圳旅游景点设计电视广告脚本。组员把在打卡期间拍摄的图片、视频辅以文案，进行构思和剪辑，形成本组的"深圳景点推介会"宣传视频。

第四课段：景点推介，共赏鹏城

【课时安排】

2课时。

【学习资源】

1. 上一课段已经完成的游记撰写。

2. 学生在景点打卡期间制作的手账，拍摄的图片、视频等，以及前后期查找的该景点资料。

【课段任务】

课段任务流程，如图9-5所示。

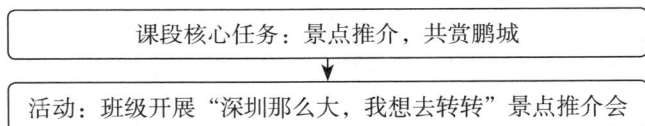

```
┌─────────────────────────────────────────────┐
│   课段核心任务：景点推介，共赏鹏城              │
└─────────────────────────────────────────────┘
                    ↓
┌─────────────────────────────────────────────┐
│ 活动：班级开展"深圳那么大，我想去转转"景点推介会 │
└─────────────────────────────────────────────┘
```

图9-5　课段任务流程

【学习过程】

活动：班级开展"深圳那么大，我想去转转"景点推介会

学生主持人介绍本次推介的形式、规则、流程、要求等相关内容。

同学们按照小组形式分别进行本组的游记展示、景点推介等活动。（如果有手账、视频等进行播放，丰富呈现形式）

教师和学生可以互评，并给出相应的修改意见。

课后：根据评分和意见修改自己的游记；生成电子版文档，向班级杂志投稿。

【学习评价】

学习评价量表，见表9-12。

表9–12　学习评价量表

维度	等级 ☆☆☆☆	等级 ☆☆☆☆	等级 ☆☆☆
汇报内容	内容完整、全面，能对景点进行详细的介绍，能充分展现景点特色，有深刻、独特的参观感受。	内容较为完整、全面，能对景点进行介绍，展现景点特色，有参观感受。	内容不够完整、全面，对景点只有最基本的介绍，展现不出景点的独特性，参观感受较为浅薄。
	PPT制作精美，文案富有特色，图文并茂，吸引眼球。	PPT制作较为精美，有文案，有配图，较为吸引人。	PPT制作较为混乱，文案不够精准且冗杂，缺少部分配图，不够吸引人。
汇报表现	汇报人准备充分，自信大方，声音洪亮，条理清晰，表现突出。	汇报人准备较为充分，声音较为洪亮，条理较为清晰，表现比较突出。	汇报人准备得不够充分，声音比较小，有点紧张或者怯场，表现一般。
汇报形式	能恰当使用多媒体元素，有图片、音频、视频等形式多样化，具有一定的创造性、新颖性。	汇报形式不局限于一种，有两到三种形式，有一点创新性、新颖性。	汇报形式单一，缺乏创造性、新颖性。
	小组通力合作，全员参与，配合度高。	小组成员有配合，绝大多数人员都能参与。	小组成员配合不够好，只有少数人员参与。
听众反应	班级同学都能被汇报人吸引，沉浸于汇报人所描述的景色中，很想去实地游览。	班级同学绝大多数能被汇报人吸引，有去实地游览、参观的想法。	班级同学只有一部分能被汇报人吸引，去实地游览、参观的想法不是很强烈。

【作业设计】

评选出班级最佳投稿人和深圳景点推介达人，将修改后的作品辑录成册，作为班级文化建设的内容。

第十章 定游踪精选材巧定点融情感，让旅行游记活起来

——八年级下册第五单元整体教学设计

深圳市宝安区文汇学校　邱伊彤

一、大单元教学设计

（一）课文解读

　　本单元为自然单元，依托八年级下册第五单元的游记单元，前承演讲单元，后启论事说理的古文单元，在整个初中语文单元中也是唯一的游记单元。在初中语文教材中安排游记单元，是一个颇具新意的设计。本单元安排了四篇风格、写法各异的游记，有助于学生通过集中学习，了解游记这一文体。这一安排贯彻了从八年级上册开始的"文体学习"主线。这几篇游记都是比较新的课文，为教学创新和内容重构提供了比较广阔的空间。

　　《壶口瀑布》视角独特，表现黄河壶口瀑布的奇景，既有整体观照，也有细节刻画，描写景物，表达情感，写法典型。《在长江源头各拉丹冬》写作者"游览"冰塔林的经历，生动地表现出作者置身这些难得一见的景物之中的身体感觉和心理感受，语言并不华丽，却很能打动读者。《登勃朗峰》先以散文笔法写登山过程中所见的勃朗峰景色，后以小说笔法写匪夷所思的"登山"过程，相辅相成，独具异趣。《一滴水经过丽江》可以算是游记中的"异类"，不写人的"游览"而写水的"经历"，用一滴水从融化成形到汇入大江的过

程，串起了丽江的景物与建筑、人文与地理、历史与现实，感情饱满而含蓄，颇耐咀嚼。将这样几篇游记组合在一起，有助于展示游记自由多样的特点，打破语文教学中对游记的某些刻板印象。

统编版教材八年级下册第五单元的人文主题是"了解游记，亲近自然"。其人文价值侧重于让学生通过阅读游记，认识自然，认识世界。

本单元的语文要素之一是"了解游记的特点，把握作者的游踪、写景的角度和方法"。四篇课文从细节着手，引导学生寻找观察的视角，理解游记的写法。《壶口瀑布》课后第一题引导学生发现游踪的变化；第二题引导学生发现观察的角度。《在长江源头各拉丹冬》课后第一题，引导学生通过摄制组的位置变化，体会游踪变化；第二题引导学生思考写景的角度和方法。《登勃朗峰》《一滴水经过丽江》在"阅读提示"中引导学生发现游踪，注意观察角度。习作指导教会学生"学写游记"，让学生学会交代游踪，描写景物，抒发感情。

本单元的语文要素之二是"揣摩和品味语言，欣赏、积累精彩句子"。《壶口瀑布》《在长江源头各拉丹冬》课后第三、四题引导学生品味语言，表达感受。《登勃朗峰》《一滴水经过丽江》在"阅读提示"中，引导学生品味情感。口语交际的主题是"即席讲话"。引导学生根据背景场合决定说话内容，取得理想效果。

基于以上分析，结合本单元写作任务"学写游记"，笔者把单元教学大概念确定为"定游踪精选材巧定点融情感，让旅行游记活起来"，主问题是"如何安排写作顺序、精心选材、详略得当、文情并茂，写好游记"，核心任务是"最美旅行地"征集令。

围绕学习安排写作顺序、精心选材、详略得当、文情并茂，写好游记，本单元教学共设计三个课段：第一课段是"明游踪，识文章"；第二课段是"赏语言，巧定格"；第三课段是"明结构，汇成文"。

（二）课程标准的要求

《义务教育语文课程标准（2022年版）》立足学生核心素养发展，强调以生活为基础，以语文实践活动为主线，以学习主题为引领，以学习任务为载体，整合学习内容、情境、方法和资源等要素，设计语文学习任务群，突破传统的单篇教学模式，鼓励实施大单元教学。其中，新课标将"文学阅读与创意表达"学习任务群的要求表述为："引导学生在语文实践活动中，通过整体感知、联想想象，感受文学语言和形象的独特魅力，获得个性化的审美体验；了解文学作品的基本特点，欣赏和评价语言文字作品，提高审美品位；观察、感受自然与社会，表达自己独特的体验与思考，尝试创作文学作品。"另外，新课标强调从学生的语文生活实际出发，创设多样化的学习情境，注重学生语文学习的情境性和实践性，在评价方式上也提出了新的要求，更注重语文课程评价的过程性、整体性和综合性，对语文教学提出了新的要求。

新课标对阅读教学有如下指引："在阅读中了解叙述、描写、说明、议论、抒情等表达方式。能区分写实作品与虚构作品，了解诗歌、散文、小说、戏剧等文学样式。"

总体而言，根据新课标的要求，本单元设计理念确定为以下几点：

（1）紧扣语言运用，在语言实践中培养学生的文体意识，通过学习风格、写法各异的多篇游记，了解游记这一文体。学会细读课文，抓住理解课文的关键句和重点句，细致分析作者的情感体验与景物特点之间的关系，增进语文素养。

（2）注重审美创造，涵养高雅情趣，培养学生细心观察生活、记录美好的情趣与品位，帮助学生建立人与自然的审美关系。

（3）锻炼思维能力，锻炼学生在多篇对比阅读中联想想象、分析比较、归纳整合能力和创造思维，根据游踪合理安排所见所闻的逻辑思维。

（4）培养学生民族文化自信，挖掘游记背后深厚的文化内涵，打通与哲学、历史、道德、科学、民俗、社会生活等领域的联系，通过跨学科教学培养学生对中华民族文化的热爱。

（三）学情分析

学生在八年级下册第三单元学习过的《小石潭记》属于"山水游记"作品。其中有把握作者游踪、写景的角度和方法，也有在游赏的过程中感悟人生体验的相应要求。我们可以通过检测反馈明确学生在这两个方面的掌握情况。但在本单元的课文中，有些游记的具体游踪并不明显，空间变动并不大，比如《壶口瀑布》一文。还有些作品不仅仅描写景物，还用大量篇幅叙事，如《登勃朗峰》。在新的课文学习中，要重点关注不同文章写景的角度和方法的不同。

掌握不同作家作品的语言风格是本单元的难点。可以结合具体的语言情境，依托用词、修辞、句式、表达方式、情绪情感等要素，对比分析，归纳总结。这些语文学科的重要概念，成为本单元大概念形成的核心要素。

（四）学习目标

1. 学生将知道（K）

游记相关文体知识。

2. 学生将理解（U）

（1）通过学习，理解游记三要素对游记写作的重要性。

（2）通过比读，感受游记的纪实性和文学性。

3. 学生将能做（D）

（1）绘制路线图，梳理课文游踪。

（2）在四篇课文中各选择镜头定点拍摄，帮助学生赏析四篇游记各具特色的语言。

（3）填写表格，把握每篇游记在选材、构思、景物描写、作者情志方面的个性特点。

（4）学写游记，记录一次自己的游览经历和感受，感受祖国大好河山，提升人生境界。

二、大单元任务流程

大单元任务流程，见表10-1。

表10-1 大单元任务流程

课段	内容	任务	具体展开
第一课段（3课时）	掌握游记三要素，明游踪，识文章。	第一课时：把握游记的三要素；批注赏析课文，初步感知课文独特的情感抒发。	1. 课前通读《壶口瀑布》《在长江源头各拉丹冬》《登勃朗峰》《一滴水经过丽江》，明确游记三要素。 2. 分享课前批注，鉴赏四篇文章情景交融的语句或段落，初步感受作者的情感抒发。
		第二课时：设计并绘制游踪图（鼓励多种形式）。	1. 圈画文中时间、地点和视角转换的关键词句，厘清作者的游踪。 2. 设计并绘制四篇课文的游踪图，小组研讨完善最佳绘图，修改出一幅小组游踪图，在全班展示。小组交流分享：四篇课文中你最想去的目的地是哪？

续 表

课段	内容	任务	具体展开
第一课段 （3课时）		第三课时：填写表格，整合归纳四篇游记在选材构思、景物描写、作者情志方面的个性特点。	1. 明确文章的观景视角。 2. 圈画文中富有表现力的词句进行批注，概括景物特点。 3. 从中提炼作者情志及其变化。
第二课段 （1课时）	"最美中国"纪录片拍摄配文：赏语言，巧定格。	拍摄"最美中国"纪录片。	1. 在四篇课文中各自选择一个镜头拍摄"最美中国"纪录片，自选画面和角度。 2. 课堂分享。 3. 请你从记忆深海择取最美旅行经历，为你的旅行地写一段不少于200字的推荐词。
第三课段 （2课时）	"最美旅行地"征集令：明结构，汇成文。	第一课时：用群文阅读的方式进行游记指导。	1. 课前认真阅读旅行游记作文专题资料的四篇文章，批注圈画，梳理文章思路，完成归纳表格。 2. 观看《大美中国》视频。 3. 课堂分享旅行照片、纪念品和所见所闻。 4. 小组分享交流，展示"课前预读——归纳表格"。 5. 制作一份旅行推介表。
		第二课时：游记写作。	自拟标题，完成游记作文。

三、大单元任务设计

（一）单元核心任务

毕淑敏说："我们天生是需要去旅行的，感受过全世界的大美，才会珍惜当下。"旅行是我们感知世界的方式。为此，文汇学校举办"远行，与最美的世界相遇——旅行推介会"，请你积极参与，记录自己的旅行记忆，下笔成文，用文字向大家推介你心目中的最美旅行地吧！要求：700字以上，题目自拟。

（二）单元任务设计

第一课段：明游踪，识文章

【课时安排】

3课时。

【学习资源】

核心资源：课本八年级下册第五单元。

【课段任务】

课段任务流程，如图10-1所示。

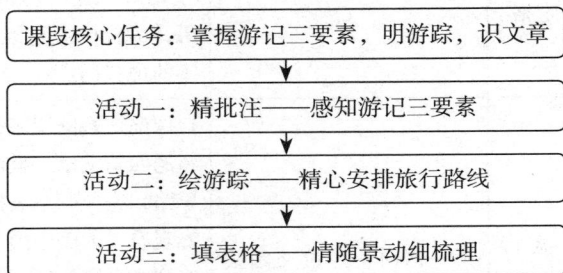

课段核心任务：掌握游记三要素，明游踪，识文章

活动一：精批注——感知游记三要素

活动二：绘游踪——精心安排旅行路线

活动三：填表格——情随景动细梳理

图10-1　课段任务流程

【学习过程】

"善于发现美"的法国雕塑家罗丹说过，"美丽的风景之所以使人感动，不是由于它给人或多或少舒适的感觉，而是由于它引起人们的思想"。通读《壶口瀑布》《在长江源头各拉丹冬》《登勃朗峰》《一滴水经过丽江》四篇课文，完成以下任务。

活动一：精批注——感知游记三要素

（1）通读《壶口瀑布》《在长江源头各拉丹冬》《登勃朗峰》《一滴水经过丽江》四篇课文，批注并找出游记文体的共同点："一双足一对眸——作者的所至所见；一颗心万千情——作者的所感所悟。"

（2）明确游记三要素：所至（游踪、线索），游踪不一定要有明显的"移步换景"，在一个立足点上，变换视角也是一种方式——定点换景；所见（风貌、主体），人、事、景、物；所感（感想、灵魂），自然抒发、独特体验和感悟。

（3）定义：游记是描写游览中所见、所闻（经历），并表达自己的思想感情（感受）的文章。

（4）课前布置任务：美景重现——批注思情韵。研读四篇课文，勾画文章中情景交融的语句或段落，初步感受作者的情感抒发。

（5）小组交流，内部分享。

（6）课堂分享，初步感知课文情感。

① 以《壶口瀑布》为例，可以找到相应段落："黄河博大宽厚，柔中有刚；挟而不服，压而不弯；不平则呼，遇强则抗；死地必生，勇往直前。正像一个人，经了许多磨难便有了自己的个性；黄河被两岸的山、地下的石逼得忽上忽下、忽左忽右时，也就铸成了自己伟大的性格。"

批注：这里由叙述、描写转入议论，既写黄河，又写人生：铺陈展示黄河勇往直前的姿态，引出对于人生磨难与个性的思考，顺理成章地写出黄河"伟大的性格"。

② 再以《在长江源头各拉丹冬》为例，找到相应段落："置身于冰窟，远比想象的要温暖，穿着件腈纶棉衣，外罩一件皮夹克，居然感觉不到冷。"

批注：当时作者的身体状况已经相当糟糕，在冰原上感觉"要死了"。而冰窟跟寒风呼啸的冰原相比，要显得温暖一些。另外，作者在冰窟看到的景象就像"琼瑶仙境"，置身其中让她惊叹大自然的神力。也正是在这样的情况下，她更加深入地了解了各拉丹冬。

活动二：绘游踪——精心安排旅行路线

（1）圈画《壶口瀑布》《在长江源头各拉丹冬》《登勃朗峰》《一滴水经过丽江》四篇课文中时间、地点和视角转换的关键词句，厘清作者的游踪。

（2）以游踪作为全文的线索，遵循时间的先后顺序，按照立足点和视角的变化，或移步换景，或定点换景，设计并绘制游踪图。（鼓励多种形式）

（3）小组活动：研讨完善最佳绘图，修改出一幅小组游踪图，在全班展示。

（4）读完本单元的四篇课文后，你最想去的目的地是哪？（云南丽江、各拉丹冬、壶口瀑布、勃朗峰）说出你的选择理由，小组交流，和同学分享。

活动三：填表格——情随景动细梳理

填写表格，整合归纳四篇游记在选材构思、景物描写、作者情志方面的个性特点，具体见表10-2。

表10-2　四篇游记分析表

篇目	时间	地点	景物特点（圈画文中富有表现力的词句进行批注，概括特点）	作者情志
《壶口瀑布》				
《在长江源头各拉丹冬》				
《登勃朗峰》				
《一滴水经过丽江》				

【学习评价】

相关评价量表，见表10-3、表10-4、表10-5。

表10-3　"阅读批注"评价量表

评价项目	5	4	3	2	1
书写工整、美观，格式规范。					
批注内容具体，有取舍，体现对语言的赏析，对作品的理解。					
批注精练，表述生动，逻辑清晰，要点分明。					
有自己的阅读体验、感想、评价。					
其他建议：					

表10-4　"旅行路线图"评价量表

项目	具体标准说明	评分方法	得分
内容（50%）	1. 正确性：正确表达有关主题的多个概念及其关系，无明显的知识性错误。 2. 完整性：尽可能全面反映主题的有关内容。	打分时各项先按100分计，乘以各项权重后为该项得分；计算出总分后定出等第级别，如下图： 优　┬100 　　┤90 良　┤80 中　┤70 及　┤60 格　┤ 差　┴0分	
制作效果（30%）	1. 简洁性：提炼关键词，准确精练。 2. 结构性：结构清晰明了，中心主题下的各级副主题数量合理、讲究层次的布局。 3. 合理运用符号、图示。		
过程态度（15%）	1. 制作过程是否认真、积极投入。 2. 能否共享资源，团结协作。 3. 选择的材质是否规范。		
特色创新（5%）	1. 有无原创的文字内容，自绘的图片、图表。 2. 有无专题地图，体现学科特色。 3. 是否有跨学科的知识链接。 4. 其他特色。		
总分			
备注			

表10-5　"情随景动"表格梳理评价量表

评价标准	分值（分）	自评	互评	师评
能准确圈画作者游览地点、时间或角度转换的词语。	5			
景物特点表述清晰，对表述的内容有独到的见解。	5			
能理解作者的情感体验，能恰当、准确、精练地概括。	5			

【作业设计】

1. 初识美景：看拼音写汉字。（课前）

2. 研读四篇课文，勾画文章中情景交融的语句或段落，初步感受作者的情感抒发。（课中）

3. 设计并绘制四篇课文的游踪图。（课中）

4. 填写课文梳理表格，整合归纳四篇游记在选材构思、景物描写、作者情志方面的个性特点。（课中）

第二课段：赏语言，巧定格

【课时安排】

1课时。

【学习资源】

1. 核心资源：课本八年级下册第五单元。

2. 辅助资源：摄影拍摄景别小贴士。

【课段任务】

课段任务流程，如图10-2所示。

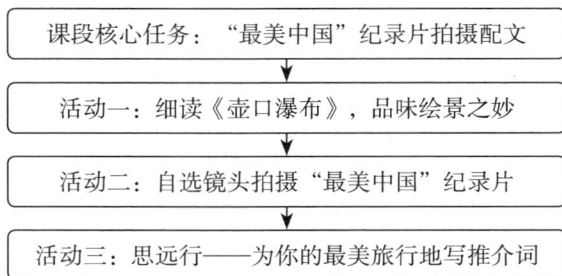

課段核心任务："最美中国"纪录片拍摄配文

活动一：细读《壶口瀑布》，品味绘景之妙

活动二：自选镜头拍摄"最美中国"纪录片

活动三：思远行——为你的最美旅行地写推介词

图10-2　课段任务流程

【学习过程】

活动一：细读《壶口瀑布》，品味绘景之妙

细读《壶口瀑布》，对比雨季和枯水季的壶口瀑布，品味文章语言，体会作者描摹事物的细致及绘景的精妙。

（1）雨季的壶口瀑布

果然，车还在半山腰就听见涛声隐隐如雷，河谷里雾气弥漫，我们大着胆子下到滩里，那河就像一锅正沸着的水。

参考答案

① 品词："隐隐如雷"一词形象地体现出水声之浩大，令人想象水流奔腾湍急的姿态，未见其形，先闻其声，渲染非凡而磅礴的气势。

② 品修辞：当亲眼见到河水时，"一锅正沸着的水"，运用比喻的修辞，生动地体现出浊浪汹涌澎湃、滚滚向前的势头，令人震撼甚至胆战。

其时，正是雨季，那沟已被灌得浪沫横溢，但上面的水还是一股劲地冲进去，冲进去……

我在雾中想寻找想象中的飞瀑，但水浸沟岸，雾罩乱石，除了扑面而来的水汽，震耳欲聋的涛声，什么也看不见，什么也听不见，只有一个可怕的警觉：仿佛突然就要出现一个洪峰将我们吞没。

参考答案

① 品词兼感官——"震耳欲聋"从听"觉"角度写出了水声之大；"浪沫横溢""水浸沟岸""雾罩乱石""扑面而来"从视觉角度写出了水势之大，同时写出雾、浪、水汽等多种水的形态。

② 弥漫、横溢、浸、罩、扑、震等动词连用，给人以强烈的画面感，足见水汽之厚重、水声之震耳，而这些描写都从侧面体现水流之迅猛湍急、势不可当，令人惊心动魄。水浸沟岸、雾罩乱石是近景，其他是远景，远近结合。

小结：雨季的壶口瀑布气势磅礴、雄伟壮观。

（2）枯水季的壶口瀑布

① 借鉴示范，赏析批注第3—5段，体会描写之传神精妙。

② 学生分享、展示。

小结：枯水季的壶口瀑布深不可测、声势浩大、形态各异、灵动多姿，壮美与秀美并存。

活动二：自选镜头拍摄"最美中国"纪录片

本单元的四篇课文写景状物各具特色，如果你是一名旅行记者，请你在四篇课文中各自选择一个镜头拍摄"最美中国"纪录片，你会选择哪个代表性画面？选取什么角度进行拍摄？请根据拍摄小贴士进行描述与选择。

小 贴 士

（1）远景：摄取远距离景物和人物的一种画面。这种画面可使观众在银幕上看到广阔深远的景象，以展示人物活动的空间背景或环境气氛。

（2）全景：全景用来表现场景的全貌与人物的全身动作，用于表现人物之间、人与环境之间的关系。

（3）中景：摄取人物膝盖以上部分的电影画面。不仅能使观众看清人物表情，而且有利于显示人物的形体动作。可以加深画面的纵深感，表现出一定的环境、气氛。

（4）近景：表现人物胸部以上或者景物局部面貌的画面。近景常被用来细致地表现人物的面部神态和情绪、细微动作以及景物的局部状态。

（5）特写：拍摄人像的面部、被摄对象的一个局部镜头。可使表现对象从周围环境中突现出来，造成清晰的视觉形象，收到强调的效果。

示例：我想拍摄"_____"的画面。我会采用_____镜头，拍出_____的画面，表现_____（景物特点），表达_____的心情。

活动三：思远行——为你的最美旅行地写推介词

请你从记忆深海择取一次最美旅行经历，回忆心目中最美旅行地的景物特点，仿照本单元四篇课文的写法，选择合适的角度，为你的旅行地写一段不少于200字的推介词。

我推荐大家前往_____旅行，这里风景独好，_____

_____

_____

_____。

【学习评价】

"最美中国"纪录片拍摄评价量表，见表10-6。

表10-6 "最美中国"纪录片拍摄评价量表

评价要素	等级A（10分）	等级B（6分）	等级C（3分）	评价
景物特点呈现	景物特点表述清晰，对所推荐的内容有深刻的见解。	景物特点表述清楚，对表述的内容有见解。	景物特点表述不明晰。	
拍摄表现手法	能从远景、中景、近景、特写等多角度进行观察和拍摄，形成对比，映衬。通过具体的内容为自己的拍摄理由提供恰当的证据，这些证据都是经过慎重选择提出的，具有很强的严密性。表现手法灵活多样，富有创意。	能从多个角度进行观察和拍摄，从两到三个角度提供拍摄理由，较为合理。表现手法较灵活。	拍摄视角模糊，没有提供拍摄理由。表现手法单一。	
思想情感或文化内涵	能通过画面、镜头等恰当、准确地表现作者丰富多彩的感受，理解作者的情感体验。	能通过画面、镜头等表现作者的感受，能理解和把握作者的主要情感体验。	能对情感做出判断，但没有理解和呈现。	

【作业设计】

1. 根据拍摄小贴士进行描述与选择拍摄"最美中国"纪录片的自选镜头。（课中）

2. 仿照本单元四篇课文的写法，选择合适的角度，为你心目中的最美旅行地写一段不少于200字的推介词。（课中+课后）

第三课段：明结构，汇成文

【课时安排】

2课时。

【学习资源】

1. 核心资源：课本八年级下册第五单元"学写游记"。

2. 辅助资源：群文《悄悄地提醒》《没想到，真没想到》《走过，才明白》《遇见你，遇见花》。

【课段任务】

课段任务流程，如图10-3所示。

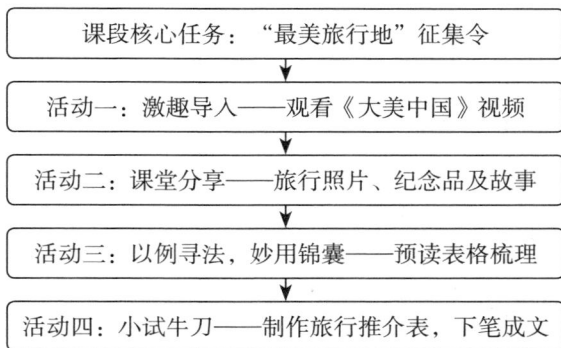

```
┌─────────────────────────────────────┐
│  课段核心任务："最美旅行地"征集令         │
└─────────────────────────────────────┘
                  ↓
┌─────────────────────────────────────┐
│  活动一：激趣导入——观看《大美中国》视频     │
└─────────────────────────────────────┘
                  ↓
┌─────────────────────────────────────┐
│  活动二：课堂分享——旅行照片、纪念品及故事   │
└─────────────────────────────────────┘
                  ↓
┌─────────────────────────────────────┐
│  活动三：以例寻法，妙用锦囊——预读表格梳理   │
└─────────────────────────────────────┘
                  ↓
┌─────────────────────────────────────┐
│  活动四：小试牛刀——制作旅行推介表，下笔成文 │
└─────────────────────────────────────┘
```

图10-3　课段任务流程

【学习过程】

"最美旅行地"征集令

"善于发现美"的法国雕塑家罗丹说过，"美丽的风景之所以使人感动，不是由于它给人或多或少舒适的感觉，而是由于它引起人们的思想"。文汇学校举办"远行，与最美的世界相遇——旅行推介会"，请你用文字丈量美景，让笔尖触发感悟，写一篇700字以上的旅行游记，将你心中的最美旅行地推介给更多同学吧！

活动一：激趣导入——观看《大美中国》视频

观看《大美中国》视频，欣赏各地美景，了解各地的民风民情。

活动二：课堂分享——旅行照片、纪念品及故事

根据你珍藏的旅行照片、纪念品和所见所闻，回忆这次旅程的故事和它的特别之处。

活动三：以例寻法，妙用锦囊——预读表格梳理

小组分享交流，课堂展示课前预读归纳表，见表10-7。

表10-7　不完整的课前预读归纳表

例文/内容	1.《悄悄地提醒》（示例）	2.《没想到，真没想到》	3.《走过，才明白》	4.《遇见你，遇见花》
旅行地	云南丽江。			
旅行路线	丽江古城四方街→凭栏远眺→安静的民房→一家小店→回到古镇道路→东巴文字墙。			
定点详写	一家古色古香的小店，店主在绣东巴文——东巴文字墙。			
地方特色深刻记忆	丽江的民风民俗——东巴文化。			
旅行感受	惊叹古老纳西人民的智慧，敬佩于这个质朴而坚毅的民族对文化的传承。			

参考答案：具体内容见表10-8。

表10-8　完整的课前预读归纳表

例文/内容	1.《悄悄地提醒》（示例）	2.《没想到，真没想到》	3.《走过，才明白》	4.《遇见你，遇见花》
旅行地	云南丽江。	甘肃敦煌。	同里古镇。	云南。
旅行路线	丽江古城四方街→凭栏远眺→安静的民房→一家小店→回到古镇道路→东巴文字墙。	沙漠→沙脊→沙谷→一棵被拦腰截去的树桩→继续向沙漠进发。	路边的小吃店→一家粥店→告别小店。	昆明→大理→山茶花→香格里拉→丽江古城。
定点详写	一家古色古香的小店，店主在绣东巴文——东巴文字墙。	沙漠中一棵被拦腰截去的树桩生出新枝新叶。	1. 桂花蜜粥的可口。 2. 粥店老板背后的故事。	陈导对我们的关心与体贴。
地方特色深刻记忆	丽江的民风民俗——东巴文化。	沙漠的奇特景观——一棵树桩。	古镇的特色食味——桂花蜜粥。	旅途的温暖人情——陈导。
旅行感受	惊叹古老纳西人民的智慧，敬佩于这个质朴而坚毅的民族对文化的传承。	对沙漠树桩不屈生命的崇敬，被生命的奇迹深深震撼。	世间美味源于用心，用心之处诞生美好。	朴素、真诚、热情的导游让"我"心明亮温暖，度过一段美好时光。

小结：多角度巧定点，融情感促升华。旅行路线——写作顺序；地方特色——精心选材；定点详写——详略得当；旅行感受——文情并茂。

活动四：小试牛刀——制作旅行推介表，下笔成文

旅行推荐表，见表10-9。

表10-9　旅行推荐表

内容/专属	我的独家旅行记忆	写作提纲
旅行推介地		①开头：（开门见山/睹物思怀/场景引入……）
旅行路线 （用"☆"标记星级推介地）		②游踪：漫步在……
定点详写 人/景/事……		③详写：选择最能表现旅行特色的人/景/事……定点观察，感受，形成"我"的独家记忆。
旅行特色、独家记忆		④结尾：感受，收获……（抒情，议论，升华主题，突出旅行的意义）
旅行感受		

【学习评价】

旅行游记写作评价量表，见表10-10。

表10-10　旅行游记写作评价量表

评价要素	等级A（10分）	等级B（6分）	等级C（3分）
游踪	游踪清晰，有明确的行文线索；写作顺序井然，能详略得当地进行描写。	有行文线索，有一定的写作顺序。游记的要素基本齐全。	没有明晰的行文线索，游记的基本要素不全。
观景视角	视角独特。	大众视角。	视角模糊。
写作方法	运用丰富的写作手法，生动描写，呈现旅游特色。	用一到两种写作手法描写景物，基本呈现旅游特色。	没有运用写作手法，词句直白，缺乏表现力。
感受情感	景物特点与感受衔接自然，水到渠成。感受真切，有情怀，能体现旅行的意义。	观景抒情，表达了自己的感受。但衔接不够自然，感情不够真切。	感受与景物特点脱节，情感抒发不自然，缺少旅行的意义。

【作业设计】

根据写作提纲，下笔成文，形成独属于你的旅行记忆，用文字向大家推介你心目中的最美旅行地吧！要求：700字以上，题目自拟。

附录1：

有人说，要么读书，要么旅行，身体和灵魂总有一个在路上。这一期，我们将跟随文字一起远行，奔赴山川湖海，领略自然之美，游走城市的大街小巷，感受文化民俗之风，品尝当地美食，寻找清欢至味，与当地人相识，体会人情温暖。愿你在阅读中体会旅行的乐趣和意义，赏一隅风土、探一处民俗、悟一味人情、懂一段阅历、品一种精神。

请认真阅读旅行游记作文专题资料的四篇文章，批注圈画，梳理文章思路，完成归纳表格。

一、《悄悄地提醒》

（1）每一片土地都有它在历史天空中独特的那束光芒，也许你没发现，但它正悄悄地提醒着你……

（2）慵懒的午后，我信步于云南丽江古城——四方街。嘴里回味着过桥米线麦香的我，走在五花岩的石板路上，发出"嗒嗒"的响声。两旁古老的水利系统，溪流潺潺，在江南式的亭台楼阁之下，杨柳依依，一树一阴凉。

（3）在我认为这景色与传统的江南水乡无异之时，凭栏远眺，那百面"酒旗"，都印刻着纳西独有的东巴文。无声无息地，它用这独有的方式提醒着我，这是异域，这是云南。

（4）我与母亲走向更为安静的民房，两旁青灰色的屋瓦阶檐间隔成的羊肠小道，没了外面的喧嚣，只是偶尔地听到两声"鸡犬相闻"。

（5）"路转溪桥忽见"，我们望见不远处，有家古色古香的小店，也许是卖纪念品的吧，我们避开风铃踏过门槛，一望原来是满屋绚丽的纳西族服饰。一位身着青灰长裙的店主模样老妇人上前招待。她不急于做买卖，而是在一旁细细观察着，给予建议。

（6）我们准备离去，她又重新坐下，拿起手中的绣花。我一怔，绣的竟是那古老的东巴文。

（7）我诧异，区区一介庶民，连普通话都不太标准，竟用双手把祖先的文明传承下去，记录在密密的针线中，它悄悄地提醒着我——这是民族的瑰宝。

（8）落日残霞，我回到了古镇道路上，赤丹丹的一片，忽见前方闪着异样的光。走近一瞧，竟是满墙的东巴文字。朱红、靛蓝的漆刷在了后人一笔笔、一凿凿刻下的凹凸的痕迹中，无声地提醒着世人，这里拥有灿烂的文明。

（9）我走近，轻轻靠在墙上，想听一听当年茶马古道商旅过客的驼铃声；想看一看那些东巴长者盛大的祭祀场面；想感受一下那盛大欢腾载歌载舞的庆典场面。

（10）手轻轻触摸这凹槽，惊叹于古老纳西人民的智慧，敬佩于这个质朴而坚毅的民族是怎样保存和传承这唯一"活着的象形文字"的。

（11）兴亡如梦，纳西人民隔着千年岁月，挡着外界喧嚣，躲着纷飞战火把民族的文明传承至今，令今人再叹灿烂文明。

（12）东巴文化如中华民族各种精彩文明中的一支，它用自己的无声，用历史的印迹提醒着国人，提醒着世界，这儿有一份文明，这儿有一份千年不染的古韵！

二、《没想到，真没想到》

（1）在遥遥无际的生命里，存在着许多难以名状的奇迹。它们或许是人文的奇迹，也可能是自然生命的奇迹，让你惊呼："没想到，真没想到！"

（2）甘肃敦煌，那月亮湖是奇迹，那石窟壁画是奇迹，自然的奇迹、文化的奇迹深深扎根于我心底。然而，我还看到另一个奇迹，它不亚于月亮湖、石窟壁画，却同样给人以巨大的震撼。

（3）沙漠，名不虚传，寂寥之地，魔鬼之地，死亡之地。我们几个青年人在父母的怂恿下，决定去沙漠一探究竟。我们拍着自己的胸膛说："等着我们的好消息吧！"

（4）沙漠，雄浑，有气魄。一出门不消走几分钟就是沙漠。不消几分钟，沙漠就给了我们一个下马威。沙漠上的太阳，烈焰滚滚；太阳下的沙漠，热浪滚滚。然而我们是初生牛犊不怕虎。自然那太阳、那沙漠也要踩在脚底下。走走走，我们沿着沙脊走，满目都是高高低低的沙丘，犹如凝固了的波涛汹涌的大海。真正的跌打滚爬。有人一不小心，就从沙脊滚到了沙丘底部。不多久，我们都成了沙人。开始还有些新鲜，时间长了便索然无味。心底又滋生了苦不堪言的酸楚……没想到，沙漠竟如此难以抵抗！

（5）此时，奇迹再次出现了，那是真正的"没想到"。

（6）就在脚下的沙谷里，蹲着一样东西，晕乎乎的日光下，我们的眼睛有些花了，像是狗？不是。像是熊？沙漠哪有熊？

（7）定睛一看，才发现是一棵树桩，一棵腰粗的树桩，一棵被拦腰截去的树桩。是什么力量摧残了它，竟如此残酷？然而生命是不屈的，生命就是用它的生命抵御着摧残。我看到，那树桩上竖着一片片的碎木，它们一片片地刺向天。木桩上又生出新枝，新枝又生出新叶。虽然寥寥，却显露出无比的生机，没想到，真没想到生命竟如此顽强！

（8）我心底不禁升起崇敬，我向它膜拜，我向它敬礼。炎炎的日光下，脚下的沙漠，就是那么一个树桩，它静静地、坦然地接受着太阳的炙烤。我心被深深地震撼了，没想到，真没想到……这是一种什么样的心情，我难以言表，于是，我们继续向沙漠进发。

（9）没想到，真没想到，生命的奇迹让人如此难以置信，但它也许就在一个转角，在你没想到的时候，激励着你战胜艰难！

三、《走过，才明白》

（1）定了早点儿去同里古镇，清晨我便起了个大早。

（2）许是太早了，这座城市还没完全清醒过来，路边的小吃店都没开门。正在左顾右盼寻找时，一缕清香飘来，抬头望去，雾气腾腾中，一个不起眼的招牌映入眼帘，原来是一家粥店。

（3）这家小店也是奇怪，除了粥、包子、小菜什么的都没有。唉，将就着吃点吧。我便跟老板要了一碗粥。这老板看上去六十多岁，穿着袍子，光头，下巴留一撮长胡子，在这个还少有行人的早晨，给人一种穿越的感觉。

（4）不多时，粥上来了。我一看，就那么一小碗，估计五碗也吃不饱，一问价钱，十块。老板看我惊讶的表情，微笑着说："我这粥有些贵，你要慢慢喝，才能品出它的味。"带着满腹狐疑，我仔细端详了一下眼前这碗粥。色相倒是让人赏心悦目，主色为红白两色，红色是红豆，白色是糯米，上面撒了一些金黄的桂花。我搅拌了一下，尝了一口。刹那之间，红豆的甜香，糯米的清香，加上桂花香，在口里交织缠绵，一股热流直通到胃里，整个身心被这种感觉镇住了。我一勺一勺慢慢地喝，感受着绵糯、甜香的口感。

（5）此时店里还没有其他人，老板便坐到门口的桌边，架起老花镜，打开收音机听苏州评弹。这曲子和这粥真是很配，小店里充满了古老的气息。因为粥的分量不多，喝得再慢也很快就喝完了。这时我才打量起这家小店，墙壁上挂了很多牌子，其中一块写着"这件甜蜜的事，他坚持了一辈子"。原来多家媒体都曾给店老板颁发证书。我向老板询问，他告诉我说，他是糖粥的第六代传人，语气充满自豪。每天早上他都四点多起床熬粥，一天只熬一大锅，要熬上整整三小时，其间人不能离锅，要不停搅拌，否则一粘锅，糊味出来，一锅粥就全毁了。等到七点开门营业，每天可以卖到三百碗左右。卖完就不做了，要吃的话就得等明天早上来。

（6）熬三小时，卖三百碗，日复一日，年复一年，青丝变白，直至脱落。别人听着，只觉是弹指之间，对于店老板来说，却是一辈子的坚持。守着这个小小的粥店，给相识的或是路过的人带去温暖和甜香，也许正是他这一生所要完成的使命吧。

（7）这时，陆续有人来买粥。我站到老板旁边，看他娴熟地用勺子舀起白粥，再舀勺红粥，叠放在一起，真如红云盖白雪。撒上桂花后，他从一个小小的紫砂茶壶里倒进一滴蜂蜜。我问他这是什么蜜，他说是桂花蜜，从自家树上采集好桂花，然后泡在瓶子里，要等上五年才能酿出少量的蜜。

（8）我改变了先前的看法，觉得他的粥卖多少都不算贵的。里面的每一粒米，是三小时的熬煮加搅拌；每一滴蜜，是五年时间的酝酿；每一缕独有的味道，是几代人情怀的坚守与传承。"食以载道""大道至简"，这世间真正的美味，也许并不在于食材的稀有或昂贵。阡陌小巷，市井人家，普通食材，佐以用心，一样能烹制出令人难忘的味道。我也明白了老板让我慢慢喝的用心，只有慢下来，才能与眼前的食物结缘，用嗅觉、味蕾去体悟，去交流，才能对天地的赐予怀有敬畏之心。日本美食家古志弘说："用心烹制的食物大概都有魔力，能在入口的那一瞬间，让心变得温暖而充盈。"于制作者，于品味者，用心之处，美好便诞生了。

（9）我告别了老板，告诉他有机会还来喝他的粥。他笑着向我挥了挥手，也许每天他要重复很多次这样的动作，来和与他、与小店有缘的人告别。我也默默感谢那一碗桂花蜜粥，感谢它带着阳光雨露，带着久远的时光，带着一生的故事，走向我，融入我。

（10）走过一座城，遇见一碗粥，我才明白，这世间所有美好的遇见，都是缘。

四、《遇见你，遇见花》

（1）傍晚，路过花店时，遇见一丛山茶花。彼时漫天云彩，在夕阳余韵映衬下，愈发显得红艳，再次勾起了那年在云南旅游时遇见的山茶花和关于您的记忆。

（2）那年夏天，和父母跟团去云南旅游，从昆明到大理。我们新换了一个男导游，他阴沉着脸，对着手机大声喊道："这么小的团，让我怎么带？真是的。"父母一听，心里开始犯嘀咕，早知道就报一个大团，安心些，万一要是把我们丢在半路不管或是强迫我们消费可怎么办？

（3）一会儿，那位男导游上了车，告诉我们下一站将会有一位女导游带我们，大伙心里松了一口气，女导游脾气总是好些的吧。

（4）后来，在一个景点处，我们观赏完大片山茶花，一位年龄较大的阿姨上了车，黑红的皮肤，穿着一件红色的防晒衣，戴着一顶茶色的帽子。我们都以为她上错了车，不料她拿起话筒，用爽朗沙哑的大嗓门介绍自己，说她姓陈，大理人，又说非常抱歉，带的团太多，嗓子哑了，不能讲太多话。然而一路上这位陈导，不停讲述着当地风土人情，穿插各种传说故事，硬是把我们沉闷低迷的气氛给调动起来，一路上，大家欢声笑语，那一棵棵红艳艳的山茶花闪耀在车窗外，格外引人注目。

（5）到了香格里拉，由于高原反应，我头昏脑涨，身体各种不适，再加上晕车简直难受极了，陈导关切地摸摸我的头，又捏捏我的手，一会儿拿来了晕车药，一会儿拿来蒸气眼罩，下车时又去买了氧气瓶，让我随身带着，叮嘱我回酒店好好休息。您就像那映得人心欢喜的山茶花，一会儿一朵"惊喜"叫人怎能不温暖？

（6）印象最深的，是在丽江古城有半天的自由活动时间，我们在城中兜兜转转，游走闲逛，意外忘却了时间。等出城时，已暮色四合，人影绰绰中，一眼就看见您穿着红艳的外套，竖着导游旗，站在门口一棵硕大的山茶花前等着我们。我们心头一惊："真不好意思，等很久了吧？"司机师傅应和道："是呢！"您却淡然："还好啦。就是忘了告诉你们明天的自由活动路线，因为比较复杂，我自己画了一张地图，还是亲自交代下比较好。"

（7）您站在那棵红艳的山茶树下，话语间都带着扑人的清香，那大如碗口的花朵从树顶一直缀到树根，像挂满了好看的彩珠，说不出的喜悦。眼前的您就像这山茶花，朴素又耀眼，把人心里照得明亮温暖。

（8）第二天，我们拿着您绘制的详细周全的路线图，一路游逛，非常顺利，玩得甚是开心。虽然巴士站、景点也有提供路线图，但这份手绘地图标注得可爱又细致，景点图、特色小店、洗手间等一应俱全，还有星星，笑脸标志，让人更加安心。直到今天，我依然收藏着，拿着它，就会想起您。

（9）陈导，一个像山茶花一样的大理姑娘，朴素、真诚、热情。很幸运能与您相伴那段旅行时光，遇见您，遇见花。

附录2：

学生成果展示，如图10-4所示。

课堂分享

面对这份"最美旅行地"征集令，你的首选地是哪里？说说你的理由。

课堂分享

面对这份"最美旅行地"征集令，你的首选地是哪里？说说你的理由。

难以名状　冰山　冰窟
难以细数　冰河　冰塔林
难以亲近　砾石堆　草坝子
难得一见

各拉丹冬游历记
- 时间 —— 1987年3月上旬
- 同游者 —— 摄制组（向导、师傅、伙伴们）
- 所至 —— 唐古拉山脉最高雪山群各拉丹冬
- 所见 —— 奇美的冰塔林
  - 冰河
  - 冰山
  - 砾石堆
- 所感
  - 造物者无所不能的创造力
  - 身体不适时对自然心存敬畏
  - 对历史和当下有了新的体认

玉龙雪山
- 丽江坝
  - 森林
    - 松杉
    - 杜鹃
    - 山茶
  - 田野
  - 村庄
- 丽江古城
  - 象山
    - 黑龙潭
  - 狮子山
  - 笔架山
- 四方街
  - 大水车
  - 院子
    - 兰花
  - 银器店
  - 玉器店
  - 院子
    - 古乐
  - 字画店
  - 酒吧
  - 灯光
- 金沙江
- 大海

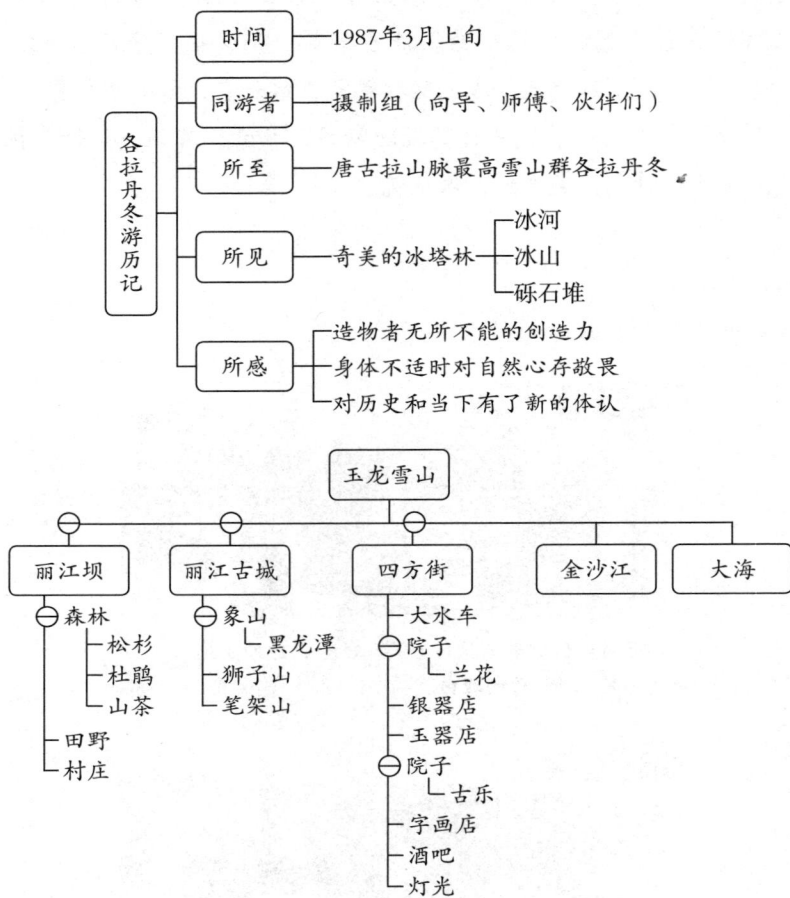

图10-4　学生成果展示

第十一章　走进小说世界，关照少年成长

——九年级上册第四单元教学设计

宝安中学（集团）外国语学校　钟　凌

宝安中学（集团）实验学校　张雪梅

一、大单元教学设计

（一）课文解读

部编版语文九年级上册第四单元为小说单元，三篇小说或忆童年旧友，或以童年视角看世界，或涉及少年的迷茫与成长，其共同点都是以少年视角来叙述故事。学习这个单元，要学会梳理小说情节，从不同角度分析人物形象，结合自己的生活体验理解小说的主题。

《故乡》是鲁迅先生的名篇，小说通过对故乡景、故乡人、故乡事的今昔对比，通过返乡成年人"我"的视角，寄寓作者对旧中国及其人民的无限关切和深沉思索。《我的叔叔于勒》的最大特色在于曲折的情节和悬念的设置，全文结局精巧，也出人意料。《孤独之旅》通过大量细腻的景物描写，以富有诗意的语言来烘托气氛，塑造少年形象，呈现出"诗化小说"的特征。

（二）课程标准的要求

小说属于三大任务群中的"发展型学习任务群"，具体来说是"发展型学习任务群"中的"文学阅读与创意表达"。"文学阅读与创意表达"第四学段（7—9年级）第（2）点的学习内容为："阅读表现人与自然的优秀文学作品，包括古诗文名篇，体会作者通过语言和形象构建的艺术世界，借鉴其中的写作

手法，表达自己对自然的观察和思考，抒发自己的情感。"

单元素养目标明确了学生阅读能力的具体达标要求："学习这个单元，要学会梳理小说情节，试着从不同角度分析人物形象，并结合自己的生活体验，理解小说的主题。"由此可见，学习本单元，小说中的"情节""人物""主题"应是本单元学习的重点，而小说的主题往往从深入分析人物形象，并结合时代背景以及自己的生活体验中获得的。

（三）学情分析

在学此单元之前，学生在七、八年级已经接触过单篇的小说，分别是七年级《植树的牧羊人》《台阶》《驿路梨花》《带上她的眼睛》、八年级《社戏》，初步了解了小说的基本内涵和要素，有一定的分析和理解能力。但是本单元作品所反映的时代与当下相去甚远，学生对于文章所处的时代背景知之甚少。另外，同学们对于小说还没有进行过系统的学习和鉴赏，多数学生只是停留在小说生动的故事情节上，不能进一步分析作品主题以及作者的写作目的。王荣生《小说教学教什么》提道："作为语文老师，要让学生从一个不高明的读者、比较低级的读者向成熟的读者、高级的读者发展。语文老师的作为主要在叙述角度、叙述层面。"所以整合小说单元，引导学生系统地"探寻解读小说密码"，尤为重要。

（四）学习目标

1.学生将知道（K）

（1）了解小说文体常识。

（2）了解小说不同的叙述视角和常见的叙事手法。

2.学生将理解（U）

（1）通过学习，习得多角度梳理小说情节的主要方法。

（2）通过比较阅读，解读人物形象，并结合自己的生活体验，理解小说的主题。

（3）能分析小说环境的特点及其作用。

3.学会将能做（D）

（1）学会从不同的人称视角讲一个生动的故事。

（2）能自主鉴赏小说，能在阅读中深入感受人物形象，从而认识小说所反映的主题。

二、大单元任务流程

大单元任务流程，如图11-1所示。

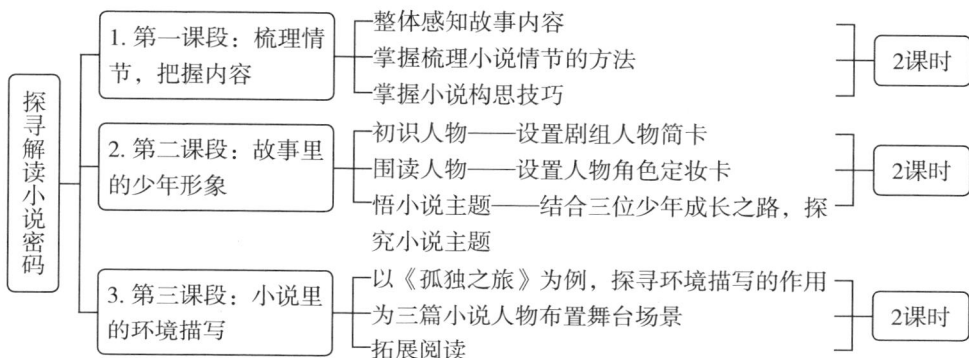

```
                 ┌─ 1. 第一课段：梳理情     整体感知故事内容        ┐
                 │   节，把握内容         掌握梳理小说情节的方法    ├─ 2课时
                 │                     掌握小说构思技巧          ┘
  探              │
  寻              │                     初识人物——设置剧组人物简卡   ┐
  解            ├─ 2. 第二课段：故事里   围读人物——设置人物角色定妆卡  ├─ 2课时
  读              │   的少年形象         悟小说主题——结合三位少年成长之路，探  ┘
  小              │                     究小说主题
  说              │
  密            └─ 3. 第三课段：小说里   以《孤独之旅》为例，探寻环境描写的作用  ┐
  码                  的环境描写         为三篇小说人物布置舞台场景            ├─ 2课时
                                       拓展阅读                         ┘
```

图11-1　大单元任务流程

三、大单元任务设计

第一课段：梳理情节，把握内容

【课时安排】

2课时。

【学习目标】

1. 阅读九年级上册第四单元小说，整体感知故事内容。

2. 梳理小说情节，掌握梳理小说情节的方法。

3. 掌握小说构思技巧。

【学习资源】

九年级上册第四单元课文《故乡》《我的叔叔于勒》《孤独之旅》。

【课段任务】

课段任务流程，如图11-2所示。

```
┌─────────────────────────────────────────┐
│ 课段核心任务：掌握小说情节梳理的方法        │
└─────────────────────────────────────────┘
              ↓
┌─────────────────────────────────────────┐
│ 活动一：故事情节巧梳理                     │
└─────────────────────────────────────────┘
              ↓
┌─────────────────────────────────────────┐
│ 活动二：构思技巧巧分析                     │
└─────────────────────────────────────────┘
              ↓
┌─────────────────────────────────────────┐
│ 活动三：精彩故事共分享                     │
└─────────────────────────────────────────┘
```

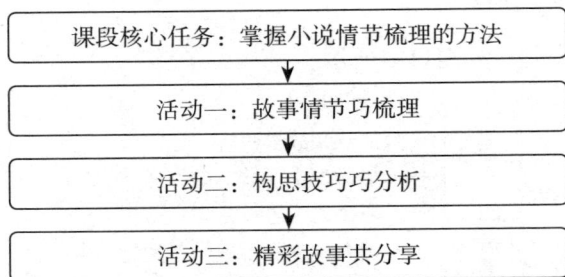

图11-2　课段任务流程

【学习过程】

学校文学社开展"小说故事会"活动，阅读九年级上册第四单元三篇小说，学会讲一个生动的故事。

活动一：故事情节巧梳理

研读三篇文章，完成情节梳理。

1.《故乡》

《故乡》情节梳理流程，如图11-3所示。

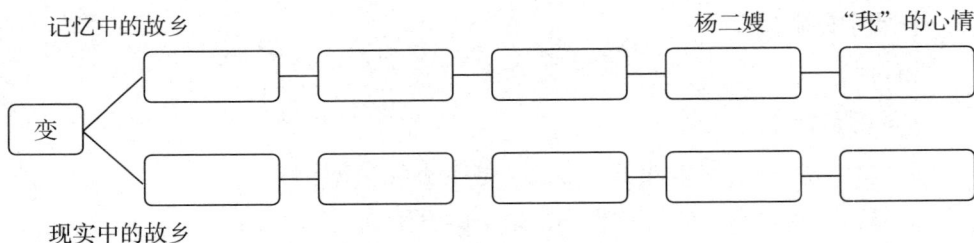

图11-3　《故乡》情节梳理流程

2.《我的叔叔于勒》

开端：＿＿＿＿＿＿＿＿＿＿＿＿＿＿＿＿＿＿＿＿＿＿＿＿＿＿＿＿＿＿。

发展：＿＿＿＿＿＿＿＿＿＿＿＿＿＿＿＿＿＿＿＿＿＿＿＿＿＿＿＿＿＿。

高潮：＿＿＿＿＿＿＿＿＿＿＿＿＿＿＿＿＿＿＿＿＿＿＿＿＿＿＿＿＿＿。

结局：＿＿＿＿＿＿＿＿＿＿＿＿＿＿＿＿＿＿＿＿＿＿＿＿＿＿＿＿＿＿。

3.《孤独之旅》

《孤独之旅》情节梳理表，见表11-1。

表11-1　《孤独之旅》情节梳理表

时间	事件	人物心理
离开油麻地出发时。		
在芦荡安顿下来时。		
经历暴风雨后。		
八月的一天早晨。		

总结情节梳理的技巧：_____

_____。

活动二：构思技巧巧分析

（1）请从叙述视角分析构思之妙，见表11-2。

表11-2　叙述视角分析表

篇目	叙述视角	作用
《故乡》		
《我的叔叔于勒》		
《孤独之旅》		

（2）你还发现了哪些巧妙的构思，小组内互相交流分享。（小说常用的构思技巧有：巧合、悬念、波折、对比、照应、伏笔、欲扬先抑、环境烘托等）

小深：我认为《故乡》的对比手法很妙，人物刻画得更生动形象，而且深刻突出了主题。

小圳：_____。

小宝：_____。

活动三：精彩故事共分享

班级举行讲故事比赛，请大家选三篇故事中的一篇，精彩演绎，评选出班级"故事大王"。

（1）小组推选比赛选手。

（2）小组内试讲，请小组成员提意见，根据大家的意见再改进自己的讲述。

（3）班级展示。

评分卡

（1）主题内容（30分）：要求内容紧扣主题，主题鲜明、情节生动，语言自然流畅，富有真情实感。

（2）语言表达（30分）：要求脱稿，声音响亮，普通话标准，语速适当，表达流畅，激情昂扬。讲究技巧，动作恰当。

（3）形象风度（20分）：要求衣着整洁，仪态端庄大方，举止自然、得体，体现朝气蓬勃的精神风貌；上下场致意，答谢。

（4）现场感染（10分）：有较强的现场感染力，能引起评委的共鸣。

（5）整体效果（10分）：由评委根据演讲选手的临场表现做出综合演讲素质的评价。

评分员：＿＿＿＿＿＿

【学习评价】

优秀（80—100分）：学生能够全面、准确地概括小说情节，灵活运用多种方法，对小说有深入的理解。

良好（60—79分）：学生能够基本准确地概括小说情节，能够运用一定的方法进行分析，但对小说的理解尚不够深入。

中等（40—59分）：学生能够概括出小说的大致情节，但对一些关键细节和线索的把握不够准确。

待提高（40分以下）：学生对小说情节的理解存在明显偏差，无法准确概括小说的主要内容和情感。

【作业设计】

根据所学的情节梳理技巧，梳理鲁迅小说《孔乙己》的情节，分析构思技巧，并将这个故事讲给同桌听。

第二课段：故事里的少年形象

【课时安排】

2课时。

【学习资源】

1. 课文资源：《故乡》《我的叔叔于勒》《孤独之旅》。

2. 课外资源：《少年闰土》《孔乙己》《项链》《麦琪的礼物》。

【课段任务】

课段任务流程，如图11-4所示。

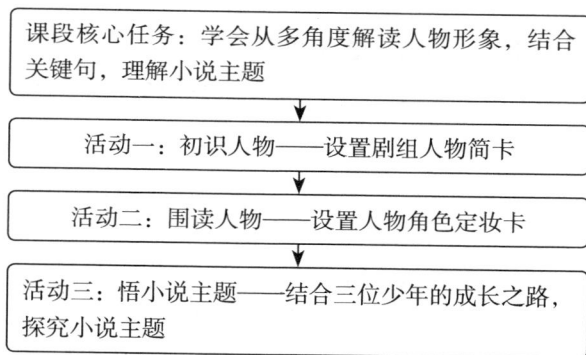

課段核心任务：学会从多角度解读人物形象，结合关键句，理解小说主题

↓

活动一：初识人物——设置剧组人物简卡

↓

活动二：围读人物——设置人物角色定妆卡

↓

活动三：悟小说主题——结合三位少年的成长之路，探究小说主题

图11-4　课段任务流程

【学习过程】

宝中实验文学社团拟举办"故事里的少年形象"主题展演活动，阅读九年级上册第四单元三篇小说，分析故事里的少年形象。

活动一：初识人物——设置剧组人物简卡

具体要求：跳读三篇小说，画出描写人物的句子，《故乡》中闰土和杨二嫂；《我的叔叔于勒》中于勒、菲利普夫妇及"我"；《孤独之旅》中杜小康。分析人物形象，见表11-3。

表11-3　人物形象分析表

人物	闰土	于勒	杜小康
具体事件概括			
文本细节	①第12段：手捏一柄钢叉……用力刺去。 ②第15段：怕羞……便和我说话……熟识了。 ③第30段：躲到厨房，哭着不肯出门。 ④第30段：带给我一包贝壳和……鸟毛。 ⑤第55段：浑身瑟缩着，手提着一个纸包…… ⑥第59段：动着嘴唇，却没有作声，态度终于恭敬起来。 ⑦第68段：迟疑……就了坐……递过纸包。 ⑧第72段：只是摇头……沉默……默默地吸烟。		
思想性格			

活动二：围读人物——设置人物角色定妆卡

社团想把"少年形象"搬上舞台，现在需要你为小说中的主要人物选出合适的演员并设置舞台妆。

舞台妆要求：在舞台人物化妆造型中，把角色内部最本质、最性格化的特征显示在演员的外形上，是性格化妆造型的主要任务。

活动规则：每个小组讨论选择出一篇小说，完成少年形象定妆卡。

1.《故乡》剧组

补充资源：《少年闰土》分析表，见表11-4。

表11-4　《少年闰土》分析表

舞台妆要求	闰土		杨二嫂		"我"	
	少年	中年	青年	中年	少年	中年
着装						
动作						
语言						
性格特征						
妆发要求						

小结：鲁迅说："写小说，说到底，就是写人物。小说艺术的精髓就是创造人物的艺术。"小说可以通过外貌、语言、动作描写直接塑造人物形象。

2.《我的叔叔于勒》剧组

《我的叔叔于勒》这篇小说在曲折的故事情节中塑造了两个于勒的形象，一个是得知真相前菲利普一家想象中的于勒；一个是得知真相后的于勒，可以结合菲利普夫妇态度的变化把握于勒角色舞台妆发要求，见表11-5。

表11-5 《我的叔叔于勒》分析表

于勒的经济状况	菲利普夫妇对于勒的评价（态度）	于勒性格分析	于勒的妆发变化
当初行为不正，糟蹋钱。	坏蛋、流氓、无赖、全家的恐怖。	行为不端、糟蹋钱。	妆发整洁、年轻小伙、语言粗俗、出手阔绰。
发了财，租了一所大店铺，做一桩很大的买卖。	全家唯一的希望，好心的人，有办法的人。	正直、有良心。	妆发整洁、略带沧桑、勤劳能干。
于勒成了穷水手。	这个贼，这个家伙，这个流氓。	自食其力、不拖累人。	衣衫褴褛、满脸愁容、沉默寡言。

小结：可以从人际关系和周围人物评价来表现主要人物性格特征。

3.《孤独之旅》剧组

回顾《孤独之旅》的故事情节，思考可以用什么方法把握杜小康这一人物形象特征，制作杜小康角色档案，见表11-6。

表11-6 杜小康角色档案

段落内容	分析一：联系语境（杜小康是在怎样的环境下说这句话的）	分析二：言为心声（杜小康说这句话的心理描写）	杜小康角色妆发要求
我不去放鸭了，我要上岸回家。（第2段）	结合课下注释。	茫然、恐惧。	
我要回家……（第31段）		从恐惧中抽离，向孤独逼近。	
还是分头找吧。（第41段）		成熟、勇敢、有责任的杜小康。	
蛋！爸！鸭蛋！鸭下蛋了！（第52段）		惊喜。	

小结：把握人物形象要结合人物的心理变化。

活动三：悟小说主题——结合三位少年的成长之路，探究小说主题

链接材料一：

1. 原文文本

我躺着，听船底潺潺的水声，知道我在走自己的路。我想：我竟与闰土隔绝到这地步了，但我们的后辈们还是一气，宏儿不是正在想念水生么。我希望他们不再像我，又大家隔膜起来……然而我又不愿他们因为要一气，都如我的辛苦展转而生活，也不愿意他们都如闰土的辛苦麻木而生活，也不愿意都如别人的辛苦恣睢而生活。他们应该有新的生活，为我们所未经生活过的。

2. 毕飞宇《小说课》

鲁迅一生都在批判劣根性，这是他对国民性的一种总结。这个劣根可以分为两个部分：强的部分和弱的部分。强的部分是鲁迅所憎恨的流氓性，弱的部分是鲁迅所憎恨的奴隶性。

3. 思考

（1）《故乡》作者为什么要设置"闰土"和"杨二嫂"两个性格迥异的人物出场？

（2）少年闰土和迅哥是亲密无间的小伙伴，中年迅哥却和闰土"隔着一层可悲的厚障壁"，思考其中的原因。

链接材料二：

1. 文本背景

《我的叔叔于勒》写于1883年，是莫泊桑前期的作品。当时的法国，资产阶级不仅和工人阶级的矛盾日益尖锐激烈，也和小资产阶级的矛盾日益尖锐激烈起来。小资产阶级贫困破产已成为普遍的社会问题。一部分不甘心破产的小资产阶级成员，纷纷踏上了漂洋过海的险途，企望在美洲、亚洲甚至非洲闯出一条大发横财的生路，梦想着有朝一日腰缠万贯荣归故里。本篇小说就是以这样的社会背景写出来的。

2. 思考

菲利普夫妇对于勒的态度发生了很大的变化，他们态度多变的根本原因是什么？

链接材料三：

1. 小说背景

全书共9章，作者写了男孩桑桑终生难忘的六年小学生活。六年中他目睹或参与了一连串看似寻常但又催人泪下的事件。本文节选部分写的是不幸少年杜小康与厄运抗争时的悲怆。杜小康原本生活在麻油地家底最厚实的人家，生活的富裕，使他一直有一种优越感，他又是班里成绩最好的学生。一次意外变故，家中破产，他被迫辍学，过早地担负起生活的重担，跟随父亲背井离乡去放鸭。

2.《感动》

有一些孤独，其实是我们成长过程中无法回避的元素。我们要成长，就不能不与这些孤独结伴而行。

3. 思考

（1）文题"孤独之旅"，对于杜小康这样的孩子来说，"孤独"的含义是什么？

（2）杜小康这样的成长经历带给我们怎样的启示？

【学习评价】

班级每个小组负责一个剧组，小组讨论完成主要人物定妆卡，组内交流修改后，择优在班级展示，最后投票选出最符合小说人物的定妆卡。

【作业设计】

结合本课人物探究方法，继续阅读课外资源的相关篇目，分析经典篇目中的人物形象。

第三课段：小说里的环境描写

【课时安排】

2课时。

【学习资源】

1.《故乡》《我的叔叔于勒》《孤独之旅》。

2.《在烈日和暴雨下》（苏教版教材）、《孔乙己》（节选）、《变色龙》（节选）。

【课段任务】

课段任务流程，如图11-5所示。

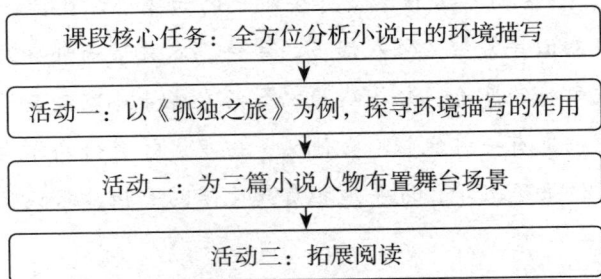

图11-5 课段任务流程

【学习过程】

活动一：以《孤独之旅》为例，探寻环境描写的作用

概括《孤独之旅》各段情节中"杜小康"的心理变化，勾画具有代表性的环境描写，思考每段景物描写的作用，以及文章中景物描写与文章主题的关系。完成杜小康成长旅程图，如图11-6所示。

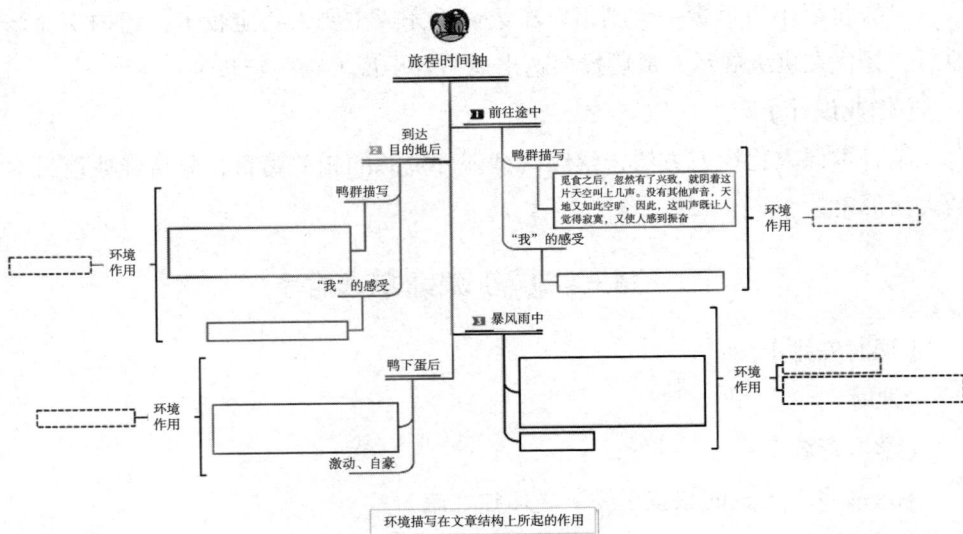

图11-6 杜小康成长旅程图

小结：利用"三体四面图"总结环境描写的作用，如图11-7所示。

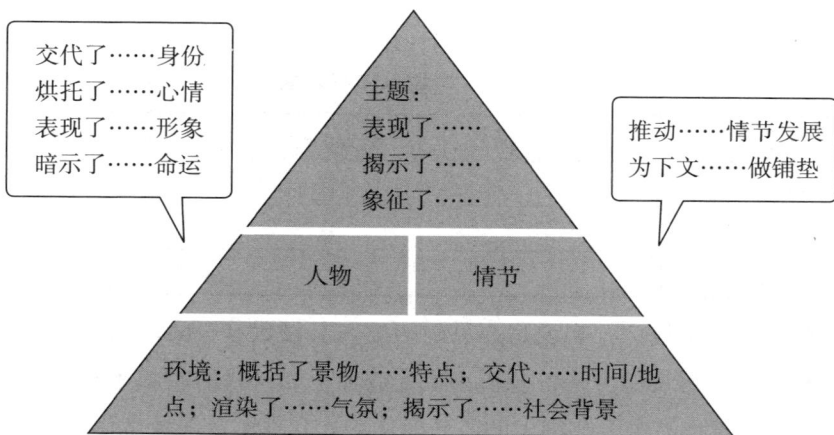

图11-7　三体四面图

活动二：为三篇小说人物布置舞台场景

（1）如果将本单元几位主要人物的形象，以舞台剧的形式展现给观众，你的小组承担场景设计与布置任务，哪些环境要素是必不可少的？请将构思体现在表11-7中。

表11-7　人物舞台场景布置构思表

人物	人物活动主要场景 （摘录句子）	场景布置的要素 （提炼关键词）	场景呈现的特点 （总结景物描写特点）
迅哥	时候既然是深冬；渐近故乡时，天气又阴晦了，冷风吹进船舱中，呜呜的响，从篷隙向外一望，苍黄的天底下，远近横着几个萧索的荒村，没有一些活气。 我们的船往前走，两岸的青山在黄昏中，都装成了深黛颜色，连着退向船后梢去。	深冬、船、萧索的荒村、冷风、苍黄的天。	阴冷萧瑟，为人物出场和不幸的命运营造氛围。
闰土	脑里忽然闪出一幅图画来：深蓝的天空中挂着一轮金黄的圆月，下面是海边的沙地，都种着一望无际的碧绿的西瓜……	深蓝的天空。 一望无际的西瓜田。	鲜明的色彩。
若瑟夫			
杜小康			

（2）阅读三篇小说，进一步思考典型环境所反映的社会现实和文中人物命运的关系，完成表11-8。

表11-8　三篇小说分析表

小说篇目	小说环境描写	折射的社会现实	暗示人物命运走向
《故乡》			
《我的叔叔于勒》			
《孤独之旅》			

小结：王安忆说："小说是心灵的历史。"设置这一活动的目的在于举一反三，利用上文习得的方法，分析小说《故乡》和《我的叔叔于勒》中典型环境的意蕴，体察作品中人物细微的心理变化和社会现实及地域文化。

活动三：拓展阅读

（1）鲁镇的酒店的格局，是和别处不同的：都是当街一个曲尺形的大柜台，柜里面预备着热水，可以随时温酒。做工的人，傍午傍晚散了工，每每花四文铜钱，买一碗酒，——这是二十多年前的事，现在每碗要涨到十文，——靠柜外站着，热热的喝了休息；倘肯多花一文，便可以买一碟盐煮笋，或者茴香豆，做下酒物了，如果出到十几文，那就能买一样荤菜，但这些顾客，多是短衣帮，大抵没有这样阔绰。只有穿长衫的，才踱进店面隔壁的房子里，要酒要菜，慢慢地坐喝。

——鲁迅《孔乙己》节选

（2）四下里一片沉静。广场上一个人也没有。商店和饭馆的门无精打采地敞着，面对着上帝创造的这个世界，就跟许多饥饿的嘴巴一样；门口连一个乞丐也没有。

——契诃夫《变色龙》节选

思考：《故乡》和《变色龙》的开头有异曲同工之妙，回顾本节课所学分析这两篇小说开头环境描写的作用。

（3）（选文略）——老舍《在烈日和暴雨下》

思考：作者是怎样一步一步描写烈日和暴雨的变化的？环境描写与人物遭遇有什么关系？再把文章中表现祥子心情的语句勾画出来，说一说作者是怎样表现祥子的心理感受的。

【学习评价】

如果给本单元三篇小说编演小品，你作为导演，任选一篇的一个片段，将其改写成剧本，利用周末编排编演，见表11-9。

表11-9　小品剧本设计评分表

剧本设计项目	分值	剧本得分
选取典型情节（情节）。	20	
人物衣着、表情、语气、动作详细刻画（人物）。	20	
舞台场景布置明确（环境）。	20	

【作业设计】

1. 仔细阅读《故乡》和《我的叔叔于勒》中的环境描写部分，总结两篇小说中环境描写的作用及其对人物塑造和主题表达的影响。

2. 从《故乡》《我的叔叔于勒》《孤独之旅》中选择一个片段，进行剧本改编。改编要求：保留原文的核心情节和人物特点，适当添加台词、人物动作和舞台说明，以符合剧本的形式要求。

第十二章 徜徉文艺海

——九年级下册第四单元整体教学设计

宝安中学（集团）初中部　王姝　何秀英

一、大单元教学设计

（一）单元教学设计说明

单元教学设计整理表，见表12-1。

表12-1　单元教学设计整理表

课文	主要内容	阅读方法
《谈读书》	探讨读书的目的、价值及应持有的态度。	1. 回顾议论文知识。 2. 了解作者观点。 3. 理清论证思路。
《不求甚解》	阐发对阅读鉴赏方法的认识。	
《山水画的意境》	阐发"意境"在艺术创作中的重要价值。	
《无言之美》	探讨"言不必尽意"、讲求含蓄的艺术创作通则。	
《驱遣我们的想象》	探讨如何驱遣想象去鉴赏文学作品。	

部编版语文九年级下册第四单元是议论文单元，围绕人文主题"读书鉴赏"选编了五篇既富有思想性又蕴含艺术美的文章：有从宏观视角谈论读书求知话题的《谈读书》；有从微观角度探讨欣赏艺术作品方法的《不求甚解》《驱遣我们的想象》；有侧重阐释美学观念的《无言之美》；有着重探讨意境问题的《山水画的意境》。从教材的内部编排结构来看，初中学段的三个议论

文单元虽然结构一致，但因针对学生不同能力的提升而教学侧重点有所不同。学生在之前的议论文教学中已积累议论文论点、论据、论证方法及论证思路等相关知识。本单元的主要教学内容是引导学生在综合训练阅读一般议论性文章的基础上，学会迁移运用。

（二）单元目标与重难点

（1）在初步学习文艺论文的基础上，明晰文艺论文核心概念与其他相关概念、观点与实例的关系，将文艺论文知识进行迁移运用。

（2）理清文章论证思路，提高逻辑思维能力。

（3）通过本单元的学习，辩证地分析读书方法和艺术鉴赏的角度，培养批判性思维。

（4）走入美术馆、博物馆，体察读书和欣赏艺术作品对于丰富精神生活的价值与意义，树立正确的读书观，培养审美情趣。

（三）课文解读

本单元所选的文章，或谈论读书求知，或探讨欣赏艺术作品的方法，或阐释美学观念，既富有思想性，又蕴含艺术美。

学生或许读过很多的文学作品，但却很少从艺术审美和艺术鉴赏的角度去欣赏、理解这些作品，对作品的思辨能力也有待提高，而这些都是需要一定的知识积累和沉淀才拥有的能力。因此，本单元为学生提供了一个宝贵的契机，不仅能够拓宽学生的知识视野，还能够有效提升他们的思辨能力、作品审美能力，并让他们掌握审美的精髓与方法。学生将学会用自己的语言对文艺作品进行初步的鉴赏与评判，深入领略作品中所蕴含的艺术魅力。

（四）课程标准的要求

《义务教育语文课程标准（2022年版）》指出，语文学习任务群由相互关联的系列学习任务组成，共同指向学生的核心素养发展。

由此可见，大单元教学需要整合整个单元的内容，整体设计结构化的教学活动，以学习任务群的形式呈现，落实核心素养。义务教育语文课程按照内容整合程度，设置了三个层面的任务群：基础型学习任务群、发展型学习任务群和拓展型学习任务群。

此版新课标的重要突破，是在课程目标和课程实施之间，以"语文学习任务群"的形式架构了清晰的、结构化的课程内容。"思辨性阅读与表达"任务群第一次整体集中出现在国家义务教育语文课程标准架构中，重在培养学生的思辨性阅读与表达能力、理性思维和理性精神。语言是思维的载体，也是思维的外衣。在语文教学的过程中，如何通过语言实践活动触摸思维本质，提高思辨能力，发展语文课程培养的核心素养，是一线教师需要积极回应的现实问题。

语文学习任务是素养导向的语文实践活动，其实质是真实情境下的语言文字运用。通俗地说，就是"用语言来做事"。"思辨性阅读与表达"学习任务群是为了落实核心素养中的理性思维培养、基于思辨性的主题任务情境而设置的集群化课程内容。

从字面上看，"思辨性阅读与表达"是思辨性思维主导的阅读和表达，是"阅读—思、辨—表达"融为一体的语言实践活动。

2001年版课程标准提出"发展思维"的要求，2011年版课程标准进一步要求"多角度、有创意的阅读，利用阅读期待、阅读反思和批判等环节，拓展思维空间"。

2022年版课程标准将"思维能力"作为核心素养的重要内容之一，并将其具体化为"直觉思维、形象思维、逻辑思维、辩证思维和创造思维"，思维的品质"具有一定的敏捷性、灵活性、深刻性、独创性、批判性"。

每个任务群都有发展思维的任务，但"思辨性阅读与表达"指向逻辑思维、辩证思维等理性思维能力的培养。从"思考""思维"到"思辨"的历史流变，可见对思维培养的认识越来越清晰、越来越具体。

新课标在课程内容中多次出现"质疑""提问""梳理""发现""评价"等关键词语，从中可以把握思辨性学习的核心要义，"思辨"就是辩证地思考，它始于质疑，回归于反思，是一个循环往复的过程。在这个过程中，好奇、质疑、批判、反思等是伴随思维过程的重要思维倾向，比较、分析、概括、推理是伴随思维过程的具体思维方法，思维倾向和思维方法不可分割，二者相辅相成，共同构成理性思维的主体。

本组课文以"徜徉文艺海"为专题，安排了四篇课文以及写作和口语交际教学内容。四篇课文有展示名人读书经历的《短文两篇》，有展现国画魅力的李可染先生的作品《山水画的意境》，更有传授审美知识和方法的《无言之美》和《驱遣我们的想象》。

（五）学情分析

本课程面向的是九年级的学生，这个学段的学生已经有一定的思辨能力和对文章的审美鉴赏能力。但是在具体的文章中，文艺欣赏的相关概念的知识积累还是不够的，在文章的逻辑性把握上还有待加强，需要老师耐心、细心地加以引导，帮助学生掌握和提高。

（六）学习目标

1.学生将知道（K）

读懂课文，把握文艺欣赏的相关概念，厘清概念之间的关系。

2.学生将理解（U）

（1）通过理清文章思路，把握作者观点，探寻文艺作品的意境之美、无言之美，感受想象的力量。

（2）学会用辩证的方法看问题，提升思维品质。

3.学生将能做（D）

（1）运用本单元的阅读和鉴赏方法，借助相关资料鉴赏文艺作品。

（2）能用文字表达自己对文艺作品的理解，获得审美享受。

二、大单元任务流程

（一）核心任务

深入理解建构文艺论文的阅读策略，对理清其论证思路至关重要。帮助学生掌握阅读策略后，学生可以有效地将其迁移运用到其他议论性文章的鉴赏及议论文的写作中。

（二）子任务

（1）带领学生熟读课文，积累本单元重点字词，使学生了解议论文的一般常识，掌握议论文提出论点的多种方式，把握论据、论点之间的关系。

（2）学生能分析每篇议论文的论证思路，理解运用多种论证方法的好处，见表12-2。通过比较分析、领悟体验的方法来辨别议论文中的观点与材料。

表12-2　论证思路记录表

课段	内容	任务	具体展开
第一课段 （2课时）	体悟读书之乐。	第一课时：带领学生精读《谈读书》《不求甚解》两篇文章，积累本课重点字词。学生能运用所学知识画出相应的思维导图。 第二课时：阅读拓展材料《读书就是要"过河拆桥"》，写读书感悟。	学生精读《谈读书》《不求甚解》两篇文章，能梳理出文章结构，自主绘制思维导图。 学生在绘制思维导图的基础上，能明晰《谈读书》《不求甚解》在主题和论述方面的异同，补充完整表格内容。 学生阅读拓展材料《读书就是要"过河拆桥"》，能与《不求甚解》中的读书方法进行对比，并撰写300字以上的读书感悟。
第二课段 （2课时）	走进山水。	第一课时：带领学生精读《山水画的意境》，积累本课重点字词。学生能运用所学知识画出《山水画的意境》的思维导图。 第二课时：带领学生为观点补充实例，把握观点与实例的关系，并借鉴文艺策略。	学生精读《山水画的意境》，能理清文章的论证思路及核心概念"意境"与其他相关概念"景""情""意匠"之间的关系，自主绘制并完善思维导图。 在教师的引导下，学生能结合课文写出至少三条写作启示。
第三课段 （2课时）	领略无言之美，驱遣我们的想象。	第一课时：积累本课重点字词。精读《无言之美》，厘清相关概念。 第二课时：精读《驱遣我们的想象》，并作其他补充。	学生能辨析《无言之美》的论证思路，自主绘制思维导图。 学生通过圈点勾画，能梳理出《驱遣我们的想象》中核心概念"想象"与其他相关概念"文字""文艺""读者"之间的关系。 学生通过对比图画与照片之美，能明晰文艺论文中观点与实例的关系，并为其他美术类型（如雕塑、音乐）补充素材。
第四课段 （1课时）	修改文段与写作。	修改润色。	掌握常用的修改作文的方法，并在修改作文时正确运用，使作文更出彩。

课段	内容	任务	具体展开
第五课段 （2课时）	口语交际。	辩论赛或辩论会的开展。	通过对辩论的基本知识的学习，掌握一定的口语交际原则，进而在口语交际活动中完美表达自己的意见，建立良好的人际交往关系。
第六课段 （1课时）	建议学生到何香凝美术馆参观。	设置情境，邀请学生应聘志愿者。	从本单元的文本中全面梳理鉴赏文艺作品的相关概念。 能从文本里全面总结鉴赏文艺作品的观点和方法。 能恰当地结合美术馆中的作品，为你提出的观点增加例证。对作品的解析能力能有力地证明你的观点。 在思维导图和流程图的支架之上，学生能快速厘清两篇文章的思路。

三、大单元任务设计

（一）单元核心任务

深入理解并掌握建构文艺论文的阅读策略，对于明晰其缜密的论证思路至关重要。这些策略不仅能够帮助学生深入剖析文艺论文的精髓，还能够有效促进学生将这些技能迁移至其他议论性文章的鉴赏与议论文的写作中。

（二）单元任务设计

第一课段：体悟读书之乐

【课时安排】

2课时。

【学习资源】

1.核心资源：课文《谈读书》《不求甚解》。

2.辅助资源：相关课件（包括文学常识、作者简介）。

【课段任务】

课段任务流程，如图12-1所示。

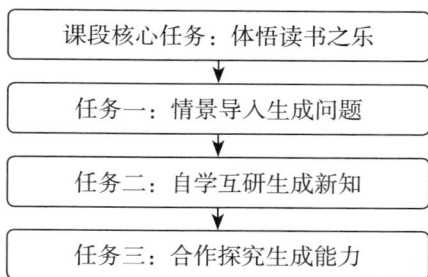

图12-1　课段任务流程

【学习过程】

第一课段的任务是让学生体会领悟读书的乐趣。

任务一：情景导入生成问题

有人说，现在我们已经进入科技时代，网络上各种各样的信息铺天盖地地呈现在人们眼前，"一睹为快""一目十行"成为人们读取信息时的普遍现象。有人认为，这样的快餐信息、"碎片化阅读"是造成全民阅读水平低下的重要因素。因此，要回归读书，尤其是中学生要多读书、读好书。读书是一项技术活，启发学生思考：

（1）为什么要读书？

（2）应该怎样读书？

任务二：自学互研生成新知

步骤一：知识梳理，夯实基础

1. 文学常识

作者简介：

弗朗西斯·培根（1561—1626），英国哲学家、作家。主要作品有《随笔》《新工具》等。

马南邨（1912—1966），原名邓拓，福建闽侯人，新闻记者、政论家、杂文作家。主要作品有杂文集《燕山夜话》，诗词集《邓拓诗词选》等。

2. 生难字词

（1）字音

狡黠	咀嚼	诘难	滞碍	豁然
相似	曲解	蒸馏	吹毛求疵	

（2）词义

文采藻饰：修饰文辞，使之富有文采。

诘难：诘问，为难。

滞碍：不通畅。

味同嚼蜡：形容写文章或说话枯燥无味。

吹毛求疵：刻意挑别毛病，寻找差错。

寻章摘句：搜寻、摘取文章的片段词句，指读书时仅局限于文字的推求。

不求甚解：读书只领会精神实质，不咬文嚼字，现多指只求懂得个大概，不求深刻了解。

步骤二：整体感知，走进文本

1. 朗读指导

反复朗读，在读中思考问题。朗读成诵。

2. 熟读课文，归纳文章层次结构

《谈读书》

第一层（从开头到"全凭观察得之"）：阐述读书的正确目的。

第二层（"读书时不可存心诘难作者"到"始能无知而显有知"）：阐述读书的方法。

第三层（"读史使人明智"到结尾）：阐述读书能塑造性格和弥补精神缺陷。

《不求甚解》

第一部分（1）：对任何问题不求甚解都是不好的——树靶子。

第二部分（3—4）：阐明"不求甚解"的真正含义——作批驳。

第三部分（5—8）：阐明"不求甚解"的方法可取——驳论点。

第四部分（9）：强调重要的书要反复读——下结论。

任务三：合作探究生成能力

步骤三：精读课文深入理解

（1）《谈读书》中从"读史使人明智"到"皆成性格"一段文字，主要论述了一个什么观点？作者是怎样阐述观点的？

交流点拨：观点——读书能塑造人的性格。用归纳法证明观点，先列举六门学科的作用，最后加以归纳。

（2）《谈读书》中从"人之才智但有滞碍"到"皆有特药可医"一段文字，主要论述了一个什么观点？作者是怎样阐述观点的？

交流点拨：观点——读书能弥补人精神上的缺陷。用比喻论证的方法阐述观点。

（3）《谈读书》介绍了哪几种读书方法？

交流点拨：文章介绍了选读、浏览、通读、精读、代读（摘要读）。

（4）《谈读书》一文提出读书有哪些作用？

交流点拨：读不同学科的书籍可以塑造人不同的性格，读书还可以弥补人精神上的缺陷。

（5）《不求甚解》一文开始是怎么提出观点的？

交流点拨：对一般人认为的"对任何问题不求甚解都是不好的"做分析，表达自己不同的见解。

（6）陶渊明"不求甚解"的读书态度包含哪两方面内容？"不求甚解"有什么内涵？

交流点拨：陶渊明"不求甚解"的读书态度要求：首先要好读书；其次每读书必有所会意。"不求甚解"四字有两层含义，一是虚心；二是读书不要固执于某一点，要前后贯通，了解大意。

步骤四：深层探究，局部突破

分析比较两篇短文在语言上的不同特点。

交流点拨：《谈读书》语言平易流畅，灵活地穿插比喻、排比、类比的修辞手法，用语典雅、简约而富有智慧。《不求甚解》语言平易亲切，娓娓而谈，用语简约，生动形象。

步骤五：总结课文，拓展延伸

1. 课堂小结

本课的两篇短文向我们阐述了读书的正确目的、方法、作用、态度，我们要深入体会并加以学习，方能有所收获。

2. 拓展延伸

学习《不求甚解》的写法，对下列成语进行辩证分析，运用求异思维，口述新的立意。

【学习评价】

（1）从文中收集精警的名言语句，背诵。

（2）积累古今中外关于读书的名人名言，见表12–3，在课堂进行分享。

表12–3　积累评价量表

序号	名言警句、读书故事积累	自评	组员评	教师评	综合
1	对收集的名言警句进行阐释。				
2	对收集的名人读书故事的分享要语言精练，事迹清晰。				
3	谈一下收集过程中的感悟。				

【作业设计】

假设你要写一篇关于读书的议论文，请列出文章大纲，并简要说明你将如何运用《谈读书》和《不求甚解》中的观点或论证方法。

第二课段：走进山水

【课时安排】

2课时。

【学习资源】

1. 核心资源：课文《山水画的意境》。

2. 辅助资源：相关课件（包括文学常识、作者简介）。

【课段任务】

课段任务流程，如图12–2所示。

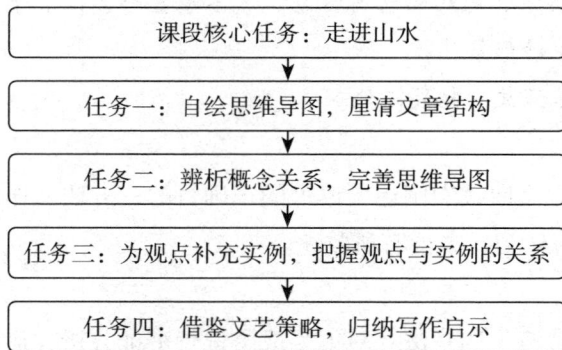

课段核心任务：走进山水

任务一：自绘思维导图，厘清文章结构

任务二：辨析概念关系，完善思维导图

任务三：为观点补充实例，把握观点与实例的关系

任务四：借鉴文艺策略，归纳写作启示

图12–2　课段任务流程

【学习过程】

任务一：自绘思维导图，厘清文章结构

请认真阅读《山水画的意境》，在文中找出表示其论述思路的关键语句，自绘思维导图，厘清全文结构。

任务二：辨析概念关系，完善思维导图

读完全文后，同学A以"是什么—为什么—怎么办"的论证思路，绘制了如图12-3所示的思维导图。同学B认为，该思维导图虽厘清了文章的整体结构，但对于"意境"与"景""情""意匠"等概念之间的关系还不够明晰。请在持续阅读课文的基础上，厘清这些概念之间的微妙关系，进一步完善此思维导图。

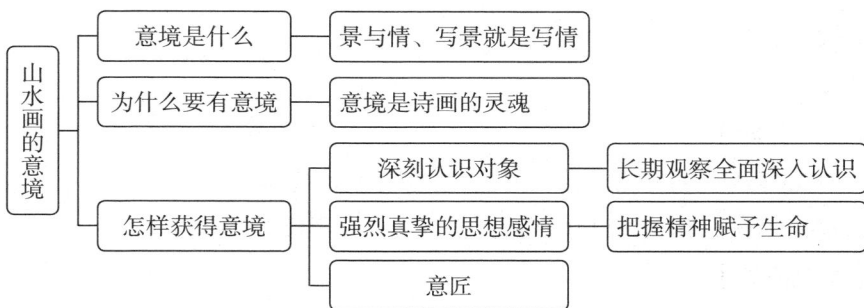

图12-3　《山水画的意境》思维导图

任务三：为观点补充实例，把握观点与实例的关系

小结：一般议论性文章与文艺论文中的实例都具有支撑观点的作用。但文艺论文中的实例不仅是材料，更是作者研究思路和研究过程的呈现，融入了作者对相关问题的深刻认知。因而它不是可有可无的，而是作者在整体论述中必不可少的一部分。

任务四：借鉴文艺策略，归纳写作启示

各种艺术门类之间总有一些共通之处，彼此往往能互相借鉴。学习完《山水画的意境》之后，你在写作方面获得了哪些启示？请至少写出三条。

【学习评价】

欣赏李可染的画作，如《万山红遍》。"看万山红遍，层林尽染"是毛泽东词作《沁园春·长沙》中的名句，课堂进行分享，见表12-4。

表12-4 课堂分享评价量表

序号	课堂分享内容	自评	组员评	教师评	综合
1	选择一幅你喜欢的李可染的画作。				
2	阐释理由。				
3	表达感想。				

【作业设计】

选择一幅你喜欢的山水画作（可以是李可染的作品，也可以是其他画家的作品），进行简要的分析。分析应包括画作的主题、意境、构图、色彩运用等方面。结合自己的感受，写一段感想，表达你对这幅画作的理解和感受。

第三课段：领略无言之美，驱遣我们的想象

【课时安排】

2课时。

【学习资源】

1. 核心资源：课文《无言之美》《驱遣我们的想象》。

2. 辅助资源：相关课件（包括文学常识、作者简介）。

【课段任务】

课段任务流程，如图12-4所示。

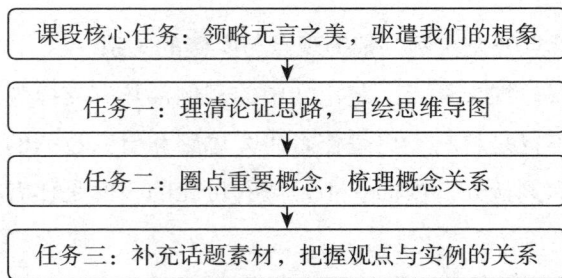

课段核心任务：领略无言之美，驱遣我们的想象

任务一：理清论证思路，自绘思维导图

任务二：圈点重要概念，梳理概念关系

任务三：补充话题素材，把握观点与实例的关系

图12-4 课段任务流程

【学习过程】

任务一：理清论证思路，自绘思维导图

《山水画的意境》以"是什么—为什么—怎么样"的论证思路，由现象到原因再到应用探究，层层阐发、条理清晰。小婷同学认为《无言之美》与《山

水画的意境》的论述思路相同，她的同桌则认为《无言之美》是以问题为导向，遵循"提出问题—分析问题—得出结论"的论述思路。你认为谁的看法更加合理？请自绘思维导图加以说明。

任务二：圈点重要概念，梳理概念关系

根据课文阅读提示，《驱遣我们的想象》以"一诗一文"为例，侧重引导读者驱遣想象去欣赏文艺作品。可作者却为何花大量笔墨，去谈文艺起源、文字等知识呢？请用"○"标出这些重要概念，并梳理它们之间的关系。

任务三：补充话题素材，把握观点与实例的关系

1. 话题素材补充

（1）收集与想象力相关的名言警句、故事案例或现代科技应用实例。例如，收集爱因斯坦、达·芬奇等人对想象力的看法，或寻找一些因想象力而创造出的伟大作品或发明的故事。

（2）将收集到的素材按照不同的主题进行分类，如"想象力与创造力""想象力与问题解决""想象力与科技发展"等。

（3）挑选你认为最能体现想象力重要性的三个素材，并简要概述其内容。

2. 观点与实例关系分析

（1）仔细阅读《驱遣我们的想象》这篇文章，理解作者的主要观点和论证方式。

（2）找出文章中的关键观点，并思考这些观点是如何通过具体的实例来支撑的。例如，作者可能提到想象力是创新的源泉，然后通过某个科学家或艺术家的故事来举例说明。

（3）分析这些实例与观点之间的逻辑关系，明确实例如何具体说明、强化或验证观点。

（4）尝试自己创作一个与文章中某个观点相关的实例，并解释这个实例是如何与观点相互关联的。

【学习评价】

借鉴课文所讲的鉴赏方法，任选一首古诗，驱遣想象做一番鉴赏，将你的鉴赏过程和体验写成一段文字，不少于300字，见表12-5。

表12-5　鉴赏文段评价量表

序号	写作要素	自评	组员评	教师评	综合
1	鉴赏方法来自课文。				
2	围绕某一点进行鉴赏。				
3	思路清晰，语言中肯。				

【作业设计】

1. 回顾你在课堂上收集的与想象力相关的素材，选择其中三个你认为最能体现想象力重要性的素材，进行详细的整理和分析。对于每个素材，说明其来源、主要内容，并分析该素材如何体现想象力的重要性。你可以从"想象力与创造力""想象力与问题解决""想象力与科技发展"等不同的角度进行阐述。

2. 任选一首你熟悉的古诗（非课文中已鉴赏过的），运用《驱遣我们的想象》一文中的鉴赏方法，进行一番深入的鉴赏。在鉴赏过程中，注意围绕一个或多个方面（如意象、意境、情感等）进行鉴赏，并结合诗人的生平、时代背景等因素进行综合分析。将你的鉴赏过程和体验写成一段不少于300字的文字，并简要说明你是如何运用所学鉴赏方法进行鉴赏的。

第四课段：修改文段与写作

【课时安排】

1课时。

【学习资源】

相关课件、写作量表。

【课段任务】

课段任务流程，如图12-5所示。

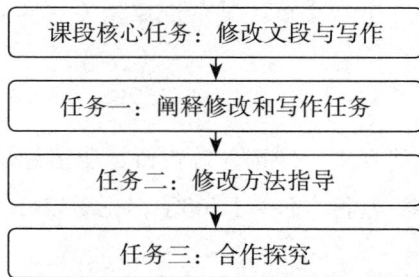

课段核心任务：修改文段与写作

↓

任务一：阐释修改和写作任务

↓

任务二：修改方法指导

↓

任务三：合作探究

图12-5　课段任务流程

【学习过程】

任务一：阐释修改和写作任务

契诃夫说过："写作的艺术，其实并不是写的艺术，而是删去写得不好的东西的艺术。"究竟怎样才能修改好我们的作品呢？今天，我们就来一起学习润色修改我们的作品。（板书——习作：润色修改）

任务二：修改方法指导

1.修改原则

阅读课文写作实践前的内容，想一想，修改时我们要秉承哪些原则？圈画出具体语句。

（1）修改文章要兼顾"言"和"意"。

言，指言辞和表达；意，指立意和思想内容。词不达意、语句不连贯、布局不合理等，要从"言"上进行修改；内容浮浅、观点牵强、材料单薄等，要从"意"上做出修改。

（2）如何修改言：

①改"对"。

A.改正字词和标点的错误、病句等，不留硬伤。

B.推敲用词，使其准确恰当。

C.推敲句子，使之通畅。

D.调整修改段落：段落安排、段落间安排、详略安排等。

小方法：可以试着读一读，自己听一听，或请他人听一听。

②改"好"。

A.将"言"与"意"相结合，补充内容，加工润色，使文章内容更充实。

B.炼字、炼句，恰当运用修辞等。

C.设置一条贯穿全文的线索。

2.方法指导

想一想，我们可以用哪些方法进行修改？

（1）增，就是增加、补充有关内容，增补某些修饰文字。

（2）删，就是对某些材料或语句进行必要的删削。

（3）改，就是对原文的语言进行必要的润色和锤炼。

（4）调，就是对结构顺序或某些词句进行逻辑或表达上的调整。

任务三：合作探究

1. 修改实践

试着修改教师给出的一个文段。

2. 写作实践

回顾自己以往的写作情况，如写了哪些文章，哪几篇写得好，哪几篇写得不太好，好或不好的原因是什么，等等。以"谈谈我的写作"为题，写一篇作文，不少于600字。

【学习评价】

"谈谈我的写作"评价量表，见表12-6。

表12-6　"谈谈我的写作"评价量表

序号	写作要素	自评	组员评	教师评	综合
1	语言精练，思路清晰。				
2	中心突出，逻辑分明。				

【作业设计】

请对照"谈谈我的写作"评价量表，批改同桌的作文。

第五课段：口语交际

【课时安排】

2课时。

【学习资源】

辩论的相关知识。

【课段任务】

课段任务流程，如图12-6所示。

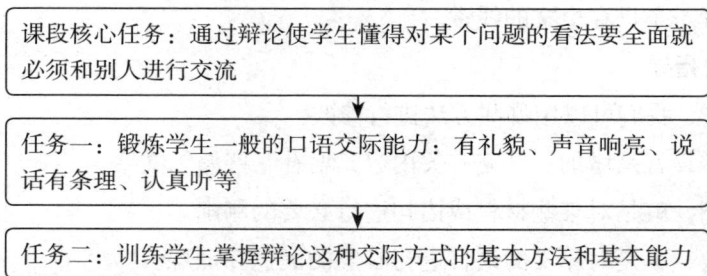

课段核心任务：通过辩论使学生懂得对某个问题的看法要全面就必须和别人进行交流

↓

任务一：锻炼学生一般的口语交际能力：有礼貌、声音响亮、说话有条理、认真听等

↓

任务二：训练学生掌握辩论这种交际方式的基本方法和基本能力

图12-6　课段任务流程

【学习过程】

· 第一课时　辩论前的准备 ·

（1）辩题筛选与确定。

（2）组织队伍。

（3）设计辩论提纲。

（4）进行对辩练习。

· 第二课时　辩论实施 ·

学生按照辩论规则进行辩论。

1. 比赛流程

（1）开场白：主持人宣布比赛开始，介绍参赛队伍、评委和嘉宾，并简要介绍比赛规则和流程。

（2）正方一辩陈词：正方一辩进行开篇立论，阐述己方的观点和论据。时间控制在规定范围内。

（3）反方一辩陈词：反方一辩进行反驳，阐述己方的观点和论据。同样，时间也需控制在规定范围内。

（4）质询环节：正方四辩质询反方一辩，反方三辩质询正方二辩，以此类推。质询方可以在任意时间技巧性地打断被质询方，被质询方不得反问。

（5）驳论环节：正反方二辩分别进行驳论，对对方的观点进行反驳。时间控制在规定范围内。

（6）小结环节：反方三辩进行半场小结，总结己方在前面的表现，并预测接下来的比赛走向。正方三辩同样进行半场小结。

（7）自由辩论环节：双方辩手轮流发言，进行自由辩论。时间各三分钟。发言辩手落座视为发言结束，即另一方开始发言与计时的标志。若有间隙，累积计时照常进行。

（8）总结陈词：正方四辩和反方四辩分别进行总结陈词，重申己方的观点和论据，并指出对方在辩论中的漏洞和不足。

2. 评分与颁奖

（1）评委评分：学生评委和老师评委根据参赛队伍的表现与辩论质量进行评分。

（2）公布成绩：在比赛结束后，主持人公布各参赛队伍的成绩和排名。

（3）颁奖环节：根据比赛成绩和规则，颁发相应的奖项，如冠军、亚军、季军、最佳辩手等。

3. 后期总结提升

（1）反思与总结：对整场辩论赛进行反思和总结，分析比赛中的优点和不足，并提出改进意见。

（2）宣传推广：通过媒体、社交平台等渠道对辩论赛进行宣传推广，提高比赛的知名度和影响力。

【学习评价】

辩论评价量表，见表12-7。

表12-7　辩论评价量表

序号	辩论要素	自评	组员评	教师评	综合
1	表达清晰，声情并茂。				
2	观点鲜明，协同作战。				
3	善于聆听，快速反应。				
4	语言严谨准确，简洁有力。				

【作业设计】

分析总结所在小组在辩论过程中的优点和不足，如表达清晰度、观点鲜明度、团队协作等。